政府·大学·市场：
英国高等工程教育质量保障体系研究

辛越优　著

ZHEJIANG UNIVERSITY PRESS
浙江大学出版社

图书在版编目（CIP）数据

政府·大学·市场：英国高等工程教育质量保障体
系研究／辛越优著. —杭州：浙江大学出版社，
2021.10

ISBN 978-7-308-21155-0

Ⅰ.①政… Ⅱ.①辛… Ⅲ.①高等教育－工科（教育）
－教育质量－保障体系－研究－英国 Ⅳ.①G649.561

中国版本图书馆 CIP 数据核字(2021)第 042058 号

政府·大学·市场:英国高等工程教育质量保障体系研究

辛越优 著

责任编辑	樊晓燕	
责任校对	汪 潇	
封面设计	周 灵	
出版发行	浙江大学出版社	
	（杭州市天目山路 148 号 邮政编码 310007）	
	（网址:http://www.zjupress.com）	
排 版	浙江时代出版服务有限公司	
印 刷	杭州良诸印刷有限公司	
开 本	710mm×1000mm 1/16	
印 张	16	
字 数	262 千	
版 印 次	2021 年 10 月第 1 版 2021 年 10 月第 1 次印刷	
书 号	ISBN 978-7-308-21155-0	
定 价	72.00 元	

目　录

第一章 绪 论

教育质量是一个永恒的话题,也是一切教育改革与发展所追求的目标。自新中国成立以来,我国大力发展高等教育,其中高等工程教育质量的提升受到学界广泛关注。国家在"十三五"规划纲要中将提高质量作为未来一段时期高等教育发展和改革的重点。高等工程教育质量作为高等教育质量的重要组成部分,理应成为高等教育改革和发展的优先议题之一。高等工程教育所培养的工程科技人才,是国家经济创新发展的中坚力量。高等工程教育质量水平的高低,将直接影响创新型国家的建设。

英国是传统的工业化国家,其工程科技水平世界领先,究其原因与高等工程教育的高质量密不可分。在知识经济与创新经济的时代,高素质的工程科技人才是提升国家核心竞争力的主干力量,英国更是将高等工程教育质量作为推动经济转型升级和持续增长的重要驱动引擎。英国是《华盛顿协议》六个创始成员国之一,其高等工程教育质量享誉全球。探索其质量保障的内容、程序与方法等,对于世界各国推动高等工程教育质量改革有较大的借鉴意义。

本书在借用伯顿·克拉克和加雷斯·威廉姆斯的高等教育系统协调关系模式理论的基础上,提出了英国高等工程教育质量保障的"三维"主体模型。即从政府、大学和市场导向的工程理事会的角色出发,研究其各自在提供英国高等工程教育质量保障方面所承担的责任和拥有的权利,厘清英国重视高等工程教育质量保障的政治、经济、教育等背景动因,深入地分析政府、大学和市场在高等工程教育质量保障过程中所扮演的角色。

就政府在高等工程教育质量保障过程中的角色而言,英国政府对高等教育保留了有限的权力,充分给予大学办学自主权。而政府在经费保障、政策制定、搭建质量保障平台、购买质量评估服务等方面履行了主要责任。对于高等工程教育的质量保障来说，政府的角色更多的是立足于推动国家的整体利益。

就英国的大学而言，在高等工程教育质量保障方面，大学作为内部的自主实践者，享有对大学自主办学和学术自由的权利。但是，大学并非只顾自己闭门培养工程人才，而是根据市场变化和工业界需求，有效调整质量保障方向。大学分别从工程专业的生源质量、课程与教学的质量、专业师资的质量、教学质量评价等方面监控大学内部的工程教育质量。

就英国的市场导向工程理事会而言，其主要的角色是高等工程教育质量的客观评判者。英国工程理事会是介于政府和大学之间的第三方机构组织，它以市场的标准来衡量大学工程教育质量水平的高低。它重点承担了英国高等工程教育专业认证和工程师的注册，并代表英国工程团体与国际工程专业团体在协议框架下加强沟通交流，实现资质互认。

总体来看，在英国当前的高等工程教育系统中，政府、大学和市场的角色自 20 世纪 80 年代之后有了较大变化。在伯顿·克拉克的高等教育系统中，学术权威（大学）开始向市场维度靠近，即大学的工程教育质量保障以市场的标准为风向标，重视来自工业界的评价，同时也吸引企业界更多地参与到大学内部的质量保障过程中；而政府则进一步加强了对高等工程教育质量保障的控制权，在给予大学自主权的基础上，增强了政府的元素，如搭建大学与工业界联系的平台、加强宏观政策的制定、实施以质量评估为依据的大学拨款制度等；而市场的作用也随之增强，市场主导的高等工程教育质量评判标准得到了政府和大学的认可，市场也愈加依赖于高质量的工程科技人才驱动技术创新和实现经济持续增长。

第一节 立足本土：中国对高质量工程科技人才的诉求

第一，产业结构调整与升级促进高等工程教育改革。中国的经济发展方式有了较大的改变，从过去的以资源消耗为主的增长方式向以科技创新为主的增长方式转变，工业和产业也由低端走向高端，结构上发生了实质性变化。工业产业的结构调整、转型升级，务必依赖于技术的改进和创新，其归根结底还是要靠大批高科技人才作为支撑。预计未来 10 年，我国产业结构调整与升级的趋势将一直持续,传统的农业经济将进一步向现代化、工业化和商品化方向发展,传统的工业将进一步走向信息化和智能化,现代服务业也正在迅速崛起。

产业结构的比例关系将发生根本的变化。因此,高等工程教育必须不断适应产业结构调整的需要。高等工程科技人才的培养将进一步以现代农业、信息产业、先进制造业、高技术产业、能源工业、现代服务业为重点,不断满足产业结构调整与产业优化升级的需要。这已成为我国经济可持续发展的关键问题。① 教育的变革与发展往往是由经济的变革与发展引起的,教育要为不断变革的经济社会发展服务。我国高等工程教育的改革也应当紧密结合国家产业结构调整与转型升级,服务于经济社会发展的需要。

第二,国家战略的实施急需工程科技人才支撑。近年来,国家先后发起一系列重大战略,以推动经济社会的全面发展。2015 年,国务院印发《中国制造 2025》,力争在未来 10 年内实现成为制造业强国的目标,其中提出了实现这一战略目标的重要支撑体系之一便是培养急需的高层次科技人才。②

同年,中国发起"一带一路"倡议。在发布的《推动共建丝绸之路经济带和 21 世纪海上丝绸之路的愿景与行动》中以政策沟通、设施联通、贸易畅通、资金融通、民心相通为重点领域,而能源、交通、电信等基础设施的互联互通是"一带一路"建设的优先领域。在尊重相关国家主权和安全关切的基础上,沿线国家宜加强基础设施建设规划、技术标准体系的对接,共同推进国际骨干通道建设,逐步形成连接亚洲各层次区域以及亚欧非之间的基础设施网络。③

高等工程科技人才在推进"一带一路"建设过程中所起的作用是不言而喻的。高等工程科技人才的培养将为基础设施的互联互通提供重要的人才支撑。工程教育不仅要保证人才培养的质量,更需要与沿线国家加强合作与沟通,共同提高工程人才培养质量,共建共享"一带一路"成果。

---

① 未来十年中国创新型工程科技人才需求的态势[EB/OL]. http://gpjy. ggedu. gov. cn/web/2010-06/1676. htm.

② 中国政府网. 国务院关于印发《中国制造 2025》的通知[EB/OL]. http://www. gov. cn/zhengce/content/2015-05/19/content_9784. htm.

③ 国家发展改革委,外交部,商务部. 推动共建丝绸之路经济带和 21 世纪海上丝绸之路的愿景与行动[M]. 北京:外文出版社,2015.

第三,创新型国家建设急需高等工程教育的改革发展。目前,我国已成为世界第二经济大国,但在结构与发展质量上,我国与世界发达国家仍有较大的差距。我国经济的发展急需从要素驱动、投资驱动转向创新驱动。推动自主创新是我国中长期发展的战略性举措。高素质、创新型的工程科技人才,不但是实施科教强国战略与人才强国战略的第一资源,也是推动国家科技事业发展和提升国家竞争力的决定性因素,事关自主创新战略和创新型国家建设的成败。①

拥有一批世界一流的科学家和工程科技领军人才,是我国成为创新型国家的重要标志。如何造就和培养一大批高素质、创新型工程科技人才,是当前我国高等工程教育亟待解决的问题。能否培养出高质量的创新型工程科技人才,将是判断我国高等工程教育质量高低的重要标准。

第四,我国加入《华盛顿协议》后更需加快提升高等工程教育质量。2016年6月2日在国际工程联盟大会《华盛顿协议》全会上与会者全票通过了中国的转正申请,中国成为第18个《华盛顿协议》正式成员。这标志着我国高等工程教育质量得到国际认可,是中国的高等工程教育国际化迈出的重要一步。《华盛顿协议》是国际上最具权威性和影响力的工程教育互认协议之一,其宗旨是通过多边认可工程教育资格,促进工程学位互认和工程技术人员的国际流动。工程学位的互认是通过工程教育认证体系和工程教育标准的互认实现的。要实现工程学位互认和工程技术人员的国际流动,更加需要我国参照其他发达国家的高等工程教育质量保障做法,继续提升我国的高等工程教育质量。

第五,教育的供给侧改革要求提升高等工程教育的质量。我国的高等教育必须紧紧围绕国家的经济发展与产业发展,有针对性地培养人才。然而,当前的现实情况是,一边是数目巨大的大学毕业生就业难,一边是用人单位比较难招到合适的员工,特别是一些技术型、技能型人才千金难求。需求侧改革注重外在的投入和消费拉动,以至于高校不断扩大规模,在办学上追求高、大、全,博士点、硕士点越多越好,学校越大越好,学科门类越全越好。整

---

① 邹晓东,等.科学与工程教育创新——战略、模式与对策[M].北京:科学教育出版社,2010.

体上来看,这些都是停留在外延发展上,没有注重内涵建设。[①] 而供给侧改革从内涵出发,以提升质量为目标,实现自身的创新增长。

高校培养的人才与产业发展需要的人才不一致,凸显了我国人才供需的结构性矛盾。在经济转型发展的过程中,我们必须正视这一问题。长期以来形成的忽视应用型人才培养的现状已经成为高校转型路上的一大阻碍。高等工程教育作为我国高技能应用型人才培养的重要领域,其质量保障关系到工程专业毕业生的就业和未来工程师的职业发展。因此,系统研究他国的高等工程教育质量保障措施,有利于促进我国高等工程教育质量保障水平的提高。

第二节　放眼世界:英国高等工程教育质量保障的优势

本书从比较的视野研究英国的高等工程教育质量保障体系,较客观地分析英国高等工程教育质量的改革与发展历程,全面研究英国高等工程教育质量保障体系是如何建构的,其保障的措施与方法是如何形成的,以及有哪些突出的特征和优点值得我国借鉴。从学术理论方面来看,目前国内还未有学者全面深入地研究英国的高等工程教育质量保障问题,因而本研究可以丰富我国高等工程教育质量保障方面的研究成果。从实践方面看,本书的研究成果对于我国当前的高等工程教育质量保障体系建设也有一定的借鉴意义,对我国加入《华盛顿协议》后如何继续提升高等工程教育质量,如何更快融入国际化的文凭互认系统可提供一定的参考。

英国作为首个率先进入工业化的国家,在工程技术教育方面走在世界前列。1818 年,英国成立首个专业工程师协会——土木工程师协会。工程技术领域的学徒制也是最早在英国兴起和发展的。可见,英国有重视工程科技人才培养的传统。

在高等教育质量控制方面,英国有较为完善的体系。英国高等教育质量保障署(Quality Assurance Agency,QAA)专门从事高等教育质量的监控和

---

① 姜朝晖. 以供给侧改革引领高等教育发展[J]. 重庆高教研究,2016(1):123—127.

评估,其评估的结果是大学拨款的重要依据。英国工程理事会(Engineering Council)是英国工程专业认证的非政府机构,以第三方的名义参与到工程专业的认证和指导过程中。英国高等教育质量保障署和英国工程理事会是英国高等工程教育质量保障的重要机构。本书将从政府、大学和市场来分析英国高等工程教育质量控制的标准、过程与方法,以期为我国高等工程教育的质量保障提供一定的借鉴。

第三节 关键概念辨析

一、工程

古人说工程是"人间巧艺夺天工",而今人又说"工程是科学又是艺术"。但诠释起来,工程、科学和艺术到底是什么? 它们之间又有什么联系? 对此众说纷纭。有学者说,"科学"指的是自然科学和技术科学的原理和知识,"艺术"指为简化实际问题、应用科学知识解决问题所必需的判断、常识和技艺,"工程"则是科学和艺术的有机结合。也有学者说,科学和艺术是两种典型的文化,工程介于二者之间。通过工程科学,工程和科学发生联系,在目标和创造过程方面,工程和艺术更为相似。①

但是,什么是工程? 各机构和权威工具书给出的却是不同的答案。概括起来,有三种观点。一是工程即技术。工程是"应用科学知识使自然资源最佳地为人类服务的一种专门技术"(《简明大英百科全书》,1985)。但工程不全是技术,所以这种主张有失偏颇。二是工程即科学。工程是"将自然科学的原理应用到工农业生产部门中去而形成的各学科的总称"(《辞海》,1979)。这个主张看到了现代科学对工程的巨大作用,但忽视了工程本身的相对独立性和基本史实,把工程和工程学等同起来。三是工程即专业。美国工程和技术认证委员会(ABET)的前身工程师专业发展委员会(ECPD)把工程定义为"一种专门性职业,从事这种职业的人,需要把通过学习、体验和实践所获得的数学和自然科学知识结合判断,应用于开发并经济有效地利用材料和自然

---

① 王沛民,顾建民,刘伟民.工程教育基础——工程教育理念和实践的研究[M].北京:高等教育出版社,2015.

力,使其为人类造福"(ABET,1986)。从分析来看,创造、发明、设计和建造是工程的基本内容。

工程和技术既有联系又有区别。工程和技术同属于实践范畴,它们的任务都在于改造世界,本质上反映着人对自然的能动关系,而对自然的能动作用离不开实践。工程是创造人工物或改变自然物运动形式和状态的实践过程,工程技术是推动工程实践的一种有力手段。人类的其他实践活动也有相应的技术,如军事技术、医疗技术、养殖技术、教育技术等,只是不叫工程技术而已。

工程包括技术和非技术两方面的内容。工程问题除有技术问题外,还涉及政治、经济、社会、文化、艺术、环境等方面因素的非技术问题。

科学与工程有区别。科学和工程是两个不同的范畴,科学属于认识范畴,工程属于实践范畴,它们具有结构相似而实质有别的运作过程和途径。有些学者从改进工程教育的角度,论述了科学和工程之间的区别(例如参见茅以升,1964;Everitt,1980;路甬祥等,1988)。

工程同样与自然科学、社会及人文科学相联系。科学一词来源于拉丁文 scientia,意为知识,泛指观察现象,提出关于这些现象的假设、实验和理论,以及根据预测和可预见的结果生产知识的系统方法。例如 17 世纪主要由弗朗西斯·培根提出的科学方法。广义上而言,科学包括作为高难度的技术或实践的工程,以及许多科学家现在在做的工作。从相对狭义的当代意义而言,科学分为基础科学和应用科学,遵循创新的线性模式——将基础科学研究引入应用研究,进而在工程中发展成为技术应用、创新,并得到传播。

正如其他地方讨论的,尽管科学家和政策制定者因其简易性和能成功获得经费而认可这一模式,但许多观察家认为"线性模式"描述得并不准确且缺乏规范,部分原因是,在很多情况下创新并不完全基于基础科学研究,或者说并不完全是基础科学研究的结果。社会与人文科学也可以效仿自然科学采用实证科学的方法。技术革新与创新是经济、社会和人类发展的主要推动力之一,因此,工程和技术与社会科学的联系更为紧密(科学、技术、工程与社会自然的关系如图 1-1 所示)。①

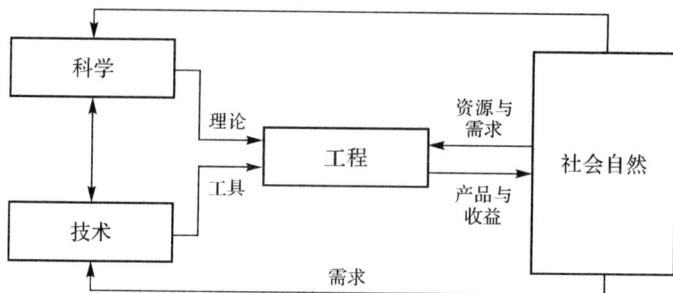

图 1-1　科学、技术、工程与社会自然的关系

二、高等工程教育

工程教育是作为一种社会现象和一项社会实践而存在的,它不只是一个客观事实,同时也是一个主观概念。哲学上用本体论(ontology)和认识论(epistemology)分别地或统一地处理它们。工程教育又是作为一种区别于其他社会现象和实践的存在,它不只是一种具有自己内容的运动,同时还具有自己的运动形式,具有自己不断变化的内容及其形式。哲学上常用方法论(methodology)的工具处理它们。

王沛民、顾建民、刘伟民将工程教育看成一种人工系统,且是开放的复杂的人工系统,主张以系统方式来研究工程教育,提出工程教育是全部系统观念按确定方式构造而成的有机整体。因此,研究工程教育需要有过程观念、环境观念、功能观念、结构观念和层级观念。概言之,工程教育是一个复杂的人工系统,须用包含五种基本观念的系统方式来对待它。试图给工程教育下个简单定义常常是徒劳的。②

工程教育是以技术科学为主的学科基础、以培养工程技术人才为目标的教育活动,是一种专门教育。③ 从第一次工业革命开始,社会对工程技术人才的需求就不断扩大。随着近代自然科学的发展,工程教育的产生和发展就成

---

①　王沛民,顾建民,刘伟民.工程教育基础——工程教育理念和实践的研究[M].北京:高等教育出版社,2015.

②　王沛民,顾建民,刘伟民.工程教育基础——工程教育理念和实践的研究[M].北京:高等教育出版社,2015.

③　张维,王孙禺,汉丕权.工程教育与工业竞争力[M].北京:清华大学出版社,2003.

了必然。工程教育在内容上包括工程科学、工程技术和工程管理；在层次上包括中等工程教育、高等工程教育和继续工程教育。本书所研究的工程教育专指狭义的工程教育，即高等工程教育。"高等工程教育是高等教育的一个分支，它属于技术教育的范畴，是自然科学、工程技术科学理论与现代生产技术实践相结合的工程科学技术教育。"①

然而，高等工程教育，这里主要指研究型大学的工程教育，主要涉及本科、硕士和博士教育，而本书主要以英国本科工程教育为研究对象，重点探索本科层次的工程教育质量保障问题。英国高等工程教育通常并不是仅仅涉及工程学科，而是以与工程关系紧密的学科为整体，即还是将科学、工程、技术和数学（STEM）作为整体来探讨工程教育质量的保障过程。

三、质量保障

质量保障（quality assurance）的概念源于质量管理学，是质量管理的一部分，它"致力于提供使要求得到满足的质量"②。美国质量协会（ASQ）对"质量保障"和"质量控制"做了解析。质量保障/质量控制（QA/QC）这两个术语有多个解释，因为"保障"和"控制"有多种定义。"保障"指自信的举动，是一种确定的状态或者使其确定的行为；"控制"指一种评价，意味着对于正确回应的需求，是一种引导行为或者一种过程性状态。在该过程中，变量有助于构成系统的偶然因素。质量保障的定义是：所有在质量体系中的规范和系统活动可以完成质量的需求。质量控制的定义为：用来满足质量需求的可操作性技能和活动。然而，"质量保障"和"质量控制"二者经常交互使用，指为确保产品、服务或过程的质量而实施的各种行为。③

有学者从工商界的角度考察了质量保证这一术语，认为质量保证是厂家或者生产者向用户保证其提供的产品或服务持续达成预定目标以使用户满意的过程。另外，该学者认为质量保证不仅可以用在工商界，也可以用在教育领域，但不管在哪种领域质量保证都有如下的基本特征：明确产品或服务的标准；借助用户来保证和监督目标的完成；识别完成目标需要履行的关键

---

① 张光斗，王冀生.中国高等工程教育[M].北京：清华大学出版社，1995.

② 陈志田.质量管理基础[M].北京：中国计量出版社，2007：70.

③ ASQ. Quality Glossary—Quality Assurance/Quality Control（QA/QC）[EB/OL]. https://asq.org/quality-resources/quality-glossary/q.

职责和程序;对实施的程序进行严密的控制;对达成标准及其程序有明确的文献表述;全员参与和奉献精神。①

然而,英国的高等工程教育的质量保障,一方面,采用高等教育质量保证的方式,即英国高等教育质量保障署主要通过质量控制、质量审计和质量评价为大学利益相关者提供教育质量保证。在这里,质量控制是指各高校为保持和提高教育质量而实施的教育质量水平监控,包括学生入学、教学过程和学生学习结果的质量监控;质量审计是指高校外部同行和社会相关人士对教育质量进行监控,包括审核学校管理文件、核实文件和撰写审计报告三个过程。② 另一方面,工程理事会推动大学工程专业认证和工程师的注册,也是对高等工程教育质量的保障。通过专业认证的工程专业,获得国际企业的认可,也可以在协议框架下的国家之间互相承认。

第四节　理论基础:政府、大学、市场的"三角协调"关系

一、伯顿·克拉克的高等教育系统关系

著名高等教育家伯顿·克拉克认为,各国高等教育系统由国家权力、市场和学术权威等三种相互制衡的力量构成,并依据这三种力量的大小程度,构建了高等教育系统的三角协调模式图(如图1-2所示)。③

伯顿·克拉克认为英国的大学拨款委员会和全国学位授予委员会等中间机构在其高等教育系统中发挥了极其广泛的作用,所以英国的高等教育接近于靠学术权威统治。但是,自20世纪80年代以来,由于新自由主义经济政策的逐渐推行,英国的高等教育系统中这三种协调力量已经发生了较大的变化。最突出的变化是市场在英国高等教育系统中所发挥的作用越来越大。

---

① 郑娜敏.英美两国高等教育质量保证体系的探析及启示[D].大连:大连理工大学,2011.

② 易红郡,缪学超.扩招·公平·质量:英国高等教育大众化政策取向[J].中国地质大学学报(社会科学版),2012(1):114−119.

③ 伯顿·克拉克.高等教育系统:学术组织的跨国研究[M].王承绪,徐辉,等译.杭州:杭州大学出版社,1994:159.

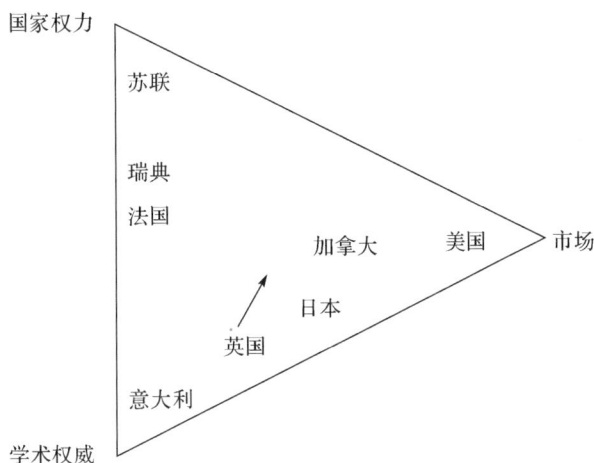

图 1-2 克拉克三角协调模式图

其次是国家的权力也在逐步增强,尤其是在实施了以科研绩效评估为基础的拨款政策以后。因此,英国在图 1-2 中的位置也发生了变化,趋向于越来越靠近图中的中间位置。

二、加雷斯·威廉姆斯的高等教育系统协调模式

英国高等教育学者加雷斯·威廉姆斯(Gareth L. Williams)认为,伯顿·克拉克的高等教育系统三角协调模式图对于比较各国静态的高等教育体制是有用的,但对于分析各国高等教育体制动态的变化则用处较小。他在伯顿·克拉克的高等教育系统三角协调模式图的基础上,按照各国高等教育财政的改革或者潜在改革方向划分了六种高等教育体制(见图 1-3)。①

如图 1-3 所示,整个高等教育系统中,以学术权威为代表的大学作为高等教育服务的提供者,广大的学生和家长作为高等教育服务的消费者,政府则寻求国家利益的最大化。当高等教育资源稀缺时,学术专家的权威就大大增强;当高等教育资源不稀缺甚至开始出现过剩时,消费者的影响力就大大增强。政府的作用随着这种高等教育市场供求关系的变化而变化。

---

① Williams G L. The "Marketization" of Higher Education: Reforms and Potential Reforms in Higher Education Finance[C]// Dill D D, Sporn B. Emerging Patterns of Social Demand and University Reform: Through a Glass Darkly. Oxford: Pergarmon Press, 1995:172—176.

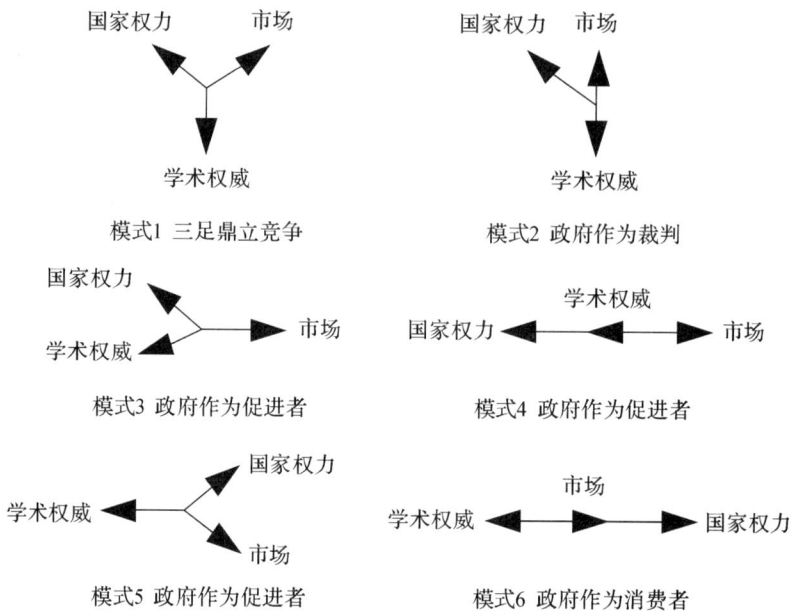

图 1-3　六种高等教育体制

在模式 1 中,国家权力、学术权威和市场呈现出比较均衡的力量,呈三足鼎立的局面,是描述这三种力量的理想模型。在模式 2 中,政府作为裁判来调解学术权威与市场之间的矛盾关系,以确保游戏规则的公正性。在模式 3 和模式 4 中,政府扮演高等教育促进者的角色,经常提供大量的设施和设备以及制定游戏规则,从而加强了高等教育提供者的权威,甚至自身直接成为高等教育的提供者。在模式 5 中,政府采取了许多市场化的手段,加强了消费者的作用。模式 5 发展到极端情况就是模式 6,政府作为高等教育垄断的消费者。

从传统意义上讲,英国和美国采取的是模式 2,大学拥有自主权,政府给大学提供经费,但不直接介入大学自身的管理事务,而由大量的中介机构负责向政府提供经费分配建议,规划高等教育的相关事宜。从传统意义上讲,欧洲大陆许多国家,比如法国和德国采取的是模式 3 和模式 4,政府实际上是高等教育的提供者。但是近年来,无论是模式 2 还是模式 3 和模式 4,都越来越向模式 5 和模式 6 转变,政府越来越频繁地大量采用市场化的手段,越来越站在消费者一边,与高等教育提供者的角色越来越远,这在英美国家更加突出。

三、英国高等工程教育质量保障系统模型

从传统意义上讲,高等工程教育质量保障系统包括大学自身的内部保障以及大学之外的外部保障。但是,这种把高等工程教育质量保障分为内外两部分的观点忽略和割裂了政府、大学和市场之间的紧密联系和互动作用。以英国为例,以传统的观念来看,英国大学拥有自主权,政府提供经费,不干涉大学的运行,其高等工程教育质量保障一般可以分为英国高等工程教育内部质量保障体系和以各种第三方中介机构组成的高等工程教育外部质量保障体系。但是,随着英国政府越来越作为高等教育的消费者,逐渐大量采取市场化的措施来监管英国高校,这种简单的内外划分的方法就不能解释当今英国高等工程教育质量保障系统的现状和发展趋势。因此,在借鉴伯顿·克拉克和加雷斯·威廉姆斯的高等教育系统协调模式的基础上,笔者构建了新的英国高等工程教育质量保障系统模型(见图1-4)。

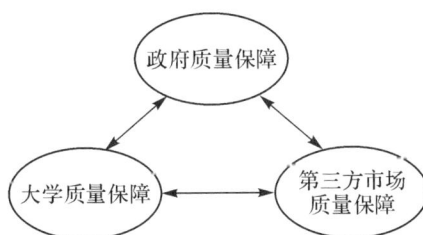

图 1-4　英国高等工程教育质量保障系统模型

在整个系统中,英国政府为了加强英国高等工程教育质量而出台大量的政策、评估制度和措施等,简称为政府质量保障系统。随着英国政府逐渐大量采取市场化的措施来监管英国高校,随之而来的是英国政府越来越依赖各式各样的第三方认证机构和评估机构,简称为第三方市场质量保障系统。英国高校的自主权虽然受到削弱,但是依然拥有相当大的办学自主权和办学自由。在质量保障方面,英国高校尤其是研究型大学依然拥有相对独立而完备的保障体系,简称为大学质量保障系统。在整个质量保障系统的运行过程中,政府、大学和第三方市场(主要以英国工程理事会为主)是相互渗透、相互影响的关系。在本书中,我们用"有限的政府""自治的大学"和"市场导向的工程理事会"来定义政府、大学和第三方市场。

第二章　动力源泉：
英国重视高等工程教育质量保障的背景

高等工程教育质量保障的推进与实施，其实都是有具体的客观现实因素的。英国重视高等工程教育质量保障的背景涉及政治、经济、文化等诸多方面。诸多背景因素驱动着政府、大学和市场站在各自不同角色的视野下，履行对高等工程教育质量保障的职责。

第一节　驱使政府引领高等工程教育质量保障的动因

英国政府在其高等工程教育质量保障系统中扮演着引领推动的领导者角色，但是政府重视高等工程教育质量保障并非仅仅为了给予社会和学生更高质量的工程教育条件，而是立足于政府引领国家发展的需要。特别是在战后重建、依靠高质量的高等工程教育激发社会创新活力以促进经济转型升级等方面，可以看出英国政府加强对高等工程教育的保障，是期待培养出大批量的高素质工程科技人才，以巩固其执政地位。

一、战后重建对高素质工程科技人才的召唤

第二次世界大战期间，英国卷入了这场空前激烈的战争。在战争中，英国不断意识到高科技对于取得战争胜利的重要性，也深刻体会到工程科技的无穷威力。同时，战争期间英国的经济社会发展速度缓慢，并且在经济和科技方面逐步被其他欧美发达国家超过，曾经优越的"日不落帝国"之梦正被打破。英国也日益发现，工程科技对于战后重建和提升综合国力起着关键性作用。因此，战后英国不断加大对高等工程教育的改革力度，也由此英国的高

等工程教育质量问题真正受到了政府及社会各界的重视。

从高等教育的规模和质量发展来看,两次世界大战期间英国的在校大学生数量尽管有所增长,但规模都不大,1920—1938 年只增加了 1550 人(1920年为 48452 人,1938 年为 50002 人)。1938—1939 年度仅有 2.7% 的适龄青年获得接受高等教育的机会,而且大多数高校的全日制在校生规模不超过1000 人,5000 人以上的也只有 2 所。在战争时期由于各项经费不足和设施更新不及时,只能维持较为普通的高等工程教育水平。更为明显的是学习理工科的人数很少,如 1935—1939 年英国高校文科学生占 46.5%,纯理科学生只有 16.3%,而技术专业学生仅为 9.7%。[①]

战争期间,英国大学的所谓"纯科学"(pure science)学生约有 9000 人,技术专业学生约有 4500 人,总数为 13500 人左右,约占英国大学生总人数的四分之一。在 4500 名技术专业学生中女生不足 100 人。例如,剑桥大学开设的工程学科中没有女生,帝国理工学院的工程学科也只有 2 名女生。战争期间英国的高等工程教育的质量水平已显示出其略不如其他欧洲国家。

战争不仅给英国的经济社会发展带来了特殊的影响,其对高等教育,特别是高等工程教育也产生了影响,这种影响是消极的。英国政府对于提升高等工程教育质量的新认识主要源于三方面:一方面,战争直接导致了高等教育规模增长速度的下降,发展甚至滞后于其他一些欧美国家;另一方面,战争直接促进了英国政府对高科技在战争中的决定性作用的认识的提高,而发展高科技是需要高等工程教育培养出优质的人才来支撑的;再一方面,战后的重建以及工业的振兴和发展,更加需要工程科技人才。

战争期间,英国的大学在科学研究方面与工业界的合作相对较紧密,使英国在炸药、药品、致命性毒气武器和防毒气设备、玻璃业、染料业、飞机制造业、电机业的研究和发展方面迅速缩小了与德国的差距,而参与这些研究和发展的几乎包括了英国当时所有重要的大学和学院。英国政府也从中感受到了科学技术和高技能人才对保持国家军事力量的重要性,因此保障高等工程教育质量成了英国政府的重要议题,从而不断出台推动高等工程教育质量保障的诸多政策措施。

由此可见,战争使英国意识到了高等工程教育质量的重要性。战争期

---

① 易红群.战后英国高等教育政策研究[M].长沙:湖南师范大学出版社,2012:7.

间,英国也在大力发展高等工程科技教育,倡导大学加强对工程科技的理论与实践的教学和科学研究,使其研究成果更好地服务于战争或社会建设。英国政府责无旁贷地承担着推动大学与社会联系的重任,并于1915年成立了国家科学和工业研究部,大力鼓励大学参与各种实用工程科技的研究和试验发展,使燃料技术、航空、纺织、冶金、炸药、化学、物理学、工程等与战争有关的学科得到了空前重视。次年,英国政府成立了以物理学家约瑟夫·汤姆森(Joseph Thomson)为主席的特别委员会,负责调查自然科学专业的教育情况,为英国政府有针对性地出台推动工程科技教育的政策做好调研服务。

约瑟夫·汤姆森领衔的特别委员会通过调查,于1918年发表报告,强调指出:"大学应当进一步加强理工科教学,在科学和工程方面培养更多的研究生。"同时英国高等教育拨款委员会对高等工程教育也发挥了政策指导作用,并在1930年的报告中指出:"人们越来越认识到,工业在很大程度上依赖于科学研究,这一认识导致强大的工业组织对学业出色人才的需求不断增加。它们不仅需要应用科学方面的一流人才,而且需要纯科学方面的人才。"不难发现,在战争时期和战争后期,英国政府不断加强对高等工程教育质量的控制,这也是因为高等工程教育质量事关国家战略推进、经济发展,甚至是战争能否取得胜利的关键因素之一。

英国的执政党上台的首要目标任务是推动经济与社会的发展。而英国原有的工业基础和先进制造业被英国政府看作提升国家经济水平的核心。然而,英国也日益感受到美国等国家快速崛起的关键要素在于其科技实力强,归根结底就是其拥有丰富且具有高素质的工程科技人才资源。英国传统工商业的转型,促进了经济的快速改善和发展。政府逐步意识到高端核心工程科技人才对于战后建设极其重要。可以说,英国政党的执政地位与高等工程教育质量息息相关,高等工程教育质量甚至是稳定执政的重要筹码。

英国的教育传统在于"绅士教育",其对于实用性人才的培养历来落后于美国。而英国工业界素有重经验、轻理论的传统,这在某种程度上也影响了工业界人士对高等工程教育的重视。这种文化传统也影响了英国社会和政党推动高等工程教育质量保障措施的顺利实施。

学徒制在英国的历史久远,且在当时的发展背景下,其为英国的手工业发展贡献了较大的人才力量。但是,学徒制的实质主要还是基于职业的就业培训,培养人才速度慢,也存在培养质量不高的问题,在技术的传授方面受到诸多限制，在教育理论和基本知识及素质方面更是极为缺乏。英国学者安迪·格林（Andy Green）指出："由雇主和独立工匠以私人名义组织起来的学徒制度没有受到任何公共基金的资助，由于以工作经验为基础，而不是建立在理论学习的基石之上，学徒制体现了典型的实践方法特征。"①

二战后，随着英国科学技术和社会生产力的迅猛发展，学徒制的局限性越来越明显，大力发展高等工程教育和保障工程教育的质量成为英国社会重建的关键。英国出台了战后的首部教育法律《1944年教育法》。该法的颁布开启了英国工程技术教育发展的新历程。该法还特别强调需要重视继续教育的发展。埃德蒙·金指出："从法律意义上讲，1944年法案用的是'继续教育'一词，可被用来指所有中学后的教育——包括大学教育、多科技术学院教育以及师范教育和训练。"②法案的提出，也为中学后的工程教育发展和质量提升提供了法律依据。

该法案还对各地方政府和教育当局的权力进行了规定，要求地方政府和教育当局为保障本地推进继续教育发展而提供充足的基础设施。根据《1944年教育法》设立的技术中学侧重于技术教育，主要培养工程、电力、航海、建筑、农业、商业等方面的初、中级技术人员，以及为各类高等技术院校输送合格生源。继续教育体制的建立和技术中学的创办，为战后英国高等工程教育的发展奠定了基础。《1944年教育法》是英国教育史上里程碑式的重要法案之一，其为此后英国各级教育，包括高等工程教育的发展奠定了政策基础。

二、国家科技竞争力保持世界领先的需要

高等工程教育在高等教育体系中占据重要的位置，因为培养工程科技人才对于推动技术变革、实现经济转型升级和产业发展有很重要的意义。历届英国执政党竞争纲领或者是新政府上台后的政策措施都会将高等工程教育改革提升到高等教育发展与促进经济改革的高度。2013年，英国前首相卡梅伦（David Cameron）说："如果我们想要成为一个成功的强国，那么就必须培

---

① 安迪·格林.教育、全球化与民族国家[M].朱旭东，徐卫红，译.北京：教育科学出版社，2004：7.

② 王承绪.英国教育[M].长春：吉林教育出版社，2000：97.

养更多的科学家和工程师。"[1]

国家竞争力是体现一个国家综合实力的重要指标,它涉及国家的人力资本、各级教育发展、经济增长、社会繁荣等诸多领域的内容。而教育,特别是高等教育的发展为提升国家竞争力提供了强大的人才保障。英国历来重视高等教育对国家经济和社会发展的贡献,更是关注工程与科技创新的发展。

为此,2007年英国皇家工程院委托以英国阿斯顿大学校长朱丽亚·金(Julia King)教授为主席的调查工作组,检查英国的工程本科教育质量,特别是监测当前的教育质量是否符合知识经济发展阶段的需求,并强调发达国家必须依靠不断增强人力资本以保持强大的竞争力。之后,调查工作组出台报告《培养21世纪工程师》(*Educating Engineers for the 21st Century*),指出:"此时,我们对工程人才的需求相当巨大,我们国家的青年也对如何保护这个地球感兴趣,但是我们却不能说服他们投入工程专业领域。工程职业是振奋人心的、高薪的和有意义的,而如今英国将面临工程专业毕业生的短缺,因此必须采取行动。"[2]

英国2016—2017年度的全球竞争力排名在第7位,比上一年度提升了3位。[3] 然而,竞争力的提升也体现在商业模式的变革与经济的增长,这就需要能推动当前经济社会发展的工程科技人才,因为当今和未来的经济发展都离不开高质量的工程科技人才以推动技术的变革。如图2-1所示,影响当前和未来英国工商业模式发展及经济走向的几个重大领域分别为移动互联网和云技术、大数据、新能源供应、物联网、共享经济、机器人和智能交通、人工智能、3D打印、生物科技等[4],这些领域都与工程科技紧密相连。

世界经济论坛(World Economic Forum)2016—2017年度全球人力资源

① Morgan R, Kirby Ch. The UK STEM Education Landscape 2016 [R/OL]. The Royal Academy of Engineering [2016-12-11]. http://www.raeng.org.uk/publications/reports/uk-stem-education-landscape.

② The Royal Academy of Engineering. Educating Engineers for the 21st Century [R/OL]. http://www.raeng.org.ukpublicationsreportseducating-engineers-21st-century.

③ World Economic Forum. The Global Competitiveness Report 2016—2017 [R/OL]. https://www.weforum.org/reports/the-global-competitiveness-report-2016-2017-1.

④ World Economic Forum. The Human Capital Report 2016 [R/OL]. https://www.weforum.org/reports/the-human-capital-report-2016.

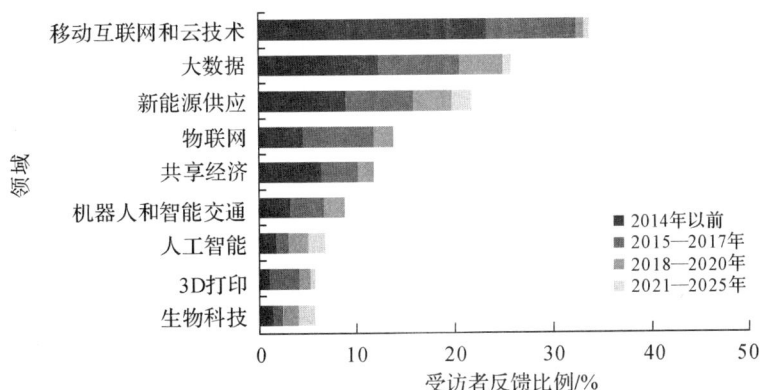

图 2-1　影响英国工商业发展及经济走向的几个重大领域分布

排名显示,英国的整体人力资本水平保持较高的世界排位,位列全球第 19 位,在 25 岁至 54 岁的主要劳动力中也保持较高的高技术人才就业率(48%),但是其过渡教育发生率排名第 46 位,职业教育升学率排名第 33 位。这也反映出英国在提升和改进教育方面还有较大发展空间。①

尽管英国对于其自身综合国力的增长与发展历来重视,但在整个经济发展与应对世界变革的过程中,英国在自信于曾经的繁荣的同时,也看到了存在的危机,呼吁加快改革。其中,最让英国人担心的是国内生产总值(GDP)这一反映经济增长的重要指标的变化。从国际发展趋势比较来看(如图 2-2所示)②,根据目前对金砖国家的 GDP 预测可知,金砖四国(巴西、俄罗斯、印度和中国)的 GDP 到 2040 年将赶上或超过 G6 国家(美国、英国、德国、日本、法国和意大利)。③ 这一情况对于英国来说不容乐观,也迫使英国经济必须加快崛起和转型。

此外,金砖国家将会培养出破纪录数量的工程专业毕业生。仅中国和印

---

① World Economic Forum. The Human Capital Report 2016[R/OL]. https://www.weforum. org/reports/the-human-capital-report-2016.

② The Royal Academy of Engineering. Educating Engineers for the 21st Century[R/OL]. http://www. raeng. org. ukpublicationsreportseducating-engineers-21st-century.

③ Goldman Sachs . Global Economics Paper No 99 Dreaming with the BRICS:The Path to 2050,October 2003.

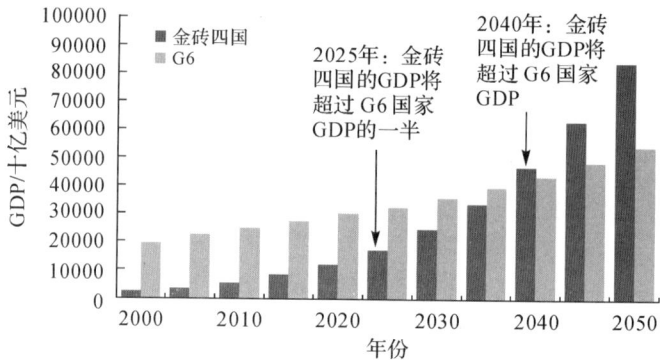

图 2-2　金砖四国与 G6 国家的 GDP 总量预测情况

度两国,据保守估计每年将有大约 50 万名工程专业毕业生。①

　　1994—2004 年,英国的工程人才培养产出实际上几乎处于停滞不前的状态。尽管同期英国的大学入学总人数增长了 40%,但是修读工程学位的学生数量却停留在每年 24500 人左右。而且这些工程专业的学生毕业后,仅有不到一半数量的毕业生选择进入工程领域工作。② 在此阶段,英国的大学培养的工程科技人才支撑整个国家经济的增长略有动力不足的趋势。因此,像英国这样的国家将面临挑战:要培养充足数量的新型工程师。如果不改变这一现状,长期而言,英国将会落后也是不言而喻的。③

　　因此,英国专家担忧,长此以往英国最终将滑到国际上缺少工业竞争力的国家行列。英国议会的利奇勋爵(Lord Leitch)更是毫不客气地指出:"我们应当谴责自己,因为竞争力在下降。没有持续工程技术的增强,经济增长在减少,这将给整个国家带来沮丧的未来;改革这一现状的行动是必需的和紧迫的。只有成为世界技术的领导者,才能使英国在世界竞争中立于不败

　　① Framing the Engineering Outsourcing Debate: Placing the United States on a Level Playing Field with India and China, Duke University Master of Engineering Program Paper, December 2005.

　　② Engineering UK 2005, ETB Research Report, November 2005.

　　③ The Royal Academy of Engineering. Achieving Excellence in Engineering Education: The Ingredients of Successful Change [R/OL]. http://www. raeng. org. ukpublicationsreports-achieving-excellence-in-engineering-education.

之地。"①

三、经济转型增长依靠工程科技创新驱动

高等教育是各个国家为发展经济和推动社会进步培养智力支撑的主要场所。英国历来重视对高等教育质量的控制，在世界范围内其高等教育质量得到全球的认可。英国政府在对其高等工程教育质量充分自信的同时，也时刻警惕质量的滑坡。高等工程教育质量水平的高低，将直接影响着整个国家的科技创新活动，从而影响经济转型升级的推进。

在英国政府的《增长计划》(*Plan for Growth*)中，教育被定义为"经济成功的基础"。政府进一步阐明："如果我们将要创造就业机会和确保下一代的繁荣，那么我们的经济需要变得更加有活力……需要重新装备未来的高新技术。"②英国政府明确地表示了将依托高新技术变革来推动经济发展和增加就业保障，促进社会稳定。其中推动高科技变革的最主要动力来源于"高素质工程科技人才"，他们是驱动经济变革的人力资本。因此，重中之重就是要不断提高英国高等工程教育的质量。

2005 年，在英国政府出台的《战略性重要与弱势学科》(*Strategically Important and Vulnerable Subjects*, SIVS)政策文本中提及的学科主要是"有战略行动的重大需求，且在一定的水平上才能够持续获得，在某种意义上能满足国家利益的学科"③，其实质就是要推动高等工程教育相关学科的发展。英国政府在未来发展计划中强调 STEM(科学、技术、工程和数学)技能的重要性，并制定相关政策，以满足对 STEM 技能人才的需求。

政府的改革政策往往是在经济发展过程中逐步出现需要解决的核心问题时应运而生的。这也反映了经济社会发展对政府政策的依赖。英国工业与高等教育委员会(Council for Industry and Higher Education, CIHE)在面对工程科技人才需求时提到："在经济结构调整的背景下，未来的劳动力将日益要求更高的技术水平，以促进工商业价值的提高。未来的工作也将不断要

---

① Leitch Review of Skills: Prosperity for All in the Global Economy-world Class Skills, HMSO, December 2006.

② HM Treasury & BIS, The Plan for Growth, March 2011.

③ Higher Education Funding Council for England. Strategically Important and Vulnerable Subjects (SIVS)[R]. http://www.hefce.ac.uk/kess/sivs/.

求就业者具备在 STEM 学科框架下培养的能力。"①社会多方关注工程人才的需要并寄希望于工程人才能推动经济创新发展，这就引出了一个核心问题，就是英国是否培养了足够多的工程专业毕业生，可以实现英国政府以科技支撑经济增长的愿望。②

在社会对英国高等工程教育所培养的人才的质量和数量表示怀疑时，英国政府似乎也不回避当前高等工程教育存在迫切需要解决的问题，并且表明了对于高等工程教育质量的"政府立场"。英国政府在其《增长计划》(Plan for Growth)中特别指出："高等教育促进高科技产业创造更多的就业机会和推动产业繁荣发展。未来的工作将不断要求人们具备科学、技术、工程和数学(STEM)教育所培养的能力和技能。然而，高等教育所培养的 STEM 本科毕业生或研究生的供应与企业雇主的需求之间不管是在数量上还是在质量上都似乎不匹配。"③

由此可见，英国需要在知识经济与创新经济发展中，重点抓住高等工程教育质量的提升，目的是培养更加优秀的工程科技人才，为英国经济与社会的发展和保持其在世界经济中的核心竞争力提供人才保障。这或许正是英国政府越来越重视高等工程教育质量保障的主要动因之一。

第二节　倒逼大学提升高等工程教育质量保障能力的动因

英国的高等工程教育质量保障受到诸多因素的影响，大学的改革也是在一定的经济社会背景因素的驱动下快速进行的。英国的高等工程教育质量的保障与发展正是基于为英国各行各业培养大批量的高素质的工程科技人才的目标，同时，也是为了使工程专业的毕业生能够得到企业界的青睐，并从整体上保障高等工程教育的质量持续处于世界领先水平。

---

① CIHE, The Demand for STEM Graduates and Postgraduates，January 2009.
② http://www. bis. gov. uk/news/speeches/david-willetts-policy-exchange-britain-best-place-science-2012.
③ HM Treasury & BIS, The Plan for Growth，March 2011.

一、高等工程教育规模与质量的矛盾日益凸显

英国大学的自治表现在实施独立的学生培养方案上,也体现在自主决定培养学生的类型与素质方面。进入 21 世纪以来,随着全球化的深入推进,各国在经济社会发展道路上迎来了新的机遇与挑战。技术的革新、新兴产业的兴起都是人类发展历程中的重要转折点。英国的大学也在这一新的经济社会背景下,不断推动自身办学模式和人才培养的机制改革,以满足英国面对新兴经济和竞争社会对高质量人才日益增长的需要。

莫西德(Mourshed)等人对世界诸多改革院校的调查报告表明:"大学制度的改革动力——可称为触发着火点——起因于三方面的事情。一是政治或经济危机的结果;二是引人注目的影响;三是对教育体系表现的批评报道。"①英国各界越来越重视工程科技相关专业的本科学生数量的增长和质量的提升,因为这些大学生将是未来推动英国工业界发展的主干力量。

从 2009/2010—2013/2014 年度的英国大学学生注册情况看(如表 2-1 所示),英国高等教育机构(大学)总的在校生人数下降了 7.8%,然而工程与科技的学生数同期却增长了 1.30%,可见大学推动英国工程科技人才发展和提升高等工程教育质量与数量的成效已经显现出来。

表 2-1 2009/2010—2013/2014 年度英国高等教育机构学生注册人数情况

年度	高等教育学生总数/人	与上一年度比较/%	与前五年比较/%	工程与科技的学生数/人	与上一年度比较/%	与前五年比较/%
2009/2010	2493420			156985		
2010/2011	2501295			160885		
2011/2012	2496645			162020		
2012/2013	2340275			158115		
2013/2014	2299355	−1.70	−7.80	159010	0.60	1.30

资料来源:HESA Students in Higher Education。

然而,尽管工程与科技的学生数略有增长,但增长较为缓慢,与英国日益需求大批量、高素质的优秀工程专业毕业生的现状仍然有较大差距。规模的

---

① Mourshed M,Chijioke C,Barber M. How the World's Most Improved School Systems Keep Getting Better[M]. New York:McKinsey Company,2010.

不足，更加促使英国大学加强对高等工程教育质量的把握力度。

此外，从毕业生的数量分析来看（如表 2-2 所示），2012/2013—2013/2014 年度，英国获得学位文凭的毕业生人数有所下降，除了本科学位（第一学位）以外，在 2013/2014 年度各层次的学位文凭获得人数都下降了。获得所有学科学位的总人数从 2012/2013 年度的 761935 人，减少到 2013/2014 年度的 751160 人，下降了 1.4％。而本科学位（第一学位）获得的人数却有增长，从 2012/2013 年度的 403770 人，增长到 2013/2014 年度的 421635 人，增长了 4.4％。数量下降较大的是基础学位（预科学位），从 25240 人下降到 18930 人，下降了 25％。①

表 2-2 2012/2013—2013/2014 年度英国所有学科学生获得学位文凭情况

年度	其他本科	基础学位	本科学位	其他研究生	博士	合计
2012/2013	91965 人	25240 人	403770 人	218800 人	22160 人	761935 人
2013/2014	75045 人	18930 人	421635 人	214310 人	21240 人	751160 人
变化	−18.4％	−25.0％	4.4％	−2.1％	−4.2％	−1.4％

资料来源：Higher Education Statistics Agency。

可以看出，英国高等教育毕业生数量不足，对于英国社会市场的人力资本补充的优势不断减弱，也对工程专业领域的非专业人才和专业人才的及时补充造成了一定的影响。

在这一时期英国的工程与科技专业获得学位的毕业生人数保持相对稳定（如表 2-3 所示），从 2012/2013 年度的 50345 人，减少到 2013/2014 年度的 50185 人，仅有 0.3％的下降。② 工程与科技毕业生数据显示，本科学位的毕业生人数略有增长，这主要是由于一方面英国加强对工程与科技专业本科的招生力度，使得选择攻读工程与科技专业课程的人数有增加；另一方面是大学重视本科工程教育质量的提升。

① Engineering UK. Engineering UK 2016：The State of Engineering［R/OL］. http://www. engineeringuk. com _ resourcesdocumentsEngineeringUK-Report-2016-Full-Report_live. pdf.

② Engineering UK. Engineering UK 2016：The State of Engineering［R/OL］. http://www. engineeringuk. com _ resourcesdocumentsEngineeringUK-Report-2016-Full-Report_live. pdf.

表 2-3　2012/2013—2013/2014 年度英国工程与科技学科毕业生获得学位文凭情况

年度	其他本科	基础学位	本科学位	其他研究生	博士	合计
2012/2013	5115 人	1875 人	24755 人	15715 人	2885 人	50345 人
2013/2014	4665 人	1660 人	25870 人	15155 人	2835 人	50185 人
变化	-8.8%	-11.3%	4.5%	-3.6%	-1.7%	-0.3%

资料来源:Higher Education Statistics Agency。

　　然而,其他学位类型的数量却在一年内不增反减,反映了总的工程专业毕业生数量供给不足,总体上 2013/2014 年度比上一年度下降了 0.3%。尽管说本科工程教育质量是高等工程教育质量的关键环节和重要组成部分,但是象征着高水平和高技术的工程专业毕业的研究生和博士对于推动英国工程与科技的创新也尤其重要,遗憾的是这两个层次的工程与科技毕业生获得学位的人数却在减少,研究生下降了 3.6%,博士下降了 1.7%,都远高于下降的平均比重。

　　更为严重的是,获得英国大学工程与科技学位文凭的学生按国籍分布来看(如表 2-4 所示),英国本土的毕业生数量则占 56.23%,有 43.77% 的毕业生来自非英国的地区和国家,这意味着这部分毕业生有可能会回到他们自己的祖国就业,不会加入补充英国工程与科技人力资本的队伍中。

表 2-4　2013/2014 年度英国工程与科技学科毕业生获得学位文凭层次按国籍分布情况

学科领域	国籍	基础学位	本科学位	其他本科	研究生	博士	合计
工程与科技	英国	1570 人	17625 人	3795 人	4055 人	1170 人	28220 人
	欧盟	15 人	1855 人	195 人	2325 人	400 人	4790 人
	非欧盟	75 人	6385 人	675 人	8775 人	1270 人	17175 人
	总计	1660 人	25870 人	4665 人	15155 人	2835 人	50185 人
	非英国总计	90 人	8240 人	870 人	11100 人	1665 人	21965 人
	非英国占比	5.42%	31.85%	18.65%	73.24%	58.73%	43.77%

资料来源:Higher Education Statistics Agency。

　　实际上,2013/2014 年度英国国籍的各层次工程与科技学科获得学位文凭的毕业生为 28220 人,其中本科毕业生 17625 人,占 62.54%,也表明了本科层次是高等工程教育的主力军,也是工程科技领域的重要人力资源。然而,在高层次(研究生、博士)毕业生中,非英国国籍的学生所占比例较大,分别是:研究生 11100 人,占 73.24%;博士 1665 人,占 58.73%。① 这表明在英国每年的高层次工程与科技毕业生中,大部分来自英国之外的国家。对于英国而言,想让这部分人能留在英国从事高科技工作,为英国带来财富,就需要英国政府制定有效的政策,以吸引和留住这些高层次工程人才。

为此,英国后来的诸多建议和报告中都有延长 STEM 领域毕业生工作签证的建议。在这部分毕业生中,有一部分来自欧盟国家,按英国脱欧前的政策,这部分人可以留在英国选择就业,但 2016 年英国申请脱离欧盟,并于 2020 年 1 月 31 日正式脱欧,这使得来自欧盟国家的在英国获得高层次工程与科技学位的毕业生,要留在英国从事工程与科技领域工作,将受到许多限制。

本科教育是高等教育的重要环节,任何国家在高等教育质量保障方面,最为重视的也是本科教育。因此,在高等工程教育方面,英国对本科工程教育质量保障的重视是不言而喻的。然而,在谈及工程教育时,国内外学者往往是将科学、技术、工程及数学(STEM)教育联系在一起的。在 STEM 教育中,各个学科领域都是相互紧密关联的,其地位与价值都是相当重要的。

所以,英国 STEM 本科教育的数量与质量问题直接关系到工程教育质量的核心问题。从 2004/2005—2013/2014 年度英国大学本科(第一学位)STEM 学科毕业生数量情况来看(如表 2-5 所示),在那 10 年里,除了计算机科学外,其他的 STEM 学科毕业生数量都呈现上升趋势,其中增长最为迅速的是数学,与 10 年前相比增长了 63.28%;STEM 学科总的增长为 30.43%,略低于所有学科的增长(37.63%)。② 工程与科技学科的本科毕业生数量的增长为 32.16%,略高于 STEM 学科的平均增长,但是与 STEM 学科的生物学、物理学和数学相比,增长率却远远落后,甚至低于所有学科的平均增长率。每个年度工程与科技的本科毕业生数量所占比例都保持在 6%左右。

---

① Engineering UK. Engineering UK 2016: The State of Engineering [R/OL]. http://www. engineeringuk. com _ resourcesdocumentsEngineeringUK-Report-2016-Full-Report_live. pdf.

② Engineering UK. Engineering UK 2016: The State of Engineering [R/OL]. http://www. engineeringuk. com _ resourcesdocumentsEngineeringUK-Report-2016-Full-Report_live. pdf.

表 2-5 2004/2005—2013/2014 年度获得英国大学本科(第一学位)

在 STEM 学科的毕业生人数情况

年度	生物学	物理学	数学	计算机科学	工程与科技	STEM 总计	所有学科	STEM 比例	工程与科技比例
2004/2005	27200 人	12530 人	5270 人	20095 人	19575 人	84670 人	306365 人	27.60%	6.40%
2005/2006	27840 人	12900 人	5500 人	18840 人	19765 人	84845 人	315985 人	26.90%	6.30%
2006/2007	29095 人	12480 人	5645 人	16445 人	19900 人	83565 人	319260 人	26.20%	6.20%
2007/2008	31185 人	13015 人	5815 人	14915 人	20420 人	85350 人	334890 人	25.50%	6.10%
2008/2009	30720 人	13510 人	5980 人	14035 人	20805 人	85050 人	333720 人	25.50%	6.20%
2009/2010	32185 人	13795 人	6470 人	14255 人	21955 人	88660 人	350860 人	25.30%	6.30%
2010/2011	33800 人	14745 人	6965 人	14505 人	22905 人	92920 人	369010 人	25.20%	6.20%
2011/2012	35920 人	15360 人	7445 人	15225 人	23595 人	97545 人	390985 人	24.90%	6.00%
2012/2013	38945 人	16400 人	8430 人	15565 人	24755 人	104095 人	403770 人	25.80%	6.10%
2013/2014	42580 人	17300 人	8605 人	16080 人	25870 人	110435 人	421635 人	26.20%	6.10%
与上一年相比	9.30%	5.50%	2.10%	3.30%	4.50%	6.10%	4.40%	0.40%	0.00%
与前 10 年相比	56.50%	38.10%	63.28%	-20.00%	32.16%	30.43%	37.63%	-1.40%	-0.30%

资料来源:Higher Education Statistics Agency。

　　由此可见，英国在那 10 年里所培养的工程与科技学科本科毕业生基本处于平衡状态，略滞后于其他学科。这或许正是英国政府、工业界和社会急切呼吁加强英国本科工程教育的数量与质量发展和保障的主要理由。因为当前培养的工程科技人才未能完全满足英国新兴经济发展和社会转型升级的需要，大学所供给的高质量工程本科专业毕业生与市场的需求之间的矛盾仍然存在。

　　再从获得英国大学工程本科学位的毕业生按国籍分布情况看（如表 2-6 所示），英国所面临的工程本科毕业生作为重要的工程人才的短缺问题更为突出。在那 10 年中，英国工程专业本科毕业生数量从 2004/2005 年度的 17395 人，增长到 2013/2014 年度的 23340 人，增长了 34.18%。而其中属于英国本土的毕业生数量在 2013/2014 年度为 15615 人，仅占 66.90%，其余的三分之一（33.10%）则是非英国国籍的毕业生。欧盟国家（除英国）国籍的毕业生数量增长不大（仅为 6.67%），增长更快的则是来自非欧盟国家的毕业生，增长率达到 78.85%[①]，其中大部分是来自亚太地区国家的留学生。略有惊喜的是，在那个 10 年里，获得工程本科学位的女性增长比例（42.48%）超过了男性增长比例（32.94%），女性毕业生的数量一直维持在 13% 左右的低比例。

　　由此可见，在英国大学工程专业的本科毕业生中，有相当一部分来自英国以外的国家。由于英国以外的国家，特别是中国等亚太地区国家不断出台具有吸引力的政策呼唤高素质人才回国，留在英国本土的工程专业本科毕业生将会减少。这也会影响升入更高层次（研究生、博士）工程专业的生源数量，导致高层次工程人才更加短缺。

二、工程专业毕业生的质量水平有待提高

　　高等工程教育质量提升的过程往往遵循从数量到质量和公平的发展思路及规律。英国是世界上重视高等教育质量的主要国家之一，其严格的质量保障体系和灵活的办学机制，加之良好的文化传统，孕育了世界上著名的高等教育体系，英国培养的获得诺贝尔奖的人数居世界第二位。从上述的数据

---

① Engineering UK. Engineering UK 2016：The State of Engineering [R/OL]. http://www. engineeringuk. com _ resourcesdocumentsEngineeringUK-Report-2016-Full-Report_live. pdf.

表 2-6 2004/2005—2013/2014 年度获得英国大学工程本科(第一学位)的毕业生人数按性别和国籍分布情况

年度	总计	女性	男性	女性比例%	英国本土	欧盟	非欧盟	非英国	非英国比例
2004/2005	17395 人	2260 人	15135 人	13.00%	12435 人	1575 人	3380 人	4955 人	28.50%
2005/2006	17465 人	2430 人	15035 人	13.90%	11900 人	1625 人	3940 人	5565 人	31.90%
2006/2007	17420 人	2280 人	15140 人	13.10%	11900 人	1690 人	3740 人	5430 人	31.20%
2007/2008	17785 人	2370 人	15415 人	13.30%	11955 人	2745 人	4085 人	6830 人	38.40%
2008/2009	18155 人	2405 人	15750 人	13.20%	12085 人	1715 人	4350 人	6065 人	33.40%
2009/2010	19125 人	2650 人	16475 人	13.90%	12295 人	1860 人	4970 人	6830 人	35.70%
2010/2011	19970 人	2710 人	17260 人	13.60%	12865 人	1780 人	5320 人	7100 人	35.60%
2011/2012	20855 人	2925 人	17930 人	14.00%	13680 人	1720 人	5460 人	7180 人	34.40%
2012/2013	22265 人	3170 人	19095 人	14.20%	14620 人	1755 人	5890 人	7645 人	34.30%
2013/2014	23340 人	3220 人	20120 人	13.80%	15615 人	1680 人	6045 人	7725 人	33.10%
与上一年相比	4.80%	1.60%	5.40%	−0.40%	6.80%	−4.30%	2.70%	1.10%	−1.20%
与前10年相比	34.18%	42.48%	32.94%	0.80%	25.60%	6.67%	78.85%	55.90%	4.60%

资料来源：Higher Education Statistics Agency。

分析可以得知,英国在工程与科技专业本科毕业生人才培养的数量方面仍有较大的发展空间,其所培养的数量未能满足英国经济社会发展的需求,也不能完全确保英国在世界上永远立于先进国家或创新型国家的前列。

因此,解决英国高等工程教育质量问题的前提也可以说是要先解决数量问题,如果仅有少量的高质量人才,也无法促进经济效益的提升。数量也在某种程度上是质的另一维度,其为促进质量的提升提供了条件和基础。英国高等工程教育也应当处理好数量与质量辩证统一的关系,从而实现真正意义上的以质量驱动发展的目标。

英国本科教育质量水平的高低,可以通过毕业生获得的学位等级及其比例来判断。一般来说获得本科一等和二等上的毕业生是"优秀",表明该毕业生获得较高的成就,也具备较高质量的素质、知识与能力。从 2013/2014 年度英国本科相关专业(含工程与科技)毕业生获得学位的质量水平情况来看(如表 2-7 所示),所有学科获得本科一等学位的毕业生人数为 79440 人,学科平均获得一等和二等上的毕业生比例为 65.86%;在诸多学科中,本科毕业生获得"优秀水平"的比例较高的学科有:语言学(81.15%)、历史与哲学研究(80.90%)、物理学(71.40%)、创艺与设计(70.20%)、数学(70.00%);工程与科技的比例为 65.50%,略高于计算机科学(61.70%)、教育学(64.20%)和商业与管理(60.60%)。[①] 可以看出,获得本科一等或二等上学位水平的学科专业领域在语言学、历史与哲学等方面;而在 STEM 学科领域,数学和物理学也较高,都突破了 70%,工程与科技低于数学和物理学,也仍然略低于所有学科的平均值。

诚然,不能完全说获得本科一等和二等上学位人数比较高的学科教育质量就一定是"卓越优秀"的高质量本科教育,但可以从另一个侧面说明,获得一等和二等上学位人数比例相对低的学科领域,如工程与科技、计算机科学和教育学等,在教育质量提升方面仍有较大的空间,也存在诸多问题。

毋庸置疑,英国的本科工程与科技专业领域的教育质量在世界上仍处于领先水平,但对于英国自身的要求和未来保持英国竞争力来说,仍然需要不

---

① Engineering UK. Engineering UK 2016:The State of Engineering [R/OL]. http://www. engineeringuk. com _ resourcesdocumentsEngineeringUK-Report-2016-Full-Report_live. pdf.

表 2-7　2013/2014 年度英国本科相关专业毕业生获得学位的质量水平情况

专业领域	一等/人	二等上/人	二等下/人	三等或及格/人	未归类/人	本科学位（第一学位）总计/人	一等和二等上的比例/%	
							2012/2013	2013/2014
工程与科技	6820	10155	5820	1550	1520	25870	64.50	65.50
数学	3005	3015	1765	630	190	8605	67.90	70.00
计算机科学	4155	5770	3895	1340	925	16080	59.50	61.70
物理学	4250	8100	3785	830	330	17300	68.00	71.40
科学学科总计	37250	71850	38245	9505	18205	175125	60.10	62.30
语言学	4725	14880	3840	510	205	24160	79.40	81.10
历史与哲学研究	3475	11615	2940	390	220	18645	79.80	80.90
教育学	3065	9055	4820	1045	880	18865	61.50	64.20
商业与管理	10745	28010	18045	4690	2515	64000	57.90	60.60
创艺与设计	8845	21810	9950	2220	820	43645	68.40	70.20
所有学科总计	79440	198405	96030	21915	26000	421850	63.60	65.90

资料来源:Higher Education Statistics Agency。

断加强改革,解决质量保障过程中面临的障碍,特别是大学内部在保障毕业生质量方面需要加强改革的领域仍然存在较多问题。为了追求卓越和完美,立于世界先进国家前列,英国一直把高质量的高等教育,特别是工程科技教育作为提供人才支撑的重要源泉。因此,英国仍然坚持不断追求高等工程教育质量改革,探索培养创新型工程科技人才的道路。

三、大学生对工程教育质量的满意度仍有上升空间

大学工程教育质量监控的目的主要是提高学生的知识和技能,服务学生的学习和获得知识以及职业发展。大学本科生对大学教育质量的满意度是学生根据自己的校园学习和生活体验,对大学提供给学生的生活和学习品质高低的评价,它也反映出大学提供给学生的工程教育质量的水平。

英国从 2005 年开始实施的"全国大学生调查"(The National Student Survey ,简称 NSS),主要针对最后一个学年的大学应届毕业生。由莫里调查机构(Ipsos MORI)在其资助者的支持下开展全国性的学生问卷调查工作,以咨询和收集大学生对大学教学、管理、资源提供等方面的意见[1],以此评判大学服务学生的质量水平的高低。

"全国大学生调查"最初由 22 个问题组成(如表 2-8 所示),主要涉及 6 个方面。这 6 个方面的问题范围包括:教学(teaching and learning)、评估与反馈(assessment and feedback)、学术支持(academic support)、组织与管理(organisation and management)、学习资源(learning resources)和学生个人发展(personal development),另外再根据整个体验给出一个整体满意度(overall satisfaction)评价。[2]

---

① HEFCE. UK Review of the Provision of Information about Higher Education:National Student Survey Results and Trends Analysis 2005—2013[R/OL]. http://www.hefce. ac. uk/media/hefce/content/pubs/2014/201413/HEFCE2014 _ 13% 20-% 20corrected%2012% 20December% 202014. pdf.

② HEFCE. UK Review of the Provision of Information about Higher Education:National Student Survey Results and Trends Analysis 2005—2013[R/OL]. http://www.hefce. ac. uk/media/hefce/content/pubs/2014/201413/HEFCE2014 _ 13% 20-% 20corrected%2012% 20December% 202014. pdf.

表 2-8 英国"全国大学生调查"的问题范围与内容

问题范围	调查的具体问题	问题的内容
教学	问题 1	教师擅长解释事物
	问题 2	教师能够促进学生对所教授学科的兴趣
	问题 3	教师对所教授知识充满热情
	问题 4	课程启发学生思考
评估与反馈	问题 5	评分标准事先已经清楚制定
	问题 6	评估安排和评分过程体现公平
	问题 7	及时反馈学生学习情况
	问题 8	学生获得详细的学业点评
	问题 9	学习的反馈已经帮助学生解决之前不懂的问题
学术支持	问题 10	学生获得充足的建议以有助于促进学习
	问题 11	当需要时能够方便地联系有关教师
	问题 12	在学习选择时能够获得好的建议
组织与管理	问题 13	针对学生活动的时间表高效地运行管理
	问题 14	针对课程或教学的任何变化都会进行有效的沟通
	问题 15	课程的有效组织和顺利实施
学习资源	问题 16	图书馆资源与服务完全满足学生需求
	问题 17	当需要时就能够获得通用的 IT 资源
	问题 18	当需要时能够获得专业设备、设施或教室
个人发展	问题 19	课程能够帮助学生自信地表现自我
	问题 20	学生的沟通交流能力得到提升
	问题 21	学生在处理非常见性问题时充满自信
整体满意度	问题 22	总体上，学生满意于专业课程的质量

资料来源：The National Student Survey（NSS）。

各学科的大学生针对自己所在专业领域感受和对整个学校提供的各类服务进行评价。自 2005 年实施"全国大学生调查"以来至 2013 年，6 个方面的调查问题范围获得学生积极肯定的评价总体上呈现逐年递增趋势。针对不同的学科领域，学生的评价存在着差异。这也在一定程度上表明各学科的教育质量参差不齐。例如，2013 年工程与科技本科专业的学生在"评估与反馈""组织与管理""教学""整体满意度"方面的评价得分分别为67.7分、78.1分、82.9分和83.5分,与全部学科的对应问题范围的综合平均得分68.4分、80.9分、88.0分和86.6分相比,分别有0.7分、2.8分、5.1分和3.1分的差距。①

从分数差距对应的问题范围下的具体调查结果可以看出,英国工程与科技专业本科生对自己在本学科内的学业评估、学习点评反馈、解决疑难问题、学生活动、课堂教学组织,教师教学的激情、引导学生启发思考等诸多方面的评价与其他学科存在一定的差距。

此外,再与同类的STEM学科中的数学学科相比较(如表2-9所示),发现差距更大。2013年数学学科的"全国大学生调查"评价得分为:学术支持82.6分、评估与反馈72.5分、学习资源88.4分、组织与管理86.0分、个人发展74.8分、教学84.9分。数学学科除了在"个人发展"方面的得分比工程与科技学科稍低外,其他各方面均比工程与科技学科得分高。

表2-9 2013年英国"全国大学生调查"结果中工程与科技学科与数学学科的比较

问题范围	工程与科技学科学生满意度/分	数学学科学生满意度/分	差距
学术支持	80.3	82.6	−2.3
评估与反馈	67.7	72.5	−4.8
学习资源	86.3	88.4	−2.1
组织与管理	78.1	86.0	−7.9
整体满意度	83.5	88.5	−5.0
个人发展	81.2	74.8	6.4
教学	82.9	84.9	−2.0

资料来源:The National Student Survey (NSS)。

工程与科技学科和数学学科同属于STEM学科的重要领域,从这两个学科的"全国大学生调查"评价结果中也可以发现,在"学习资源"的获得方面评价得分较高,说明英国大学给予学生较为充足和先进的硬件条件和实验设施,这为从事STEM学科的学习和研究,保障高质量的工程教育提供了有力

---

① HEFCE. Who Either "Mostly Agree" or "Definitely Agree" (Bar Chart)[EB/OL]. http://www.hefce.ac.uk/analysis/nsstrend/barchartcore/.

的资源支持。

但是,在"评估与反馈"方面,STEM学科的调查评价普遍得分较低,意味着大学在对工程教育或STEM教育学业成就评价方面还有不足,不能使学生更为信服和满意。值得关注的是,在"个人发展"方面,工程与科技学科明显比数学学科更具有竞争优势,主要是因为在当今经济转型发展、强调科技创新的背景下,工程与科技学科的本科生的社会需求更大,毕业生获得就业岗位更容易,工资收入也是排在各学科的前列。

英国皇家工程院2010年的报告指出,高等工程教育变革迫切需要保证毕业生能获得面对21世纪新的复杂的挑战的知识与能力。工程教育的问题不是是否需要改革,而是应当如何改革。该报告聚焦于工程教育如何改革的问题,并检验积极的变革是如何通过工程课程以及工程院系的设置来体现的。该报告是在对15个国家的工程课程专家进行采访,以及对6个大学工程学院(系)进行案例分析的基础上形成的。

此项研究最终总结了工程教育成功改革的4个关键特征:一是成功的系统性变革通常是以应对环境变化而发起的。英国课程模式(单元模块)的变革主要是由有说服力的教育学的证据或国家对新工程师类型的需求来驱动的。广泛性的成功变革则是由工程院系市场定位的危机而引起。二是成功的变革体现在专业项目教学设计的成功。几乎所有的成功和持续的变革都开始于课程目标范围内的基础性评估和高水平课程结构的重组。诸多的专业项目的成功改革,创立了新的教学方法,并试图构建国内或国际工程教育实践的标准。三是大学工程院系是推动高等工程教育改革的引擎,院长(系主任)是高等工程教育变革成功的关键因素。四是改革向现状发起挑战,即教育改革的可持续性取决于推进超越大学的课程重构或对高校管理的改革。在此条件下,最大的变革的要素包括工程学院课程教学的革新、教育创新的广泛性评价。

当今的工程师具有两方面的特征:一方面,工程师在职业生涯中对多样性知识和专业技能需求的快速增长;另一方面,工程师所提供的产品和服务具有普遍性。英国社会把越来越多的关注指向了负责培养新一代工程师的教育系统,并称其未能跟上时代发展的步伐。工程课程(专业项目)的结构和内容在过去20年未发生较大的变化和改进。

然而,作为最关键性的变革——大学生的供给结构变革与培养方式变革却都没有得到高等教育管理部门的足够重视。很多大学在抵制工程教育课程变革,而且这种现象并不仅存在于英国。美国国家工程院的报告指出:"我们清醒地认识到两个事实:一是在过去几十年里,工程教育的分散干预没有引起系统性的改革,而仅仅是孤立的个别专业或个别大学有成功的推动变革的经验;二是工程教育体系和工程实践之间缺少互动联系的趋势正在加速扩大。"①澳大利亚工程师协会也指出:"工程课程在过去的15年里对社会需求回应得很慢或者仅出现少许的改革,现在的工程教育模式仍然与30年前的模式没有多大区别;世界已经在发生深刻的变化,但工程教育的变革步调却是如此缓慢。"②

在英国的很多大学工程院系里,创新的教学方法还仍处于本科课程的边缘,而这种发展仅停留在小部分的个体上,没有全面铺开。工程教育变革是相对比较新的研究领域,最初开始于19世纪80年代,其主要目的是促进科学、技术、工程和数学(STEM)学生数量的增长。③

第三节 激发市场积极参与高等工程教育质量保障的动因

一、工业界对高质量工程专业毕业生的强烈诉求

英国工业联合会(Confederation of British Industry,CBI)称:"STEM 领域人才短缺是普遍性的",有超过40%的企业雇主经历过招聘不到合适的STEM 领域人才的窘境。④ 如果英国不能以高质量的 STEM 学科的毕业生填补目前的空缺职位,英国未来经济增长的机会将不可能出现。近年来STEM 学科的本科毕业生不断增长,政府也意识到有大量的 STEM 学科毕业生在从事非 STEM 领域的工作,表明了在供给与需求之间也许存在着过剩或

---

① National Academy of Engineering,2004。

② Institution of Engineers,Australia,1996。

③ Seymour E. Tracking the Processes of Change in Us Undergraduate Education in Science,Mathematics,Engineering,and Technology[J]. Science Education,2001,86(1):79-105.

④ CBI,Building for Growth:Business Priorities for Education and Skills—Education and Skills Survey,May 2011.

不匹配。① 在这种情况下,明显可以看出是政府期待着将 STEM 领域人才作为经济增长的驱动引擎。

英国政府为进一步推动高等工程教育改革政策的制定,对现实的人才需求调研和问题信息的收集极为重视,相关的调研报告不断呈现。2009 年,英国商业、创新与技能部(BIS)发布了一份题为《科学、技术、工程与数学技能的需求》(*The Demand for Science,Technology,Engineering and Mathematics (STEM) Skills*)的研究报告,特别强调了当前产业发展对 STEM 技能人才的需求。该研究报告总结了 STEM 学科毕业生的短缺只存在于具体的领域,如工程和信息技术领域,且不同地区的短缺程度不同。② 2009 年《英格兰国家雇主技能调查》(*National Employer Skills Survey for England*)报告显示,31%的高科技制造公司因为英国国内缺乏具备资格的高质量工程科技人才而从海外招募员工。③

工业企业主要关注它们想招录的工程专业毕业生的类型和数量。尽管工业界普遍满意于当前工程专业毕业生的质量,并最为关心新招录的毕业生应用工程理论知识解决实践工业问题的能力,但是,具备这种能力的毕业生近年来越来越少,而这种能力也被看作是影响工商业发展的重要因素。工业企业对新招录的工程专业毕业生相关能力的需求按降序排列依次为:实际应用、理论认识、创造力与创新、团队协作、技术宽度和商业技能(如图 2-3 所示)。④

由图 2-3 可以看出,工业企业对于工程专业毕业生的实际应用能力和理

---

① The Guardian,Job Figures Cast Doubt on Whitehall'S Push for Science Degrees,11 September 2011；Bbc News,Engineering Graduates "Taking Unskilled Jobs",8 September 2011；The Guardian,It Is Nonsense to Claim Britain Produces too Many Science Graduates,14 September 2011.

② BIS:*The Demand for Science,Technology,Engineering and Mathematics (STEM) Skills*,January 2009.

③ UK Commissio for Employment and Skills. National Employer Skills Survey for England 2009[R/OL]. (2010-08-23)[2016-11-02]. https://assets. publishing. service. gov. uk/government/uploads/system/uploads/attachment _ data/file/303559/2009-final-ness-main-report. pdf.

④ The Royal Academy of Engineering. Educating Engineers for the 21st Century [R/OL]. http://www. raeng. org. ukpublicationsreportseducating-engineers-21st-century.

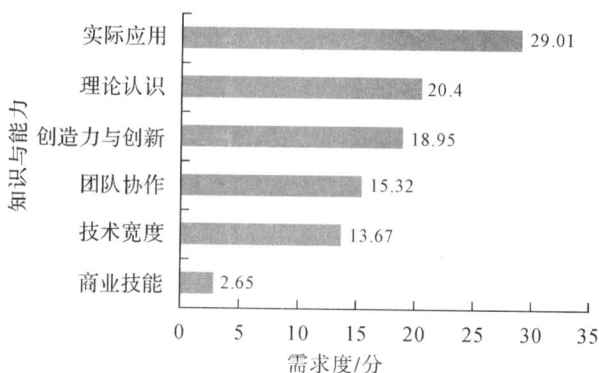

图 2-3　工业界对招聘的工程专业毕业生知识与能力的期望调查统计

论知识基础相当重视。这两点也被看作是衡量毕业生质量和工程教育质量的主要指标。

尽管大学不断加强人才培养和工程教育质量体系的建设,但似乎质量与数量的问题仍然存在,或许这正是社会经济日益发展对工程科技人才质量要求更高的永恒主题。《2016 年英国工程协会报告：工程的现状》(*Engineering UK 2016：The State of Engineering*)陈述了英国工商业联合会(CBI)的一份关于企业招聘优秀毕业生存在的主要问题的调查(如图 2-4 所示),结果显示,企业认为 STEM 学科毕业生的质量和数量短缺、缺乏基本实际工作经验、所获得文凭资格内容与工商业需求不相关等是不能满足企业需求的主要因素。[①]

因此,企业的需要对大学工程专业本科教育质量的内部保障体系建设提出了更进一步的高要求,这也是推动大学内部质量保障改革的主要动力。

二、高等工程教育质量保障需要市场需求的反馈

英国高等工程教育培养的人才在数量和质量上的问题引起了工业界的较大反响,导致了英国社会对高质量毕业生的诉求日益高涨。英国政府也呼吁社会各界加强合作,共同携手推动高等工程教育人才培养问题的解决,而不只是靠政府付出努力。英国国会议员、商业与创新技能部负责科学与创新

---

① Engineering UK. Engineering UK 2016：The State of Engineering [R/OL]. http：//www. engineeringuk. com _ resourcesdocumentsEngineeringUK-Report-2016-Full-Report_live. pdf.

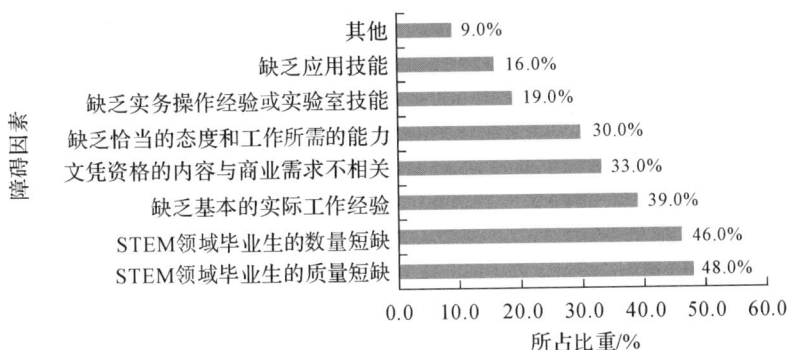

图 2-4　英国企业招募的 STEM 领域毕业生存在的问题情况

的大臣戴维·威利茨(David Willetts)谈道:"企业雇主应当发出他们对技能人才有关薪金价值的明确信号,而不能完全逃避讨价还价的过程。"①

企业对高质量毕业生的需求,是对大学教学改革提出的挑战。适应来自工业界的需求和职位空缺情况,是大学做好工程专业人才培养的重要内容和方向。为此,各类调研特别重视吸引来自工业界的意见和建议。如英国皇家工程院组织的以"培养 21 世纪工程师"为主题的调查研究小组,就是由超过400 多家企业和近 80 所大学工程院系共同构成的。

大学的"三大功能"指教学、科研和社会服务,三者之间紧密联系,互相促进。传统的大学主要聚焦于为政治统治阶级培养人才。如今,经济社会不断走向深入发展,全球知识共享与贸易合作日益频繁,政府、大学和社会都意识到,只有加强合作才是共赢之道。于是,大学"走出象牙塔",社会和企业"走进校园",大学的人才培养能够实现高质量的人力资本价值,企业和社会对所需人才的诉求也得到了满足。产、学、研合作模式在高等教育治理方面起了重要的作用。英国政府、企业和大学早已看出加强大学与企业的合作是高等教育发展的重要方向,先后出台了多项政策,助推大学与工业界的合作。

英国皇家工程院的报告《培养 21 世纪工程师》强调要"鼓励工业界与学术界密切合作以解决最核心的工程与科技问题,从而满足国家发展的需要。

①　House of Lords Select Committee on Science and Technology. Higher Education in Science, Technology, Engineering and Mathematics (STEM) Subjects Report[R/OL]. http://www. publications. parliament. ukpald201213ldselectldsctech3737. pdf.

大学应当与社会和企业开展深度合作，共同保障大学毕业生能够高效地运用所学知识，将其转化为现实问题的解决方案。要创造机会和平台，鼓励大学和企业共同开发与执行新的课程教学方法"。因此，"我们必须为大学与工业界良好的合作伙伴关系的建立提供所需的基础条件，同时改进教学方法"①。

之后，英国创新、大学与技能部又委托皇家工程院对大学的"工程教育服务工业界发展的相关问题"进行调研，以探讨怎样提升工业界可雇用的、具有高技能的工程专业毕业生的数量，并于 2010 年发布题为《为工业界培养工程毕业生》(*Engineering Graduates for Industry*)的报告。该报告指出："不仅需要持续依靠提高科学、技术、工程和数学的技能水平以保持英国的竞争优势，而且应当意识到如果没有培养充足数量的高素质和有发展潜力的工程专业毕业生，英国的商业和工业将会失去原有的竞争优势。"②

两个重要报告都明确强调了大学培养的工程专业毕业生要与企业需求相结合，且必须及时采取行动以应对和扭转大学人才培养与企业需求脱节的不利趋势和局面。但是，采取措施时务必要厘清几个关键问题，包括：当前本科工程教育的质量、内容和经费需求现状；未来产业界的人才需求；专业认证的程序；大学教育体系与工程专业本科生的培养途径。③

三、工程教育课程与教学改革须引入市场元素

近年来在英国大学培养的工程专业毕业生找不到合适的工作，许多工程专业的毕业生未选择进入专业对口的领域工作。可是工业界却找不到合适的员工，市场上缺少高质量的工程专业毕业生来填补工业界工程技术岗位的空缺。工程专业毕业生的供给与需求不匹配，不得不引起政府、大学和工业界的重视。

从工业界对工程专业毕业生质量的反馈来看，许多企业都表明了对当前

---

① The Royal Academy of Engineering. Educating Engineers for the 21st Century [R/OL]. http://www. raeng. org. ukpublicationsreportseducating-engineers-21st-century.

② The Royal Academy of Engineering. Engineering Graduates for Industry[R/OL]. http://www. raeng. org. ukpublicationsreportsengineering-graduates-for-industry-report.

③ The Royal Academy of Engineering. Educating Engineers for the 21st Century [R/OL]. http://www. raeng. org. ukpublicationsreportseducating-engineers-21st-century.

大学工程专业毕业生质量问题的担忧。这里主要是指大学工程专业毕业生缺乏工程实践经验，理论联系实际的能力不足，岗位适应能力欠缺等。甚至有企业对于大学能否培养出工业界所需的工程专业毕业生表示缺乏信心。由此可见，以市场标准来衡量英国高等工程教育的质量，存在人才培养与市场结合不紧密的问题。

英国政府考虑的主要问题是国家的创新能力与国际竞争力以及经济可持续增长等。英国政府的《增长计划》报告就明确表示，希望通过工程科技创新推动经济转型发展，保持英国的科技核心竞争力。执政党也将高等工程教育质量作为维持政权的筹码之一。当看到经济变革的驱动力量不足时，政府再也不能袖手旁观了。于是政府站出来制定政策和激励措施，推动大学与工业界的联系。《培养 21 世纪工程师》等报告就是在此背景下出台的。

大学也清楚地认识到，只有加强与工业界的合作，才能更加有针对性地培养符合市场需求的工程专业毕业生。对此，大学主要还是从改革课程内容、教学方法和提高师资质量等方面入手。

因此，将"工业界的元素"引入大学的工程教育质量保障体系，正好契合市场对于工程专业毕业生素质的需求。那么，如何将"工业界的元素"引入大学课程与教学过程中呢？英国大学与工业界通过合作，得出了一些经验：一是将企业界专家引入大学的工程院系担任兼职教师；二是大学的教师到企业做访问教授；三是增加学生到企业实习的机会。

第四节　本章小结

对教育质量的重视往往是由外界的因素引起的，英国对高等工程教育质量的重视与加强也不例外，受到了英国的政治、经济、科技、教育等诸多因素的影响。正是在这些因素的激发下，英国的政府、大学和市场逐步认识到高等教育质量联系着各方的利益，从而开始重视对高等工程教育质量的保障。

从发展规律来看，教育往往呈现出从数量到质量，再从质量到公平的发展趋势。英国的高等工程教育最开始也是先解决数量问题，即解决工程科技人才短缺问题,再解决工程科技人才与就业不匹配的问题。

政府、大学和市场都几乎是在各自的立场上感知到高等工程教育质量的提升给其带来的利益,从而迫使自己履行责任并加强对高等工程教育质量保障的控制,以满足自己利益的需要。

英国的政府,作为国家改革与发展的领导机构,重视高等工程教育质量保障的原因更多是站在国家立场上,实现满足政党稳定执政的需要。政府对高等工程教育质量保障的诉求表现为:一是通过提升高等工程教育质量,培养出能够为国家建设发展出力的高素质人才;二是实现国家科技创新能力的提升;三是希望通过技术革新驱动经济转型增长;四是实现国家综合竞争力以保持世界领先水平;五是能够提高生产率,保障人民生活水平。这些都是政府寄希望于高等工程教育质量提升而实现的目标。

英国的大学,尽管作为高等工程教育质量提升的实践主体,但是其重视质量提升并不只是出于内部的考虑,而更多的是受到外界的影响。英国的教育家萨德勒说过这样一句话:"校外的事情甚至比校内的事情更重要。"大学重视高等工程教育质量保障的因素在于:一是解决毕业生高就业率的问题;二是解决工程专业大学生对学校教学质量满意度的问题;三是提升大学自身的学术声誉,吸引世界上更多的青年攻读其工程专业课程;四是使培养的毕业生能满足工业界和国家战略发展的需要;五是提升质量有助于获得更多的办学经费支持等。可以看出,大学重视工程教育质量保障的原因,几乎都是围绕着国家发展和社会、经济发展的需求。

英国的市场,作为驱动高等工程教育质量提升的引擎,有效地带动政府和大学一起重视高等工程教育质量保障问题。市场主体重视高等工程教育质量有一个从弱到强的过程,这也是出于全球经济变革的原因。市场重视工程教育质量的原因在于:一是市场急需核心科技以提高产品的经济价值;二是改进生产方式,提高生产效率;三是提升企业的创新竞争力,使企业增强全球竞争力;四是使经济效益持续增长,扩大财富。市场利益驱动其重视高等工程教育的质量保障,最大目的还是经济价值的增长。

总的来看,英国各界之所以重视高等工程教育的质量保障,基本上都是因为各个利益主体想要实现自己的目标,需要培养和使用高素质的工程科技人才。然而,这些背景都出现在英国经济社会发展的转折点,或者是国家改革深化的关键期。因为高等工程教育质量决定着工程科技人才的素质与能力,而工程科技人才资源又是推动各种利益价值实现的主要资源,且高等工程教育质量与经济质量最为密切相关。正是在这些紧密联系的动力因素的驱使下,英国不断重视高等工程教育质量保障,如发起了《华盛顿协议》等,从而为促进英国及世界高等工程教育发展做出了较大贡献。

第三章　有限的政府：
英国高等工程教育质量保障的责任领导者

所谓"有限的政府"的"有限"，主要旨在表明英国政府履行高等工程教育质量保障的权限范围。英国政府并非对高等工程教育质量实施全方位的监控，而是下放权力，赋予大学充分的自主权。英国政府赋予高等教育系统自主权的基本原则是，"大学（高等教育机构）是自治与自我管理的机构组织。可以自行决定课程的开设、入学策略和要求，实施自己制定的经费策略，保障学生的选择权和保持自身繁荣发展。这些大学的自主权将在本科和研究生教育层面上影响工程学科的发展"。

正是在这一原则的前提下，政府不能直接指挥和控制高等工程教育的课程设置。政府以津贴、补助金、学生贷款、办学经费等形式给予大学提升教育质量所需的公共资金资源，通过购买服务对高等工程教育质量实施监测与评估，并且搭建企业与大学之间沟通联系的平台。由此可见，政府是利用"杠杆"来调控和影响高等工程教育质量的。

第一节　政策制定：
英国政府对高等工程教育质量的宏观控制

实施高等工程教育质量保障是英国满足未来工业发展、实现经济持续增长、培养高端人才和杰出工程师的主要举措。通过对过去高等工程教育质量的数据分析，英国意识到，尽管其高等工程教育质量仍然处于世界领先水平，但是相比而言却有所下降，特别是学习工程、数学、科学和技术等相关学科的本科生数量有减少的趋势，培养的工程专业毕业生的能力与企业雇主的期待存在差距。为此，加强对高等工程教育的改革，保持世界一流工程教育水平，进一步提升英国高等工程教育声誉的挑战与机遇正摆在英国政府面前。

一、推动高等工程教育改革的政策措施

英国政府重视高等工程教育质量的保障。出台政策文本是政府重视该项事务的主要体现。在二战后，英国政府重视高等工程教育的发展不是停留在思想理念上，而是通过政策制定的形式为高等工程教育质量保障提供依据。1945 年英国发表了战后针对高等技术教育的重要专项报告《高等技术教育》，又称《珀西报告》(*The Percy Report*)。该报告首先分析了英国当时在高等工程教育和技能培训等方面存在的问题，其中包括大学与专业技术学院或城市学院之间沟通脱节的问题，以及高校从事工程技术教育或科研的教师和科研人员数量不足、质量也不高等问题。

英国政府在高等工程教育发展与质量提升的过程中推出的政策措施有力地支撑和推动了整个高等工程教育的改革，对促进英国高等工程教育质量提升方式转型、办学模式转变、拓展经费来源渠道等具有重要的意义。在高等工程教育质量保障方面比较著名的政府政策报告有 1963 年的《罗宾斯报告》(*Robbins Report*)[1]、1997 年的《迪尔英报告》(*Dearing Report*)[2]和 2002 年的《罗伯茨评论》(*Roberts Review*)[3]等。

英国政府出台有关高等教育和高等工程教育的政策的时间，都是在英国高等教育发展的转折点，也是在当时英国社会和经济转型扩大发展对于高等工程教育质量提升的需求时期。因时代背景不同，政府的各项政策的出发点和落脚点以及内容和成效都有较大的区别，但有一个共同点，那就是其对英国高等工程教育改革和质量的提升有着很大的影响。

---

[1]　Committee on Higher Education Chaired by Lord Robbins. Higher Education：Report of the Committee Appointed by the Prime Minister（the Robbins Report）［R］. London：Her Majesty's Stationery Office，1963.

[2]　Sir Ron Dearing. The National Committee of Inquiry into Higher Education（The Dearing Report 1997）［R］. London：Her Majesty's Stationery Office，1997.

[3]　Sir Gareth Roberts' Review. SET for Success：the Supply of People with Science，Technology，Engineering and Mathematics Skills（"the Roberts Review）［R/OL］.［2002-04-01］. http://webarchive. nationalarchives. gov. uk/＋/http：/www. hm-treasury. gov. uk/d/robertsreview_introch1. pdf.

罗宾斯委员会确定了四个高等教育目标:一是进行提高就业能力的教学;二是提升通用思维意识能力;三是进阶学习;四是为公民传递共同文化和共同标准。罗宾斯委员会选择"提高就业能力的教学"作为首要推进目标,并不是因为这是最重要的,而是因为这一目标通常是人们所忽视和低估的。[①]从确定这一目标为首要目标可以看出,英国的高等教育,特别是高等工程教育在培养学生的质量上存在着实践能力不足、工程技术基础知识薄弱等问题,在高等工程教育的教学方式和过程上也存在着诸多问题。

由于英国在二战后逐步重视经济发展和技术创新,到20世纪50年代末60年代初,各行业的发展,特别是工业产业界的扩大增加了对高质量的工程技术人才的需求。面对着高等工程教育在数量和质量上的不足,英国必须统筹解决好"质量与数量"两者的关系,不仅要扩大规模,更要提高质量。

《罗宾斯报告》还提到:"如果我们声称,在大学里所学习到的知识和技能对于未来职业发展毫无意义,那么就只会有少部分学生待在大学里继续学习。假定没有任何不光彩的事情发生,此声称实际上就是在自欺欺人。"[②]这很明显地表示出对当时高等工程教育质量问题的关切。然而差不多50年后,在推进高等工程教育质量保障的过程中,关于这种"质量保障"的问题,认为高等工程教育应当倡导"培训"学生以谋求工作的学者和认为高等工程教育应当倡导"培养"学生的学者之间,仍然存在着观念上的分歧。

之后,英国政府又委托发布了《迪尔英报告》,其改进了《罗宾斯报告》的目标,明确了"高等教育的目的应该是维持一个学习型社会"。该报告提出的大学的目标主要有四个:一是激发和促进个体在整个人生过程中去发展自己的最高潜能,以便理智地成长,为工作而准备,高效地为社会做贡献和实现个人成就价值;二是为自己的利益增加知识和提高理解力以及培养对于经济和社会有价值的应用能力;三是满足地方、地区和国家层面对适切性、可持续性

---

① Committee on Higher Education Chaired by Lord Robbins. Higher Education:Report of the Committee Appointed by the Prime Minister (the Robbins Report) [R]. London:Her Majesty's Stationery Office,1963.

② Committee on Higher Education Chaired by Lord Robbins. Higher Education:Report of the Committee Appointed by the Prime Minister (the Robbins Report) [R]. London:Her Majesty's Stationery Office,1963.

及知识型经济的需求；四是在构建民主、文明的社会方面扮演重要的角色。①

《迪尔英报告》面向的是 21 世纪高等教育发展和定位的新起点，更加重视高等工程教育的服务性功能，即把高等教育看作创造学习型社会的主要手段，也更加注重培养工程专业学生的社会经济适应能力，以利于推动经济社会发展。该报告强调在 21 世纪知识经济的时代背景下，要依托高质量的毕业生为经济发展、社会进步、转型升级提供强有力的智力支撑。可以看出，英国的政府政策报告指明了面向 21 世纪高等工程教育改革和质量提升的方向和目标。

二、保障高等工程教育质量的经费政策措施

经费保障是高等工程教育质量保障的核心，没有充足的经费支持，质量保障可以说一切皆空。英国在高等工程教育质量的经费保障方面，可谓措施和方法都兼具特色。英国的高等工程教育质量保障经费与高等教育经费一样，首先是包含在总的大学办学经费之中的。英国是通过科研评估、质量评估来有效地实施高等工程教育拨款制度的。英国成立了高等教育质量保障署和高等教育拨款委员会，实施基于质量评估的拨款机制。

此外，英国政府还通过加强各级相关部门的研究与发展（R&D）给予高等工程教育专项项目支持。大学的研究者可以向有关部门申请科研经费，这些政府部门主要包括国防部门、民政部门等。在针对高等教育的 R&D 经费方面，政府也是单列了项目资金，从 2006 年至 2015 年，英国大学的 R&D 经费增长率为 11.7%，也表明政府对于高等工程教育质量保障经费支持的持续重视。

工程专业团体也有工程科技专项资金提供给大学，以促进大学的工程研究与质量的提升。如工程理事会通过设立项目的形式，以重点支持项目开展的方式间接给予经费保障。英国皇家工程院也在保障高等工程教育质量方面设立了专项项目并给予了相应的经费支持。

推动大学与工业界合作，以获得经费支持，也是政府的重要措施。《培养21 世纪工程师》（*Educating Engineers for the 21st Century 2007*）报告明确了

①　Sir Ron Dearing. The National Committee of Inquiry into Higher Education(The Dearing Report 1997)[R]. London：Her Majesty's Stationery Office，1997.

政府应当履行的职责,并建议政府在政策等方面与有关大学和工业界共同采取行动:一是政府应当加大对高等工程教育经费的支持;二是将教学质量与研究成效置于大学经费需求评估的范畴;三是允许工程专业留学生毕业后继续在英国工作 5 年,更好地贡献于高技术经济发展,以及偿还他们的学业贷款。①

英国政府正在进一步加大力度加强实施大学工程教育与工业界联系的新举措,重点是增加经费投入,如实施客座教授计划(visiting professor schemes)和引进新的改进方案,更进一步加大对工程学科中心(Engineering Subject Centre,engSC)的经费支持力度,促进其扩大和支持工程教育最佳实践的发展和传播。支持在企业实施"三明治型"课程培养模式,通过 RDA 基金和税收减免政策,类似于"舵手评估"(cox review)所给的建议,以便为工程创造和设计提供最大的激励②。

三、促进校企合作提高毕业生质量的政策措施

大学与企业的合作是工程教育质量保障的未来发展方向。其实,英国早就有大学与工业界联系的良好传统。《珀西报告》提出:"产业界必须依靠大学培养科学研究者,依靠技术学院培养技术员和工匠。学术研究和工作经验之间存在技术教育原理的双重性。技术既是科学又是工艺,作为科学它与一般原理有关,作为工艺它与生产和应用有关。因此,大学的职能在于科学研究,技术学院的职能在于工艺教学。"也就是说,产业界和大学可以通过科学研究与工艺教学联系起来。

之后,英国政府颁布《技术教育》(*Technical Education*)白皮书,肯定了英国技术教育所取得的成就,并再次强调了加快技术教育的紧迫性。白皮书指出:"一种又一种产业不得不以技术现代化去追赶其竞争者、供给者或消费者。我们应该了解到这一点,否则,除非我们发现新材料和应用新方法,不然

---

① The Royal Academy of Engineering. Educating Engineers for the 21st Century 2007[R/OL]. [2016-11-10]. http://www. raeng. org. uk/publications/reports/educating-engineers-21st-century.

② The Royal Academy of Engineering. Educating Engineers for the 21st Century 2007[R/OL]. [2016-11-10]. http://www. raeng. org. uk/publications/reports/educating-engineers-21st-century.

英国工业可能会在竞争中落后。变化的速度正在加快,对技术教育的需求也正在加快。"

《罗伯茨评论》关注整个高等教育体系的科学与工程能力的供给。最为显著的是,它提出的系列建议可导致新的资金流进入大学,吸引更多的工业企业关注大学工程教育的改革与发展,以促进毕业生就业技能的提升。[1] 该调查研究报告最初由英国政府财政支持委托,目的是作为政府生产效率和创新能力的"政府战略"咨询报告,原因是政府关注高质量科学家和工程师的供给,政府不希望因为科学家和工程师供给问题而影响英国在未来研究与发展以及创新方面的表现。[2]

《罗伯茨评论》通过调研梳理了阻碍英国高等工程教育发展和导致工程人才短缺的诸多因素,并建议政府及其部门、大学和企业共同推动高等工程教育的改革,增强其社会吸引力,提升工程人才的培养质量,以更好地为英国未来的经济社会发展服务。

2010 年英国就业与技能委员会(UK Commission for Employment and Skills,UKCES)发布的《国家战略技能审计》(*National Strategic Skills Audit*)报告特别提出,在促进经济增长的各个领域,涉及 STEM 领域或非 STEM 领域的部门或机构,包括高级制造、生命科学与制药、低碳经济、职业与财政服务、数字经济和工程及建设等领域,都需要强化 STEM 技能。[3] 英国政府从各个领域对工程科技人才的需求出发,加强与工程人才需求和工程教育发展需要相关的政策制定,并在经费支持、促进大学与工业界合作等方面加大投入,履行政府的职能,以政策的形式助推英国高等工程教育质量的全面改进和提升。

英国皇家工程院《培养 21 世纪工程师》报告的主要研究结果导致了行动提议。该报告的主要研究结果明确指出,英国的工程专业毕业生仍处于世界

---

① House of Lords Select Committee on Science and Technology. Higher Education in Science,Technology,Engineering and Mathematics (STEM) Subjects Report[R/OL]. http://www. publications. parliament. ukpald201213ldselectldsctech3737. pdf.

② Sir Gareth Roberts' Review,SET for Success:the Supply of People with Science,Technology,Engineering and Mathematics Skills,April 2002 (the Roberts Review).

③ TBR Economic Reseach Consultancy for the Science Council. The Current and Future UK Science Workforce[R]. September 2011.

级水平,能满足工业界的整体需求,但并不是完全充足。大学和工业界需要寻求更加有效的方式,以确保工程课程的内容能反映工业界的实际需求,能够将使大学生获得工业实践经验作为培养教育的重要部分。该报告强调,除非采取行动,否则会缺少进入工业界的高质量的工程师,这将在未来 10 年英国工商业的生产力和创造力方面出现明显的反响。①

四、政策"杠杆"调控高等工程教育的改革方向

英国政府是高等工程教育的改革与发展以及质量提升的主角之一。在高等教育方面英国政府给予了大学充分的自主权。政府以制定政策的方式履行其对高等工程教育改革的领导权,同时,政府也是依靠政策工具的调控,对高等工程教育的质量进行监督,从宏观上把控高等工程教育质量发展的方向。

政府实施的教育政策这一"杠杆"好比经济"杠杆",具有方向性的指挥作用,即政府可以用政策制度来把握和引领工程教育的发展。政府的职能在于宏观调控,这与大学主要以自我控制和实施为主,以及以市场的需求导向为基础来调控工程教育质量不同。政策宏观调控的方式有优点也有不足,优点在于其可以通过政策指导和引领工程教育及时向经济社会需要的方向发展。同时,政府通过对教育财政的约束和投入,掌握着国家公共教育的控制权。

从表面上看,英国的大学是有自主权的,可以决定其课程与教学、招生与入学、培养学生能力的不同等,而市场从就业的角度引导工程教育的人才培养目标的转变,从而对工程教育提出更加匹配其发展的质量标准要求。也就是说,英国强调大学自治,以及依托工业界市场的需要调控而推动高等教育改革,大学与市场两者的作用也就不言而喻了。以此看来,英国政府似乎除了供给高等工程教育发展所需经费外,其他的指挥就未必能起决定性作用了。其实不然,英国政府在政策制定、课程设置、国家战略对人才需要领域的把控、学生资助、办学经费支撑等方面可以说是直接插手的,还通过"政府购买服务"的方式,委托第三方机构对高等工程教育质量进行监测与干预。

从英国高等工程教育改革发展的历程来看,政府对高等教育质量控制的作用一直存在。在工业革命爆发后相当长的一段时间内,英国沉溺于自己世

---

① The Royal Academy of Engineering. Educating Engineers for the 21st Century [R/OL]. http://www. raeng. org. ukpublicationsreportseducating-engineers-21st-century.

界领先的工程和科学技术，也骄傲于自己拥有世界上推动科学和技术发展所需的大量的科学家和工程师。后来，英国逐步发现德国、美国、法国等在新兴技术和一些传统行业科技中的发展势头有超过自己的迹象，且在工业产品中，其他国家的质量也略优于英国生产的同类产品。

此时，英国开始认识到自身工业发展水平与高等教育质量有所下降，政府似乎开始觉醒，不能让大学发展得"太随性与自由"，更不能让一边工业界高呼工程人才缺失，另一边大学培养不出高质量的工程专业毕业生这样的现象愈演愈烈。政府必须站出来，勇于承担职责，并推动大学与工业界的合作，加大政府控制力度，提供更多工程教育就学名额，增加经费等。在二战后的相当长一段时期内，英国政府的杠杆调控手段在高等工程教育发展中随处可见。

1963年《罗宾斯报告》发表后，英国政府也逐步采取调控行动。在之后的十几二十年间，英国将原有的多科技术学院升格为大学，并为全社会提供更多工程教育的机会。同时在大学学科的设置中，政府也突出了对工程学科的重视。1998年发布的《1998年教育改革法》中最为重要的是，实施国家统一的课程。此国家课程体系加强了对科学、数学等工程教育基础性学科的重视，提高了要求。政府对工程教育质量的调控深入到课程改革领域。

进入21世纪后，英国的工程教育质量仍然保持着世界领先的水平。同时，英国利用其高质量的高等教育资源，扩大了国际学生的市场，国际学生进入英国学习的人数逐步增加。这既是英国将高等教育作为市场化产品提供给国际市场的主要方式，也是英国大学自身增加办学经费、扩大办学规模的手段。自2008年世界金融危机爆发以来，英国的财政收入受到影响，从而对高等工程教育的投入也相应地有了约束。但是，在全球化深入的过程中，英国高等工程教育要继续保持世界高质量水平，受政府经费支持减少的影响较大。这也反映出政府的宏观调控手段在推动高等工程教育发展过程中扮演着相当重要的角色。

近年来，英国不断提高学生学费的行动引起了国内甚至国外的较大反响。因为英国的国际学生人数比例较大，可以说是支撑英国高等教育的重要组成部分。本科生中学习工程的学生有相当大的比例来自国外，研究生中工程相关学科的学生人数接近一半来自国外。因此，英国政府对移民政策或者高等教育的开放政策及经费政策的调控，都将会对英国甚至世界的高等工程教育发展产生影响。

此时,完全任由大学自治或者市场自主调节恐怕收效不佳。高等工程教育作为与经济和社会发展联系紧密的学科,在提高质量的进程中,国家的意志和经济的发展都会反过来对其产生较大影响。政府政策这个"有形之手"也不会放过插入推动高等工程教育发展的"心脏"中的机会。对于高等教育市场来说,这个"无形之手"也是补充和完善。

第二节　经费支持:
英国政府保障高等工程教育质量的核心基础

经费支持是政府对高等工程教育质量保障的责任,也是其对高等工程教育直接管控的重要手段。英国政府对科学、工程和技术(science, engineering and technology, SET)的经费投入包括来自政府部门、研究委员会和高等教育拨款委员会的经费部分以及英国象征性地支持欧盟研究与发展的经费等。每个部分经费的用途和领域也不一样,但都是用来促进英国的科学、工程和技术事业发展的。

一、英国政府科学、工程和技术的经费保障分析

1. 科学、工程和技术(SET)经费总量与 GDP 的关系

2014 年英国政府对科学、工程和技术领域共投入经费 110 亿英镑[①],按现行价格[②]计算,自 2003 年至 2014 年,总体上来看(如图 3-1 所示),SET 总投入呈现逐步增长趋势,其间也有波动,但都不大,2014 年达到最大值,比 2003 年增长了 24 亿英镑,增长了 27.9%。2013 年(109 亿英镑)与 2014 年(110 亿英镑)几乎持平。

---

① Office for National Statistics. UK Government Expenditure on Science, Engineering and Technology: 2014[R/OL] https://www. ons. gov. uk/economy/governmentpublicsectorandtaxes/researchanddevelopmentexpenditure/datasets/scienceengineeringandtechnology statisticsreferencetables.

② 现行价格又称当年价格,顾名思义,也就是报告期当年的市场价格,如居民消费价格、工业生产者出厂价格、农产品收购价格等。用当年价格计算的一些以货币表现的价值量指标,如国内生产总值、社会消费品零售总额和固定资产投资完成额等,能够反映当年的实际情况,便于考察同一年份中不同指标之间的联系和进行对比。因此,当我们需要反映当年的实际情况时就应采用当年价格。

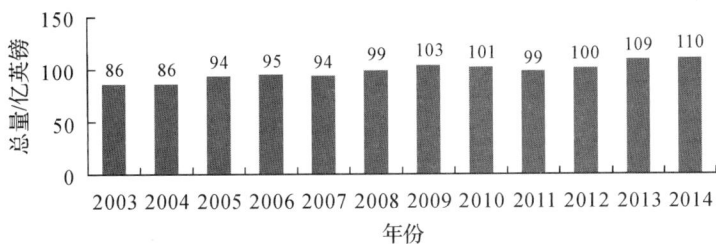

图 3-1　英国政府 2003—2014 年科学、工程和技术(SET)
经费投入情况(按现行价格计算)

资料来源:根据英国政府统计办公室(Office for National Statistics)数据整理而成。

考虑通货膨胀①因素,按不变价格②(in constant prices)计算(如图 3-2 所示),该项经费投入 2014 年比 2003 年减少了 2 亿英镑。在 2003 年至 2014 年期间,各年经费投入总量按现行价格计算略有变化,最高的是 2005 年的 115 亿英镑,最低的则出现在 2011 年和 2012 年,为 104 亿英镑;2014 年比 2013 年下降了 0.9%,也几乎保持平衡。

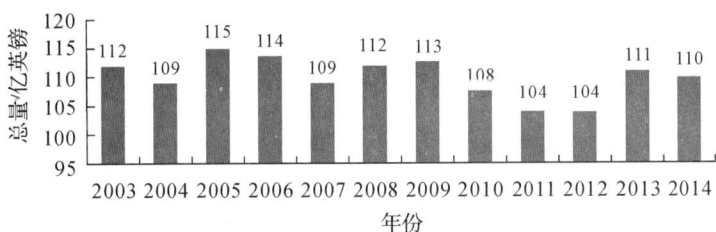

图 3-2　英国政府 2003—2014 年科学、工程和技术(SET)
经费投入情况(按不变价格计算)

资料来源:根据英国政府统计办公室(Office for National Statistics)数据整理而成。

---

①　通货膨胀,一般定义为:在信用货币制度下,流通中的货币数量超过经济实际需要而引起的货币贬值和物价水平全面而持续的上涨。用更通俗的语言来说就是:在一段给定的时间内,给定经济体中的物价水平普遍持续增长,从而造成货币购买力的持续下降。

②　不变价格是将不同年份之间用价值量表现的实物量进行综合对比,以单纯反映实物量变化而采用的价格形式。从字面意义上理解,它是固定不变的价格,因此也叫固定价格,是用某一时期同类产品的平均价格作为固定价格来计算各个时期的产品价值,目的是消除各时期价格变动的影响,保证前后时期指标之间的可比性。在计算以不变价格表示的指标时,所用的基期是不同的,所以在使用不变价格时,前面需要注明是哪一时点或时期的价格。

由于受通货膨胀影响,各年的购买力不一样,因此按两种算法,总体趋势略有不同(如图 3-3 所示)。

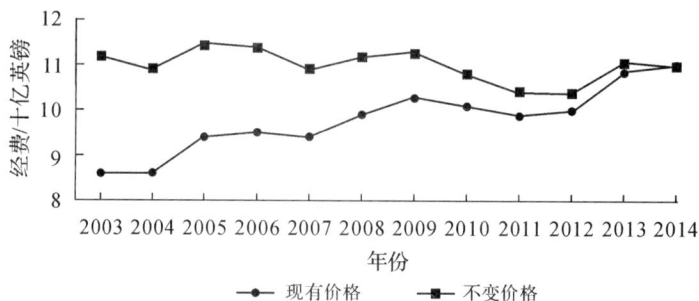

图 3-3　英国政府 2003—2014 年科学、工程和技术(SET)经费投入

资料来源:Office for Nationa Statistics。

政府在某一领域的经费投入占国内生产总值 GDP 的比例反映了国家在该年份对某一领域的重视程度。从英国政府对 SET 领域投入占 GDP 的比例来看,却呈现出逐年下降的趋势①(如图 3-4 所示),从 2003 年的 0.93% 下降到 2014 年的 0.6%,下降了 35.5%。总量在上升,占 GDP 的比例却逐年下降,原因何在? 在这 10 年里,英国经济持续低迷,特别是在 2008 年金融危机爆发后,英国的国内经济增长受到较大影响,从而也对英国的科学、工程和技术领域的经费投入产生了影响。这并不能说明英国政府不重视对科学、工程

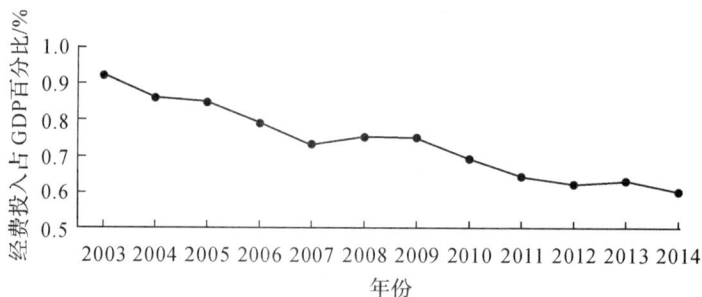

图 3-4　英国政府 2003—2014 年科学、工程和技术(SET)经费投入占 GDP 百分比

资料来源:Office for Nationa Statistics。

---

① Office for National Statistics. UK Government Expenditure on Science, Engineering and Technology：2014[R/OL]. https：//www. ons. gov. uk/economy/governmentpublicsectorandtaxes/ researchanddevelopmentexpenditure/ datasets/ scienceengineeringandtechnologystati-sticsreferencetables.

和技术领域的支持，因为在这期间，诸多政策的出台也从另一侧面反映出政府很希望通过对科学、工程和技术的投入，加快创新，实现经济增长。

2.科学、工程和技术（SET）经费在研究委员会领域的分析

英国政府对 SET 的投入主要用于四类部门，即研究委员会、高等教育拨款委员会、民政和国防部门。在每个 SET 领域都包括对知识成果转化的投入，由英国财政部象征性地贡献给欧盟的研发经费也包括在总的 SET 经费中。图 3-5 显示了各个部门 2014 年的 SET 投入情况。

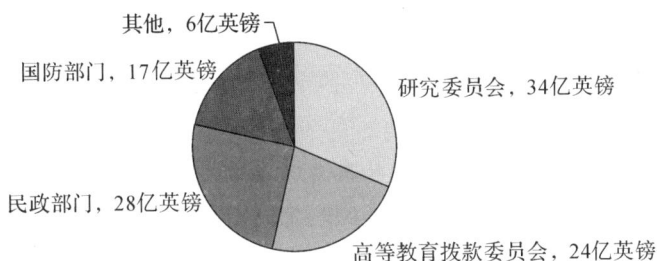

图 3-5　2014 年英国 SET 经费各部门投入情况

数据来源：根据英国政府统计办公室（Office for National Statistics）数据整理而成。

在整个 2014 年的 SET 经费投入总量中，英国研究委员会的总量较大，达到 34 亿英镑，占总量的 31％，近三分之一。由此可见，英国对于 SET 研究的投入相当重视，这也是英国能够通过研究实现创新发展的主要原因之一。但是，按现行价格算，2014 年 SET 研究经费为 34.46 亿英镑，比 2013 年的 35.43 亿英镑下降了 3％。2003 年到 2014 年的 12 年间，SET 研究经费的具体领域开支总体呈增长趋势（见图 3-6）。

英国政府 SET 经费在研究委员会的投入 2014 年比 2003 年增长了 11.87 亿英镑，增长了 52.55％。投入研究委员会下属的工程与物理学协会的 SET 经费最高①，例如 2014 年达到 9.13 亿英镑，占总量的 26.5％，超四分之一，可见对工程领域的投入较大（详见表 3-1）。英国研究委员会与 7 个具体领域的研究协会构成战略合作伙伴关系。每年研究委员会的研究项目覆盖整个学

① Office for National Statistics. UK Government Expenditure on Science, Engineering and Technology：2014［R/OL］. https://www. ons. gov. uk/economy/governmentpublicsectorandtaxes/ researchanddevelopmentexpenditure/datasets/scienceengineeringandtechnologystati-sticsreferencetables.

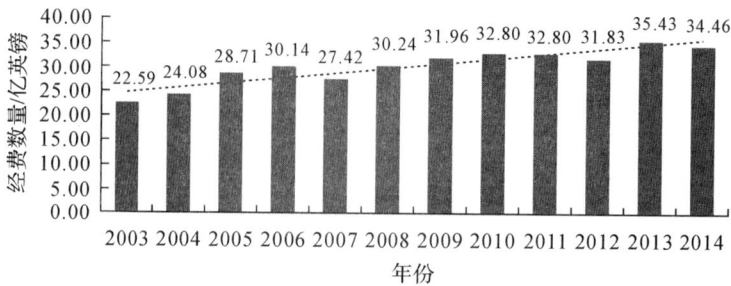

图 3-6 2003—2014 年英国政府 SET 经费在研究委员会的年度投入情况

资料来源:根据英国政府统计办公室(Office for National Statistics)数据整理而成。

术学科领域,涉及医学、生物科学、天文学、物理学、化学、工程、社会科学、经济学、环境科学、艺术与文学等。

高等教育拨款委员会的经费开支有所增加,主要是用于支持高等教育在 SET 领域提升教学和科研质量。2014 年高等教育拨款委员会对 SET 领域的投入为 24 亿英镑,按当前价格算比 2013 年增长了 1 亿英镑,增长了 3%。如果考虑通货膨胀因素,即按不变价格计算,则比 2013 年增长了 1%;比 2003 年相对增长了 2 亿英镑,增长了 10%;在 2009 年达到顶峰,超 27 亿英镑。英格兰高等教育拨款委员会提供了绝大多数的 SET 经费,这是因为其所拥有的高等教育机构数量较多。2014 年,英格兰高等教育拨款委员会提供的 SET 经费为 18 亿英镑,占整个英国高等教育拨款委员会经费的 76%,这一比例近年来一直保持着。

3. 科学、工程和技术(SET)经费在民政部门领域的分析

英国政府所属的民政部门(Civil Departments)涉及的领域较为宽泛,可以说是涉及人民生活的诸多领域,如医疗健康、基础教育、商业与创新技能、文化传媒、交通、公共基础设施等,因此在这些方面英国政府投入的 SET 经费也较多,2014 年高达 28.05 亿英镑,占整个 SET 总投入经费的 25.5%。从整体上看(如图 3-7 所示),自 2004 年到 2014 年该投入呈现递增趋势,2014 年比 2003 年增长了 6.65 亿英镑,增长了 31.1%。在所有的民政部门领域中,投入 SET 经费较多的是健康和商业、创新与技能领域,投入两者的 SET 经费占据整个民政部门领域 SET 经费的 74.7%,将近四分之三。在民政部门领域,涉及教育的主要是基础教育及技能的培训投入,所占比例较低,这也可以反映出,英国的 SET 经费在教育领域的投入主要集中在高等教育阶段的工程教育领域。

表 3-1 2003—2014 年英国政府投入研究领域相关协会的科学、工程和技术(SET)经费情况按现行价格计算 单位:亿英镑

研究协会 (Research Councils)	2003 年	2004 年	2005 年	2006 年	2007 年	2008 年	2009 年	2010 年	2011 年	2012 年	2013 年	2014 年
工程与物理学 (engineering and physical sciences,EPSRC)	4.25	4.89	5.55	6.43	6.94	7.34	7.56	8.45	8.54	9.20	9.91	9.13
医学 (medical, MRC)	3.67	3.79	4.16	4.71	4.94	5.81	6.34	6.79	6.72	6.00	7.90	7.16
科学与技术设施 (science and technology facilities, STFC)	—	—	—	—	5.52	5.90	6.07	5.63	5.42	4.67	5.11	5.52
生物技术与生物科学 (biotechnology and biological sciences, BBSRC)	2.68	2.77	3.22	3.66	3.73	3.93	4.44	4.35	4.88	4.96	5.09	5.31
自然环境 (natural environment, NERC)	2.95	3.17	3.73	3.61	3.64	3.96	4.54	4.49	4.17	3.92	4.08	3.87
经济与社会 (economic and social, ESRC)	0.89	1.05	1.25	1.44	1.51	1.62	1.74	1.82	1.74	1.70	1.94	1.95
艺术与人文 (arts and humanities, AHRC)	—	—	0.69	0.82	0.88	0.94	0.89	0.92	0.99	0.97	1.00	1.02
养老金 (pensions)	0.30	0.42	0.15	0.17	0.25	0.74	0.38	0.35	0.35	0.40	0.38	0.51
科学与技术办公室(OST)/贸易与工业部(DTI)	4.52	4.40	5.78	5.08	—	—	—	—	—	—	—	—
粒子物理学与天文学 (particle physics and astronomy, PPARC)	2.72	2.95	3.34	3.29	—	—	—	—	—	—	—	—
中心实验室委员会 (council for the central laboratory, CCLRC)	0.62	0.64	0.84	0.92	—	—	—	—	—	—	—	—
总计 (total)	22.59	24.08	28.71	30.14	27.42	30.24	31.96	32.80	32.80	31.83	35.43	34.46

资料来源:根据英国政府统计办公室(Office for National Statistics)数据整理而成。

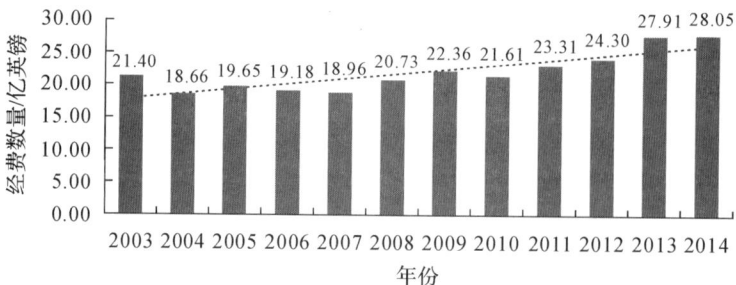

图 3-7 2014 年英国政府 SET 经费在民政部门领域的年度投入情况

资料来源:根据英国政府统计办公室(Office for National Statistics)数据整理而成。

4.科学、工程和技术(SET)经费在国防领域的分析

工程与科技在国防建设中的作用尤其明显,现代化的战争归根结底就是工程科技的战争,更是工程科技人才的竞争。英国历年来和美国、中国、俄罗斯等国一样,在国防领域投入巨额经费以支持国防科学、工程和技术的建设与发展。在英国政府的整个 SET 经费投入中,国防所占比例较大,2014 年 SET 经费在国防领域的投入为 17.04 亿英镑,占整个政府 SET 经费投入的 15.5%。[①]

从整体上看(如图 3-8 所示),英国的 SET 经费在国防领域投入的增长趋势与研究委员会、高等教育部门和民政部门的趋势相反,呈现减少趋势,且在 2011 年达到 13.06 亿英镑的低谷,与 2003 年相比下降了 38.8%,随后略有增长,但都保持在较低水平。这也符合国际上各国逐步减少对国防军队的开支,转而加大对科研创新、教育、社会领域的投入,这样更能够拉动经济增长。

2003—2014 年,英国的 SET 经费投入组成按不变价格算,在国防方面的开支从 2003 年的 28 亿英镑下降到了 2014 年的 17 亿英镑,减少了 11 亿英镑,减少了 39%;同期,研究委员会的投入增加了 5 亿英镑(如图 3-9 所示)。2003—2014 年的 12 年间,英国的 SET 经费在国防方面的投入减少了 1.1%,

---

① Office for National Statistics. UK Government Expenditure on Science, Engineering and Technology: 2014 [R/OL] . https://www. ons. gov. uk/economy/ governmentpublicsectorandtaxes/researchanddevelopmentexpenditure/datasets/ scienceengineeringandtechnologystatisticsreferencetables.

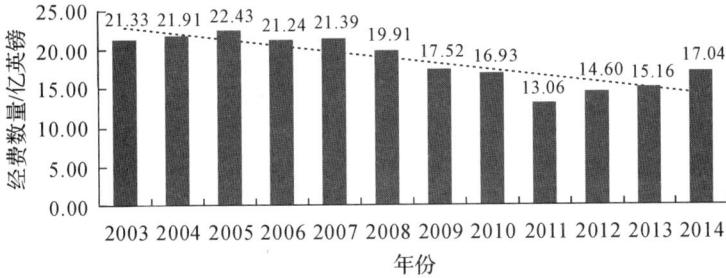

图 3-8　2003—2014 年英国政府 SET 经费在国防领域的年度投入情况

资料来源:根据英国政府统计办公室(Office for National Statistics)数据整理而成。

按不变价格算则减少了 1.7%,但同期,研究委员会的 SET 经费投入却增长了 5 亿英镑。2014 年英国的 SET 经费总计约 110 亿英镑,其中研究与发展(R&D)的经费为 101 亿英镑,英国贡献给欧盟的研发经费为 6 亿英镑,知识成果转化经费为 3 亿英镑。①

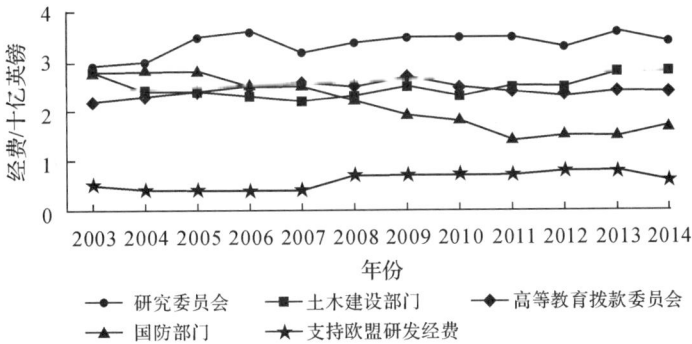

图 3-9　英国政府相关部门 SET 经费投入(按不变价格)情况

资料来源:根据英国政府统计办公室(Office for National Statistics)数据整理而成。

————————

① Office for National Statistics. UK Government Expenditure on Science, Engineering and Technology：2014［R/OL］. https://www. ons. gov. uk/economy/ governmentpublicsectorandtaxes/researchanddevelopmentexpenditure/datasets/ scienceengineeringandtechnologystatisticsreferencetables.

二、英国政府高等工程教育的经费保障分析

英国政府拥有宽广的教育经费来源框架(如图 3-10 所示),大学可以获得公共的经费支持,且不必跟随执行政府设定的课程。几乎所有的大学和学院都是通过高等教育拨款委员会给予经费支持的。英格兰、苏格兰和威尔士有各自的高等教育拨款委员会。在北爱尔兰则是由就业与学习部拨款支持高等教育的。英格兰、威尔士和北爱尔兰还可以通过收取学生的学费来增加大学的办学经费。[①]

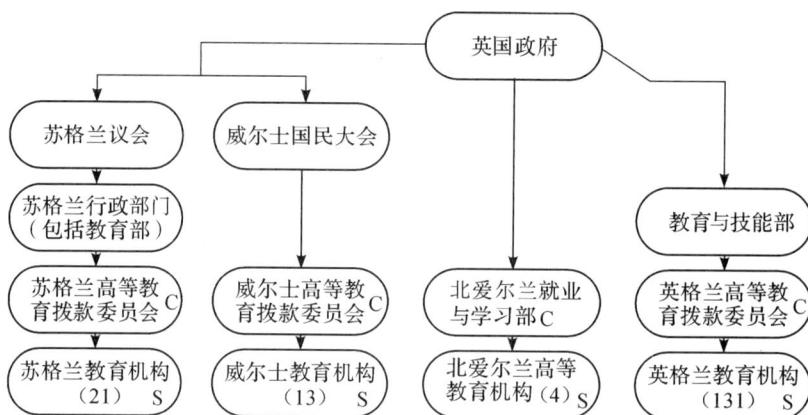

C 英国高等教育质量保障署(QAA)与这些机构组织签订协议,以代这些组织的利益实施外部质量保障工作
S 英国高等教育质量保障署(QAA)为大学和学院提供服务:大学和学院支持QAA年度捐赠经费

图 3-10　英国高等教育拨款体系

英国政府统筹管理英格兰、苏格兰、威尔士和北爱尔兰的高等教育经费,但是各个地区的高等教育经费拨款程序略有不同。在苏格兰,首先是由苏格兰议会研究,然后由苏格兰行政部门(包括教育部)具体安排,并由苏格兰高等教育拨款委员会向 21 个高等教育机构进行拨款。在威尔士,经国民大会研究后,直接交由威尔士高等教育拨款委员会向 13 个高等教育机构进行拨款。在北爱尔兰,直接由英国政府与北爱尔兰就业与学习部对接,由就业与学习部直接对 4 个高等教育机构进行拨款。

在英格兰,首先是英国政府统筹,由教育与技能部负责与英格兰高等教

---

① Quality Assurance Agency for Higher Education. Quality Assurance in UK Higher Education: A Guide for International Readers[R/OL]. https://www.qaa.ac.uk.

育拨款委员会合作，对英格兰的 131 个高等教育机构进行拨款。各个地区的高等教育拨款委员会（或就业与学习部）与英国高等教育质量保障署签订合约，实施高等教育质量外部评估；同时，英国高等教育质量保障署也为各大学质量保障提供服务。

英国政府对于大学的经费支持一般都是通过评估的方式，根据质量评估结果来划拨经费。对于高等工程教育而言，英国政府的 SET 经费投入就重点支持大学在科学、工程和技术领域的研究、教学与学生发展等，而且，每年向高等工程教育领域投入的 SET 经费也较多。2014 年英国政府的 SET 经费在高等教育的投入为 23.97 亿英镑，占整个政府 SET 经费总投入的 21.8％。①

从总体上看（如图 3-11 所示），2003—2014 年，英国政府的 SET 经费在高等工程教育领域的投入由 2003 年的 16.65 亿英镑，增长到 2014 年的 23.97 亿英镑，增加了 7.32 亿英镑，增长了 43.96％，年均增长率为 3.66％，略低于同期英国 GDP 年均增长率 4.28％。其间，最高投入为 2009 年的 24.03 亿英镑，之后略受金融危机影响，政府对高等工程教育投入有所下降，直到 2013 年又略有增加，但总体上变化不大，表明英国政府一直保持对高等工程教育的有效投入支持。

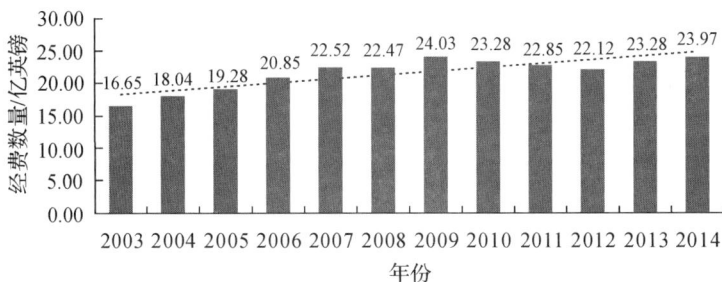

图 3-11　英国政府 SET 经费投入高等教育拨款委员会的情况

资料来源：根据英国政府统计办公室（Office for National Statistics）数据整理而成。

英国的高等教育机构主要集中在英格兰地区，因此英格兰高等教育拨款

---

① Office for National Statistics. UK Government Expenditure on Science，Engineering and Technology：2014 ［R/OL］. https：//www. ons. gov. uk/economy/governmentpublicsectorandtaxes/researchanddevelopmentexpenditure/datasets/scienceengineeringandtechnologystatisticsreferencetables.

委员会支持高等工程教育 SET 的经费占 76.3%，超四分之三（如图 3-12 所示）。其次为苏格兰、威尔士和北爱尔兰，经费数量与其所属的高等教育机构数量有关系。

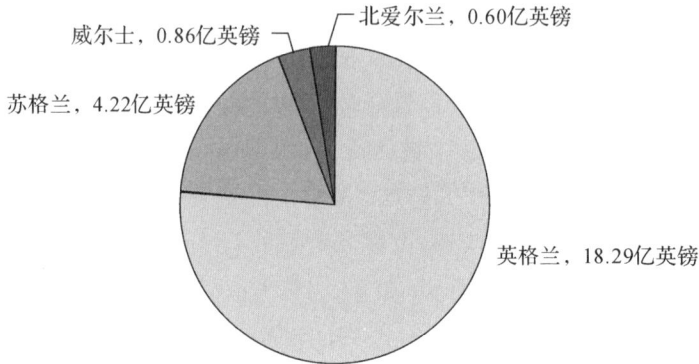

图 3-12　2014 年英国政府 SET 经费在各地区高等教育拨款情况

资料来源：根据英国政府统计办公室（Office for National Statistics）数据整理而成。

　　2015/2016 年度英国高等教育拨款委员会为英国的高等教育机构（大学）和 212 所继续教育学院提供经费支持。总共的拨款支持教学经费为 13.6 亿英镑，拨款支持研究的经费为 15.2 亿英镑。拨款资助学生经费总计 130 万英镑，其中包括对超过 44000 名博士生的资助。拨款了 1.88 亿英镑的人头费以提升科学与工程教学设施以及扩大资助了 25000 名科学、技术、工程和数学（STEM）领域的学生。学校再按一比一配套，因此总共用于 STEM 领域的人头费为 3.76 亿英镑。[①]

　　英国高等教育拨款委员会在支持学科与技术发展方面，主要支持独立的评估，以针对 STEM 领域毕业生就业的问题。英国高等教育拨款委员会还与其他合作伙伴一起就学位学徒制新的基础设施和资金支持大学职业授予委员会（Universities Vocational Award Council）以提供建议和支持高水平学徒制的高等教育机构，并从 2016 年 9 月开始资助新工程学分转换课程（new

---

　　① Higher Education Funding Council for England. HEFCE Annual Report and Acount(2015—2016)[R/OL]. https://www. gov. uk/government/publications.

engineering conversion courses)的发展。①

在支持国家和地方经济增长方面,高等教育拨款委员会通过高等教育创新基金(higher education innovation funding,HEIF)渠道投入 1.62 亿英镑以支持知识科技成果转化,形成了投入 1 英镑支持科技成果转化,换来 9.70 英镑的经济和社会收益。英格兰的大学和学院的知识科技成果转化收入实际增长,从 2003/2004 年度的 20 亿英镑增长到 2014/2015 年度的 34 亿英镑,增长了 70%。②

在宣传、发展和实施政府政策方面,英格兰高等教育拨款委员会与 10 个政府部门机构共同支持至少 30 个政策发展或实施的领域。94% 的利益相关者认为,英格兰高等教育拨款委员会有效地执行和实施了政府的政策。

英国政府同意通过英格兰高等教育拨款委员会拨付 2 亿英镑 STEM 经费,支持 73 所大学或学院 2015/2016 学年的教学人头费开支。该项目计划的目的在于确保高等教育有效地增加对 STEM 学习和研究的支持,提升学习发展设施,以培养具备进入工业界就业能力的毕业生。③ 该计划主要用于支持科学、工程和技术相关学科,也包括前 10 年学生人数下降的化学和物理学。该计划还更多地支持大学与工业界的合作,以共享工程学科创新教学和提升质量的发展成果。

该计划最初是由前爱丁堡大学科学与工程学科教务长、现皇家化学学会主席莱斯利·也罗莉丝(Lesley Yellowlees)教授领衔的外部专家小组建议的,该计划按照一比一配套资助的办法,即政府和大学共同出资,使得项目发展得到资金保障。正如英格兰高等教育拨款委员会首席执行主席马德莱恩·阿特金斯(Madeleine Atkins)所说:"这一项目资金对于大学和学院是十分需要的,它可以保证学生受益于获得当前最先进的实验设备,从而提升学

①　Higher Education Funding Council for England. HEFCE Annual Report and Acount(2015—2016)[R/OL]. https://www.gov.uk/government/publications.

②　Higher Education Funding Council for England. HEFCE Annual Report and Acount(2015—2016)[R/OL]. https://www.gov.uk/government/publications.

③　Higher Education Funding Council for England. STEM Teaching Capital Funding 2015/2016[EB/OL]. http://www.hefce.ac.uk/pubs/year/2014/201414/.

生对工程和科学学科的兴趣,有利于培养 21 世纪高素质的工程科技劳动力。"①

英国商业、创新与技能部国务大臣文斯·凯布尔(Vince Cable)提到:"鼓励英国青年选择 STEM 课程对于英国经济的成功发展至关重要。该项目资金的投入意味着世界一流的教学设施将助力未来技能劳动力的培养,这也是英国保持在工程、科学和研究领域世界领先地位的唯一途径。"②

英国大学和科学部长戴维·威利茨(David Willetts)声称:"投资国家基础设施是英国政府经济战略的重要部分。这一新的项目资金将有助于提供给工程与科学学科的学生,使他们享有具有世界先进水平和工业标准的实验设施设备和教学资源,也将构建促进激励女性工程师发展的桥梁,以减少在工程领域劳动力性别的不平衡。"③

三、英国政府专项经费促进高等工程教育的质量提升

从 2005 年起,高等教育拨款委员会提供额外的资金以支持政府认定的"战略性重要及弱势学科"(strategically important and vulnerable subjects)的发展。这些学科包括 STEM 学科中的化学、工程、数学、物理,还有现代外语。虽然近年来生物科学和计算机科学也都受益于这一政策的资助,但其不属于这类学科范围。英格兰高等教育拨款委员会在 2005—2012 年每年下拨 5000 万英镑支持"战略性重要及弱势学科"建设,而这些学科的教学经费预算在 2012/2013 年度则为 36 亿英镑。

---

① Higher Education Funding Council for England. HEFCE Invests £200 Million to Support an Increase in High-Quality Science, Technology, Engineering and Mathematics Students[EB/OL]. http://www. hefce. ac. uk/news/newsarchive/2014/Name,100781, en. html.

② Higher Education Funding Council for England. HEFCE Invests £200 Million to Support an Increase in High-Quality Science, Technology, Engineering and Mathematics Students [EB/OL]. http://www. hefce. ac. uk/news/newsarchive/2014/Name,100781, en. html.

③ Department for Business, Innovation & Skills. £400 Million Will Help Science and Engineering Students Get Ahead in the Global Race and Encourage More Women to Study These Subjects[EB/OL]. https://www. gov. uk/government/news/400-million-will-help-science-and-engineering-students-get-ahead-in-the-global-race-and-encourage-more-women-to-study-these-subjects.

高等教育拨款委员会的战略发展基金（strategic development fund，SDF）通过大规模的战略变革项目支持高等教育的变革与创新。这些项目资助的学科对于大学来说也许是危机学科，需要大学自身加强投入，同时也可以吸引外界资源共同资助。通常的做法是，战略发展基金能够帮助项目实施者获得来自其他资源的基金。战略发展基金资助的范围很广，从研究合作到大规模的院校转型，资助的项目主要涉及高等教育拨款委员会所确定的优先发展领域，包括社会流动、雇主参与、地方经济与社会发展，同时也重点支持"战略性重要及弱势学科"，诸如科学、技术、工程和医学学科等。①

"设计伦敦"（Design London）项目就是获得战略发展基金的资助并由英国皇家艺术学院（Royal College of Art）和伦敦帝国理工学院（Imperial College）共同实施的项目，其目的在于共同激发创新设计（creative design）、工程学（engineering）和商业（business）学科的融合，试验跨学科的设计创新。因此，该项目获得来自高等教育拨款委员会以及两个大学的 580 万英镑基金支持，重点用于两个大学的工商管理硕士、工程硕士、理科硕士、博士生和硕士生的项目教学，承担产品和服务的设计创新研究，试验高科技支持创新，并孵化新的跨学科设计合资公司。②

2012 年，高等教育拨款委员会在针对"战略性重要及弱势学科"的资金支持与发展方面采取了新政策，以更大的灵活性解决和回应特殊弱势学科的危机，同时也持续资助高消费学科如科学与工程的发展。英国高等教育委员会的"平等与多样计划"（HEFCE's Equality and Diversity Scheme）旨在通过高等教育拨款委员会的三个关键角色——投入者与监管者、学生利益的保护者、雇主，来促进大学的平等与多样化发展。该计划主要是通过领导力、政府与管理基金支持项目的实施，如提升女性的工作收入水平。雅典娜天鹅宪章（Athena SWAN Charter）致力于保障在科学、技术、工程、数学和医学领域的女性工作者的职业发展。获得这一基金支持的高等教育机构从 2011 年的 87

---

① Higher Education Funding Council for England. HEFCE Annual Report and Acount(2011—2012)[R/OL]. https://www. gov. uk/government/publications.

② Higher Education Funding Council for England. HEFCE Annual Report and Acount(2011—2012)[R/OL]. https://www. gov. uk/government/publications.

所增加到 2012 年的 124 所。①

英国高等教育委员会催化基金（Catalyst Fund）主要支持创新型项目，即符合国家战略目标和属于政府的优先领域的项目，以促进高等教育、经济与社会的最大利益化发展，也将有利于培养高技术的毕业生，有助于解决当前英国工业界主要技能人才短缺以及满足地方创新需求的诸多问题。② 在2013/2014 年度，催化基金给予纽卡斯尔大学（Newcastle University）300 万英镑，用于海王星国家中心（Neptune National Centre）的海底与近海工程学科（subsea and offshore engineering）建设与教学。该中心将提供目前在全英国未能获取的重大的和有特色的研究资源和基础设施。

英国高等教育委员会致力于提升高等教育对于经济增长和社会进步的贡献率。其资助高等教育的知识转化，鼓励大学实施战略性创新活动，并促进大学与商业、社区和其他利益相关者形成合作伙伴关系。2011/2012 年度至 2014/2015 年度，高等教育拨款委员会总共投了 6.26 亿英镑的周期循环项目资金，资助高等教育机构的知识转化活动。同时，该委员会也提供自主基金（例如催化基金）激励高等教育活动的开展，这其中就包括很多知识转化活动，特别是在科学与工程学科领域。

知识转化的收益从 2003/2004 年度的 20 亿英镑增长到了 2011/2012 年度的 30 亿英镑，且绝大多数的收益都来源于工程和科学领域的研究成果。2013 年，达德利技术学院（Dudley College of Technology）获得来自高等教育拨款委员会的催化基金 45.5 万英镑的资助，在学院的先进制造与工程中心（Advanced Manufacturing and Engineering Centre）建立了"企业与创新地带"（Enterprise and Innovation Zone）。学校的工程学科的学生可以与当地的工程与制造公司利用快速成型和计算机辅助设计技术协同开发新的工程产品。③

2014—2015 年英国高等教育委员会持续加大对高消费学科，如科学与工

---

① Higher Education Funding Council for England. HEFCE Annual Report and Acount(2012—2013)[R/OL]. https://www.gov.uk/government/publications.

② Higher Education Funding Council for England. HEFCE Annual Report and Acount(2013—2014)[R/OL]. https://www.gov.uk/government/publications.

③ Higher Education Funding Council for England. HEFCE Annual Report and Acount(2013—2014)[R/OL]. https://www.gov.uk/government/publications.

程学科的投入，特别是对规模小且专业化程度高的高等教育机构，以及对那些有一年在国外学习的学生进行资助。高等教育委员会也通过特定的干预来帮助一些危机学科。如投入 2 亿英镑支持 2015/2016 年度的 STEM 教学基本项目，促进政府部门积极回应提升 STEM 学习的需求①。有 73 个高等教育机构获得了此类项目资金。例如下述两个大学就获得了该项资助。

埃克塞特大学(University of Exeter)经担保获得 500 万英镑资助，并再自筹 530 万英镑，用以配备基于工业标准的技术实验室，在此基础上重点打造可视化和仿真实验室。这一项目资金的投入，将会支持工程学、物理学、生物学和可再生能源专业的大学生获得和提高面向 21 世纪科学和技术领域所需要的专业技术能力、协同合作素质，以及多学科的研究方法。埃克塞特大学的主要目标是要在未来的 4 年内，将 STEM 学科的学生数量增长 23%，并确保工程教育的高质量。②

安格利亚鲁斯金大学(Anglia Ruskin University)也已经担保获得了 500 万英镑的 STEM 教学基本项目资金，计划再投入 4000 万英镑自筹资金在其剑桥校区新建生命科学与技术中心(Life Sciences and Technology Centre)。其中的 500 万英镑投入将支持灵活工作站(flexible workstations)的教学，以实现在同一场所实施多学科教学。该中心未来期望培养至少 600 名 STEM 学科的本科毕业生进入生命科学与信息技术领域从事相关研究工作。③

第三节　服务购买：
英国政府高等工程教育质量保障的特色模式

英国自成立了高等教育质量保障署(QAA)以来，就将高等教育的质量监督控制权交由 QAA，由其实施对高等教育质量的保障服务。政府并没有直

①　Higher Education Funding Council for England. HEFCE Annual Report and Acount(2014—2015)[R/OL]. https：//www. gov. uk/government/publications.

②　Higher Education Funding Council for England. HEFCE Annual Report and Acount (2014—2015)[R/OL]. https：//www. gov. uk/government/publications.

③　Higher Education Funding Council for England. HEFCE Annual Report and Acount (2014—2015)[R/OL]. https：//www. gov. uk/government/publications.

接参与高等工程教育质量的监督与评估以及拨款的分配。QAA 是独立于政府和大学的第三方机构，但是其运行经费主要来自政府拨款和大学捐赠。此种政府给予资金但并不插手监管高等工程教育质量保障事宜的方式，体现了政府转变职能，通过购买"社会服务"的方式来提高工作效率和服务质量，同时对于高等工程教育质量的评估、监控等做到更加客观、公平与公正。

一、英国政府高等工程教育质量评估服务外包模式

就传统的大学高等教育质量保障而言，大多数学者都试图将其归纳为外部保障和内部保障两个方面，内部保障主要是在院校内部进行，而外部保障则定义为院校以外的保障资源和保障措施。但是，确切来说，这并不能完全定义质量保障的内涵，内部与外部之间往往是交叉或者融合的，而且还有来自市场（或第三方）的介入，其从角色定位上要求脱离于政府和院校而独立存在，但也需要这两者的共同支持与配合，即很难说以第三方为代表的质量保障方式到底是属于内部保障还是外部保障。

英国政府对于高等工程教育质量的控制并不直接参与，即并不是参与者也不是评判者。政府将高等工程教育作为培养未来工程科技创新人才的途径，主要目的是促进经济发展，加快社会转型。在以工程科技驱动创新经济的时代，政府对高等工程教育的质量倍加关心。

表面上看，英国政府不直接参与评估高等工程教育质量的过程，但是其委托高等教育拨款委员会对高等工程教育质量进行资源的有效配置，这是来自政府的外部质量保障的重要内容。同时，英国政府通过成立英国高等教育质量保障署，对全英高等教育质量进行监测评估。这种对高等工程教育的外部质量的保障方式，实际上是一种政府委托第三方，即通过"购买服务"参与高等工程教育的质量监控过程的方式。

从英国高等教育外部评估的历史发展来看，从 1991 年至 2004 年，外部评估由多个组织来实施，早期的评估方式主要集中在学科评估。从学科层面的评估向机构（大学）层面的转变是为了减少对大学或学院评估审查的次数，以保证大学的自治与自由发展。① 在大学评估方式上（如表 3-2 所示），1991—1997 年主要采用的是"学术质量审计"（academic quality audit）的方式，由学术审

---

① Quality Assurance Agency for Higher Education. Quality Assurance in UK Higher Education：A Guide for International Readers[R/OL]. http://www.qaa.ac.uk.

计单位(Academic Audit Unit)和高等教育质量委员会(Higher Education Quality Council)组织实施,主要针对高等院校的教育质量和标准的管理进行监控。1997年,英国高等教育质量保障署(QAA)成立,其后则主要由 QAA 实施高等教育质量外部保障的评估,并及时向政府提供建议和意见。

表 3-2 英国大学和学院层面的质量评估

年份	评估方法	评估聚焦点	实施主体
1991—1997	学术质量审计 (academic quality audit)	标准与质量的管理 (management of standards and quality)	学位审计单位 (Academic Audit Unit)/ 高等教育质量委员会 (Higher Education Quality Council)
1998—2002	持续审计 (continuation audit)		高等教育质量 保障署(QAA)

资料来源:Quality Assurance Agency for Higher Education. Quality Assurance in UK Higher Education: A Guide for International Readers[R/OL]. http://www.qaa.ac.uk.

从表 3-3 可以看出,英国大学和学院层面的外部质量保障,1997 年之前实施的主体为学位审计单位或高等教育质量委员会,通过学术质量审计方式进行,1998—2002 年则依托于新成立的高等教育质量保障署而实施,评估方式为持续审计,在此期间,英国大学层面的质量评估也主要聚焦于标准与质量管理。

表 3-3 英国大学和学院学科层面的质量评估

年份	评估方法	评估聚焦点	实施主体
英格兰和北爱尔兰			
1993—1995	教学质量评估	大学或学院部分学科样本	英格兰高等教育拨款委员会(Higher Education Funding Council for England)
1995—2001	学科评估	1993—1995 年未参加评估的大学或学院的学科	英格兰高等教育拨款委员会(Higher Education Funding Council for England)/高等教育质量保障署(QAA)
2003	基础学位	大学或学院部分学科样本	高等教育质量保障署(QAA)

续表

年份	评估方法	评估聚焦点	实施主体
苏格兰			
1993—1998	教学质量评估	所有学科	苏格兰高等教育拨款委员会（Scottish Higher Education Funding Council）
2000—2002	学术评估	学科样本	高等教育质量保障署（QAA）
威尔士			
1993—1998	教学质量评估	所有学科	威尔士高等教育拨款委员会（Higher Education Funding Council for Wales）
2001—2002	全民参与	学科样本	高等教育质量保障署（QAA）

资料来源：Quality Assurance Agency for Higher Education. Quality Assurance in UK Higher Education：A Guide for International Readers[R/OL]. http://www.qaa.ac.uk.

从表 3-3 还可知,在英国大学和学院的学科层面的质量评估,即外部保障的方式之一,在英国的几个地区略有不同。

在英格兰和北爱尔兰地区,1993—1995 年由英格兰高等教育拨款委员会负责实施外部评估,针对教学质量进行评估,聚焦于所评估院校的相关学科。1995—2001 年评估方式发生了改变,用学科评估直接取代原来的教学质量评估,针对在上一个阶段未进行评估的学科,实施主体为英格兰高等教育拨款委员会或英国高等教育质量保障署。2003 年则采用基础学位的评估方式对学科进行评估,由高等教育质量保障署实施。

在苏格兰地区,1993—1998 年外部质量评估的模式为教学质量评估,涉及所有学科,由苏格兰高等教育拨款委员会实施。2000—2002 年,评估的方式改用学术评估,选择部分学科样本为对象进行外部质量评估,该评估由高等教育质量保障署实施。

在威尔士地区,1993—1998 年的评估方式也是教学质量评估,也是针对所有学科,由威尔士高等教育拨款委员会实施。2001—2002 年的评估方式由全民参与,以学科样本为核心进行评判,也是由高等教育质量保障署实施的外部质量评估。

可以得知,在英国高等教育质量保障署成立前,英国有三个方面的外部质量保障系统。学术质量自我监管体系最早于 20 世纪 80 年代开始实施,由大学之间合作进行。高等教育拨款委员会主要进行教学质量的评估，根据教学质量进行拨款。专业团体对相关专业课程进行认证，如工程教育质量的专业认证就是为学生通过学习达到注册成为相应工程师的水平而提出教育方面的准入要求。

高等教育拨款委员会与高等教育质量保障署签订协议，由后者负责对外部质量保障进行评估，提供评估结果供拨款参考。因此，高等教育外部评估的模式也便按照高等教育质量保障署（QAA）的模式来进行，主要是对院校在课程设置，教学、学习和评估，学生成绩，学习资源，质量管理等方面进行评估，以质量标准为模板，判断院校是否真正建立了一整套的质量保障机制。

二、高等工程教育质量保障服务者的角色与功能

依据《1992 年继续教育与高等教育法》(*Further and Higher Education Act 1992*)，英格兰高等教育拨款委员会对高等教育质量负有法定职责。其主要是通过与高等教育质量保障署（QAA）签订合约，授权 QAA 对英格兰、威尔士和北爱尔兰的高等教育机构进行评估。

QAA 是一个独立于政府和大学的机构，其经费来源主要是大学和学院的捐赠款，以及与高等教育资助团体机构签订委托合约所得。QAA 通过访问大学和学院以评估它们在履行责任方面来报告质量保障情况，同时也提供保持和提升质量保障过程的指南，并通过学术基础框架评估大学的课程教学与开发。QAA 的高等教育评估主要聚焦于高等教育授予学位的标准（质量标准有本科和研究生）、学习实验的质量（例如学习机会的提供）、学术专业项目标准与质量信息的提供、质量提升的承诺等。例如，QAA 评估大学是否建立和保持了在《英格兰、威尔士和北爱尔兰高等教育资格框架》(*Framework for Higher Education Qualifications in England，Wales and Northern Ireland，FHEQ*)中所规定的标准声明（benchmark statements）或高等教育学位授予标准体系。[①]

英国的大学和学院负责管理其学术标准和授予学位的质量。而 QAA 则主要是监察和判断大学和学院是否履行了职责，并采取积极的措施来保障教育质量。QAA 保护高等教育的资格卓越标准的公共利益，鼓励大学和学院

---

① QAA. The Framework for Higher Education Qualifications in England，Wales and Northern Ireland[R]. August 2008.

保持提升高等教育质量的管理水平，在大学和学院实施外部评估（包括审计），制订学术质量标准，并以此标准要求大学，至少保持最低的质量要求。QAA建议政府在学位授予权和大学头衔的批准方面提供学术标准和质量标准，同时通过成为相关组织的成员和参与高等教育项目对提升国际高等教育质量做出贡献。[①]

英国所有的大学和学院都使用外部主考官（external examiners）作为独立的和公平的顾问。外部主考官可把握学术标准水平的可比较性并确保评估过程的公平公正。他们也会对学术标准与学生所取得的成绩的关系进行评价。[②] 而QAA主要承担外部评估的工作。英国高等教育的外部评估对象包括：高等教育相关专业的教学，研究生的研究项目，教师培训和由专业的、法定的和管理的机构执行的专业认证。

QAA评估高等教育本科的专业项目和部分研究生的研究项目。高等教育拨款委员会通过科研评估活动对研究质量进行评估。在英格兰，教师培训项目由教师培训署（Teacher Training Agency，TTA，现改为TDA）和教育标准办公室（Office for Standards in Education）实施评估。在苏格兰和威尔士，教师培训项目由女王陛下视察团（Her Majesty's Inspectorate）进行评估。而在北爱尔兰，教师培训项目则是由教育和培训视察团（Northern Ireland Education and Training Inspectorate）进行评估。

每个大学和学院将使用严格的质量保障程序来审视和批准自己的专业项目。这一批准的过程是通过外部主考官、学术基础框架和QAA外部评估等方式实施的。此外，专业的、法定的管理团体也会认证个别独特的专业项目，以满足专业的和职业的资格框架，确保学生具备专业实践的能力和进入该专业领域工作的技能，如工程专业认证和医学总会实施的职业医师执照教育认证等。

QAA的资金主要是来自与高等教育拨款委员会和政府部门签订合同的委托经费以及大学和学院的捐赠（如图3-13所示）。高等教育拨款委员会根

---

① Quality Assurance Agency for Higher Education. Quality Assurance in UK Higher Education：A Guide for International Readers[R/OL]. http://www.qaa.ac.uk.

② House of Lords Select Committee on Science and Technology. Higher Education in Science，Technology，Engineering and Mathematics (STEM) Subjects Report[R/OL]. http://www.publications.parliament.ukpald201213ldselectldsctech3737.pdf.

据法定的要求必须确保其经费支持的教育质量是达到评估的标准要求的。这是为了保障公共经费(政府支出的高等教育经费)的合理使用。

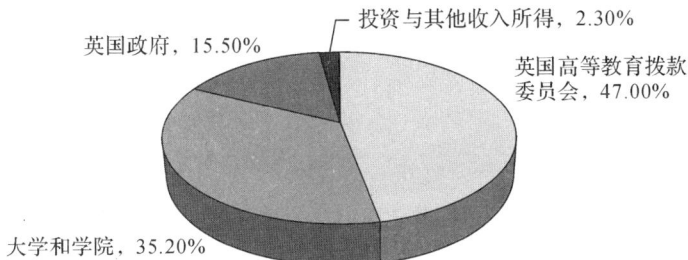

图 3-13 2003/2004 年度 QAA 经费来源比例情况

大学和学院年度捐赠的经费是根据学生数量多少来提供的,总共分 6 个档次,最低一档是学生少于 1000 人的学校,需要捐赠 2500 英镑,最高一档是学生超过 15000 人的学校,需要捐赠 33500 英镑。QAA 也可能会根据其工作的变化而对各大学和学院捐赠的经费额度进行调整。

2003/2004 年度 QAA 经费总收入为 1022.2 万英镑,由图 3-13 可知,其中:英国高等教育拨款委员会占 47.00%;大学和学院的捐赠占 35.20%;英国政府的资金占 15.50%;其他的投资与收入所得占 2.30%。[1] 可以看出,QAA 的资金主要来源于政府给予(英国高等教育拨款委员会也是属于政府资金,加上政府直接给予的部分,总占比达 62.5%)。从而得知,QAA 与政府间的关系是密不可分的,尽管政府不直接插手管理 QAA,但是政府却通过"购买服务"的方式,对 QAA 的运作产生影响。

2003 年 8 月至 2004 年 7 月 QAA 的收支情况如图 3-14 所示。

2003/2004 年度 QAA 的总支出为 1021.9 万英镑,由图 3-14 可知,其中:员工工资支出占 41.90%;评估专家的评审费用占 35.50%;管理协助和场地费支出等占 14.70%;折旧费和其他支出占 7.90%。

三、高等工程教育质量保障服务者的质量观念

在高等教育改革的推动下,学生在做选择决定时主要是基于大学所提供

---

① House of Lords Select Committee on Science and Technology. Higher Education in Science, Technology, Engineering and Mathematics (STEM) Subjects Report[R/OL]. http://www. publications. parliament. ukpald201213ldselectldsctech3737. pdf.

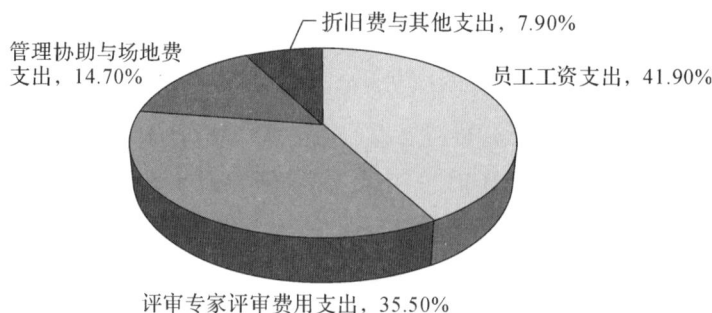

图 3-14 2003—2004 年 QAA 经费支出比例情况

的课程信息,因而大学在促进高等教育质量提升方面扮演着很重要的角色。根据英国政府的意志,"未来的高等教育将更加走向一种供应与需求的模式,并在更加透明的市场中运作"。因此,学生需要了解关于学位学习的更多信息,这将引导他们对未来职业做出选择。大学将需要做出回应,特别是在STEM 学科领域,因为 STEM 学科是工业界的需要与技能教学内容之间最为相关的学科。政府和企业雇主也应加入提升高等工程教育质量的过程中。

在 2002 年,《罗伯茨评论》关注大学的供给与社会的需求方面的问题,并指出,在一些学科领域存在高质量毕业生的短缺问题,而并非毕业生数量的缺乏,强调非常缺乏具备合适的通用和可转移技能(另外称为就业技能)或在技术与科学领域拥有广泛知识的毕业生。考虑到 STEM 学科毕业生的供给与需求不匹配问题,主要是在各个领域都缺少高质量的毕业生,需要探索质量评估和促进质量提升的机制。

2009 年,英国高等教育质量保障署 QAA 报告英国下议院商业、创新与技能委员会(House of Commons BIS Committee),"英国高等教育机构的教育质量优势与基础都保持着很高的声誉"。[①] 同时,高质量的教育水平也得到了大学及社会的认可。

当前,英国负责学位质量保障的机构包括高等教育机构(HEIs)、英格兰高等教育拨款委员会、英国高等教育质量保障署、英国政府。每个大学(高等

---

① UK Parliament. The 12th Report:Government Reform of Higher Education[R/OL].（2011-11-10）[2016-12-22]. https://publications. parliament. uk/pa/cm201012/cmselect/cmbis/885/885. pdf.

教育机构)都是一个自治的组织,应当肩负起保障学术标准和质量的主要责任。英国高等教育质量保障署在高等教育质量保障的过程中提供外部保障的途径。

通常不同的人对质量有不同的见解。因此,质量的定义及对其的测量是讨论的"出发点"。英国高等教育质量保障署(QAA)分辨了"标准"(standards)和"质量"(quality)两者的具体含义。

标准:学生达到和获得学术头衔的成就水平(例如,学位)。

质量:描述学生可获得良好的学习机会,实现学生获得学位授予的一种方式,是为了确保有合适和高效的教学、支持、评估和学习机会提供给学生。

1993年,约翰·毕格斯(John Biggs)定义了质量的三个维度,即"3P"模型:"预示"(presage)、"过程"(process)、"产品"(product)。

"预示"(presage)定义为学生开始学习之前的情境,例如教师或学生的质量。

"过程"(process)定义为影响学生学习经验的变量。

"产品"(product)意味着学习的相关结果。[①]

因此,在作者看来,学位质量依靠这三个因素以保障高质量的毕业生具备为工作而准备的合格的技能和知识。

"质量"与"就业技能"这两个词经常被混淆。"就业技能"(employability skills)被英国高等教育学会(HEA)定义为"一组成就(技能、理解力、个人品质),可促进毕业生更可能地获得就业岗位和职业生涯的成功,且对毕业生自己、职工和经济社会都有益处"。[②] 尽管高等教育系统不应该只聚焦于为就业市场培训员工,但那也是其目标之一。以就业为导向的高质量教育和培训并非不可相融,毕业生在离开大学时应当具备合格的就业能力。例如,英国帝国理工学院阐述道:"研究导向型的教育和实验基础型的教育或数学教育,应该教授学生学会独立和批判性思考,培养分析能力,从而为经济社会、工业产业的问题提供必要可行的解决方案。这些技能不仅是STEM工业领域所需的,而且也是各类业务部门的要求。"

---

① Graham Gibbs. Dimensions of Quality[R]. HEA, 2010.

② HEA. Employability in Higher Education: What it is—What it is Not[R]. April 2006.

2011年,英国的《政府高等教育白皮书》(*Government's Higher Education White Paper*)(以下简称《白皮书》)和《高等教育系统中心的大学生》(*Students at the Heart of the System*)一文提议,英格兰高等教育拨款委员会应当成为领导管理者,以促进和保障大学生和公众的利益,接管政府资助学位授予权的功能。英国政府显而易见地说明:"英国高等教育质量保障的方式被看作是2011年高等教育质量保障署实施的对院校评估的改进,其主要是聚焦于质量提升和涉及学生发展。"高等教育改革将不再涉及评估过程的变化,而是转向提出更多质量保障的方法。

英国政府针对《白皮书》的咨询陈述道,"现阶段并不打算对主要立法进行改革",但是政府将推动提前改革日程,且"主要通过非立法的方式"实施。① 《白皮书》还建议英国政府应当针对《白皮书》所提的"议会以什么样的形式实施质量保障"的改革建议做出回应和解释。同时,政府应当给出推动改革的时间表,并列出实施的形式。

四、高等工程教育质量保障服务者的评估机制

2009年,英国下议院创新、大学、科学与技能委员会(House of Commons Innovation, Universities, Science and Skills (IUSS) Committee)表示,QAA强调其基于过程的质量保障方法:"我们访问大学以执行审计,作出判断并发布报告,但是我们并不是视察团或者监管者,我们没有法定权力。我们的目的在于,确保高等教育机构建立有效的学术标准保障机制,而不是判断标准本身。"②

当被询问到QAA为什么关注的是建立标准质量保障机制,而不是评估结果时,QAA答道,质量结果包括在质量标准(Quality Code)中,是一个"基准框架,是为个体课程设定标准和提供项目规格的……它与行为规范组成了大学活动的核心领域"。QAA的主要责任在于保持良好的机制,其所从事的工作"不仅与高等教育机构有关,而且与相关的专业团体形成合作伙伴关系,

---

① BIS. Government Response: Consultations on: 1-students at the Heart of the System, 2-A New Fit for Purpose Regulatory Framework for the Higher Education Sector [R]. June 2012.

② IUSS Committee. Students and Universities: Eleventh Report of Session 2008—2009[R]. July, 2009.

也不断地收集来自企业雇主的专业知识与意见,以及学生对学习的投入等信息"。

关于企业雇主参与制订标准与基准,其所关心的是,根据 QAA 基准框架,几乎没有工业界代表参与基准设置(例如,工程学)。科进公司(Cogent)高等教育经理卡罗琳·苏德沃斯(Caroline Sudworth)博士描述了她的经历:"从我在国家高等教育 STEM 项目的工作经历来看,我们已经考虑到英国工业联合会的基准和就业能力,并符合 QAA 基准框架,但我们从这些特定的STEM 学位中失去了很多。我们试图与 QAA 沟通但却无果,因此我们更愿意让 QAA 来评估企业雇主在 STEM 学位质量保障方面所做努力的成效。"

在此项调查中,也有一些受访者表示缺乏激励机制来促进高等教育提升教学质量。QAA 监测的是过程因素,是一种间接地对教学质量的评估监测。但是,就针对标准而言,QAA 测量的是是否达到最低水平要求,而没有评估教师是否处于高质量。

英国政府与其他利益相关者必须根据 STEM 学科的本科生和研究生应当具备的能力和技能以及 STEM 学科课程所拥有的特性共同重新定义STEM 学科标准。政府关心的是,16 岁以上的 STEM 学科学生的数量未能满足当代社会发展水平的需求;STEM 学科的教学水平也没有满足大学本科水平的要求。因此,数学应当成为所有大于 16 岁的学生的必修课程,且 A2级水平的资格中对数学的要求也应当达到学生进入高等教育机构学习STEM 学科的条件。此外,强烈建议高等教育机构在学生申请学习 STEM 学科专业时,更加注重对其数学水平的要求和考察,在 A 级考试中也应相应地提高数学方面的成绩要求。[①]

与此同时,政府应当要求 QAA 保障和促进企业雇主充分地参与学校学科建设的标准制订以及提升教育质量的全过程。一个不争的事实是,研究生在驱动创新,承担研究与发展、培养领导力及创业精神方面扮演着举足轻重的角色。尽管政府意识到 STEM 学科对于促进经济增长具有核心作用,但却不知道如何去调研或评判研究,也不清楚该如何支持 STEM 学科研究生的有

① House of Lords Select Committee on Science and Technology. Higher Education in Science, Technology, Engineering and Mathematics (STEM) Subjects Report[R/OL]. http://www. publications. parliament. ukpald201213ldselectldsctech3737. pdf.

效供给。为扭转这一不利局面，政府必须建立一个专家组，且引入诸多企业雇主参与其中，深入调研和思考 STEM 学科研究生教育的供给与需求，更加科学地为政府的经济增长战略服务。[①]

第四节　平台构建：
英国政府提升高等工程教育质量的有效途径

英国高等工程教育质量的控制涉及政府、大学和企业等多方面的因素，而政府除了制定政策、保持经费等之外，更需要建立一个平台，通过该平台促进大学与企业以及专业团体之间的有效合作，使教育质量提升的效率最大化。也就是说，政府通过搭建平台，可以建立合力保障高等工程教育质量的有效途径。

一、推动"政府—大学—市场"质量提升平台建设

从英国的传统来看，政府一直较为重视"大学—工业界"的联系与合作，主要关注于高等教育机构（大学）与企业雇主在本科生课程与就业能力培养方面的联系与合作。在英国《利奇技能评估报告（2006）》（*Leitch Review of Skills*（2006））中提及的英国教育的短期和长期目标中，要求针对现在的劳动力进行培训，以增强就业能力；《科金特技能报告（2008）》（*Cogent Skills Review*（2008））则列举了影响未来科学、技术、工程和数学行业的主要领域；而英国政府白皮书《为了增长的技能》（*Skills for Growth*）则强调了工业界员工不断获得正规化的文凭资格的重要性。[②]

英国商务大臣文斯·凯布尔（Vince Cable）在《工程能力：珀金斯评估进展报告》（*Engineering Skills：Perkins Review Progress Report*）的序言中强

---

① House of Lords Select Committee on Science and Technology. Higher Education in Science，Technology，Engineering and Mathematics（STEM）Subjects Report［R/OL］. http://www. publications. parliament. ukpald201213ldselectldsctech3737. pdf.

② Basit T N，Eardley A，Borup R，et al. Higher education institutions and work-based learning in the UK：Employer engagement within a tripartite relationship［J］. Higher Education，2015，70(6)：1003—1015.

调了一个重要问题,就是政府需要加强与工程专业协会的合作。① 该报告的主持人约翰·珀金斯(John Perkins)是英国商业、创新与技能部的首席顾问,他的报告《工程能力的珀金斯评估》(*Perkins Review of Engineering Skills*)发起了一个行动,即激励工业界雇主、专业协会和教育专家联合起来,在政府的领导协同下,为使英国能够长期地供给高质量的工程人才而努力。他进一步提到,在过去一年的调查评估中发现,对这一各方力量合作的挑战各界有了较为积极和强烈的回应,也取得所期望的效果,很多跨政府组织与专业协会的新合作伙伴关系已经建立,促进了持续项目发展的实施。②

英国政府在极力构建大学与工业界之间的互动沟通平台,主要目的是建立基于"工业界需求导向"的人才培养供求关系,提升大学工程专业本科毕业生的知识水平和企业实践能力。而英国的大学、企业雇主和雇员(毕业生)之间的三重关系,在基于工作的学习(work-based learning)的实施过程中被视为相当重要的因素。无论是在合同初订的阶段,还是在专业项目的设计与传授阶段,这个三重关系都是无比重要的。③

佩恩(Penn)等人于 2005 年认证的"三重工作场所的学习关系"表明,影响相关利益群体的需求的过程有:(1)个体学习者(大学生)的需求被他们的生活计划(个人与职业期望、技艺、知识)所影响;(2)企业雇主的需求被他们公司的商业计划(生产力、创新、员工发展)所影响;(3)高等教育机构(大学)的需求被它们自己的整体计划(市场、招生、入学、课程、研究、创新)所影响。④

---

① Department for Business Innovation & Skills. Engineering Skills: Perkins Review Progress Report[R/OL]. [2016-10-14]. https://www. gov. uk/government/publications/engineering-skills-perkins-review-progress-report.

② Department for Business Innovation & Skills. Engineering Skills: Perkins Review Progress Report[R/OL]. [2016-10-14]. https://www. gov. uk/government/publications/engineering-skills-perkins-review-progress-report.

③ Basit T N, Eardley A, Borup R, et al. Higher education institutions and work-based learning in the UK: Employer engagement within a tripartite relationship[J]. Higher Education, 2015, 70(6): 1003−1015.

④ Basit T N, Eardley A, Borup R, et al. Higher education institutions and work-based learning in the UK: Employer engagement within a tripartite relationship[J]. Higher Education, 2015, 70(6): 1003−1015.

二、提供高等工程专业教师质量发展学习平台

网络宣传平台、互动平台给工程专业的教师和学生提供了诸多关于工程专业学习与就业的信息,给促进教师的教学和学生的学习与就业带来方便,这也是促进工程教育质量提升的一个新兴方式。

《珀金斯报告》强调了工程师需要具备在数学和物理学方面的坚实基础,提到了英国政府投入 1.35 亿英镑以加强对科学和数学教育的支持。有超过3000 万英镑的投入支持"劳动力战略的继续教育"(further education workforce strategy)计划,该计划的目标在于提升继续教育的领导和教学力量,以及增加在继续教育部门中数学教师的数量和质量。[①] 这一行动产生了可观的效果,2010 年英国中学高级水平考试(A-level)的入口成绩在数学方面提高了 15.3%,进阶数学成绩提高了 20.5%,物理学成绩提高了 18.5%。也即政府通过为工程课程相关教师提供专业发展的平台,帮助教师提升教学能力和水平,从而提升了工程教育质量。

工业界的经历和经验给予教师在实际工程环境中理解工程的机会,也能够促进教师更好地鼓励他们的学生对工程的参与和理解。英国政府通过科学学习中心网络(network of science learning centres)为科学教师和技术人员提供专业发展的机会。为了进一步吸引最优秀的数学、物理学、化学和计算机科学专业的毕业生投入有关工程学科的教学中,英国政府提供了价值 2.5 万英镑的助学金和奖学金,以激励大学生参与工程专业师资队伍建设。其中对有志于教授设计和工艺课程的学生提供 9000 英镑的助学金。教育与培训基金会(Education and Training Foundation)资助超过 3 万英镑以奖励继续教育机构招录数学教师。作为"你的生活唤起行动"(your life call to action)项目的一部分,由工业界支持实施招录数学和物理学专业的博士后研究人员并培养其成为教师的计划,并与该项目计划活动共同促进中学高级水平考试(A-level)中参与物理学和数学考试的学生数量的增长。[②]

---

① Further Education Workforce Strategy [EB/OL]. http://www.gov.uk/government/publications/further-education-workforce-strategy.

② Department for Business Innovation & Skills. Engineering Skills: Perkins Review Progress Report[R/OL]. [2016-10-14]. https://www.gov.uk/government/publications/engineering-skills-perkins-review-progress-report.

英国工程教育研究发展的关键期是基于创新的学科教学国家机制的出台和对大学专业教师职业资格的认可。1997 年的《迪尔英报告》（*Dearing Report*），特别是国家高等教育咨询委员会通过建立致力于涉及各学科教学及其方法的高等教育学习与教学中心（Institute for Learning and Teaching in Higher Education，ILTHE），支持提升大学教师的专业化能力和水平。① 之后，又于 2000 年建立了学习与教学支持网络（Learning and Teaching Support Network，LTSN）。该网络由 1 个综合通用中心和 24 个学科中心构成。涉及工程专业领域的中心为工程学科中心（Engineering Subject Centre，EngSC），设立于拉夫堡大学。②

英国政府已经更新了计划，以支持由物理学会（Institute of Physics）领导实施的"激励物理学网络"（stimulating physics network）。此行动将为教师提供专业发展和支持提高学生在中学高级水平考试中物理学成绩的学生活动，且 2014—2016 年将投入 430 万英镑。在中学高级水平考试中物理学成绩持续的性别差异，也将通过培养女性工程英才项目而缩小。该网络测试了影响提高女生在中学高级水平考试中物理学成绩的不同干预因素，从而建立了女性对物理学成绩的信心，改变原来女性在物理学课堂中和整个学校教学方法中的"性别刻板印象"。③

2012 年 4 月，英国政府在其新的门户网站上开辟了"国家就业服务"（national careers service）板块。尽管评估其效益还为时尚早，但是我们注意到"科学与工程的运动"（campaign for science and engineering，CaSE）已经吸引了公众的广泛关注："我们注意到，这一职业建议没有提供具体框架，也不需要综合审计，因此，提供低于平均水平就业服务的学校将不能快速或容易

---

① The National Committee of Inquiry into Higher Education. Dearing Report 1997 [R/OL]. http://www.leeds.ac.uk/educol/ncihe/.

② Penlington R，Clark R，Tudor J，et al. Engineering Education Research—the UK Perspective at a Time of Change[A]. WEE 2011，September 27-30，2011，Lisbon，Portugal.

③ Department for Business Innovation & Skills. Engineering Skills：Perkins Review Progress Report[R/OL]. [2016-10-14]. https://www.gov.uk/government/publications/engineering-skills-perkins-review-progress-report.

地通过认证，也会对他们的学生发展不利。"[1]

英国政府在 2012 年发布的《商业与大学合作报告》（也称《威尔逊报告》（*The Wilson Review*））中提到，政府将探索是否应当有效地为学生提供附加信息，包括"鼓励高等教育机构匿名发布他们教学职工的资格证书和关于其专业知识的情况信息，并在网站上发布学生对教师教学调查的评价"。政府也表明英格兰高等教育拨款委员会已经为提供此项信息开发了选择路径。[2]

三、打造高等工程教育专业项目质量保障平台

2008 年，英格兰高等教育拨款委员会设立了"转化劳动力发展项目"（transforming workforce development programme），2009—2011 年经费支持 3 年，提供 4500 万英镑，支持高等教育招生与企业界参与高等教育。例如加强基础设施建设和改进策略，建立更多与商业界和工业界的合作，开发更多新的活动以满足企业雇主与大学生的需求。[3]

作为《科学与创新投资框架 2004—2014》的主要内容，英国教育与技能部（Department for Education and Skills）于 2004 年绘制了"STEM 发展图景"（STEM landscape），并提出了 470 多项促进 STEM 发展的举措。[4] 自 2006 年起，英国教育与技能部实施了"国家 STEM 计划"（national STEM programme），致力于为政府参与大学和院校的 STEM 学科教育问题提供协调的方式[5]。该计划于 2010 年结束。

2010 年，英国政府仍然意识到 STEM 学科的重要性，并采取了诸多相关措施以提高年轻人在 STEM 学科领域的参与率和成就。这些措施包括：持续

---

① Department for Business Innovation & Skills. Engineering Skills：Perkins Review Progress Report[R/OL]. [2016-10-14]. https://www. gov. uk/government/publications/engineering-skills-perkins-review-progress-report.

② BIS. Following up the Wilson Review of Business-University Collaboration：Next Steps for Universities, Business and Government[R]. June 2012.

③ Basit T N, Eardley A, Borup R, et al. Higher education institutions and work-based learning in the UK：Employer engagement within a tripartite relationship[J]. Higher Education, 2015, 70(6)：1003-1015.

④ STEM Programme Report 2004[R/OL]. https://www. nationalstemcentre. org. uk/res/documents/page/stem_programme_report_2006. pdf.

⑤ STEM Cohesion Programme Final Report [R/OL]. https://www. gov. uk/government/publications/the-stem-cohesion-programme-final-report.

对工程专业项目计划的支持，如"国家科学学习中心"（national science learning centre）、"大爆炸国家科学与工程展览会"（big bang national science and engineering fair）、"STEM 学科网络"（stemnet）、"创造你的生活"（the creation of yourlife）等项目，同时也开展了鼓励学生在中学高级水平考试中选择数学和物理科目的项目。目前，英国有大概 3000 万就业人口，其中有 580 万人直接从事 STEM 领域的工作，占整个劳动力总量的 20％。①

鼓励更多的年轻人从事工程职业是至关重要的，这也是进一步建议加强推进这方面行动的主要原因。对于工程人才需要的广泛认同将加快工程活动的健康发展。珀金斯建议政府采取战略性的合作活动以增大影响，加强扩大支持由工程团体与学校合作而实施的"未来工程师"（tomorrow's engineers）项目的覆盖面。政府通过提供 25 万英镑的种子基金给英国工程协会（Engineering UK），来提高在全国范围内开展的"未来工程师"项目的雇主参与度。试行活动首先在英格兰北部和东南部实施，并逐步形成国家范围内的工程活动，并于 2015 年 1 月起依托地区枢纽中心，打造成为寻求工程团体参与合作的一站式服务点。②

为建立"未来工程师"项目的合作道德规范，英国政府于 2013 年 11 月开创和发起了"未来工程师活动周"（tomorrow's engineers week），通过高聚焦点的媒体活动来扭转过去工程观念中的性别偏见，提升工程职业的良好意识。此次活动在全国范围内吸引了超过 70 个合作方，并组织实施了超过 65 个活动，主要的聚焦点在于 11 至 14 岁的女生。

民意调查显示，26％的 11 至 14 岁的学生在此次活动中了解了工程职业，考虑未来从事工程职业的人数也增加了 6％。表示鼓励和支持孩子考虑将工程作为未来职业选择的学生家长数量增加了 4％。在"未来工程师活动周"开幕演讲中，英国工程协会表示将主动地实施"未来工程师活动周"活动，并代表工程团体的利益将其列入每年的活动计划。该活动周的成效也表明了工

---

① Morgan R. Kirby C. The UK STEM Education Landscape 2016[R/OL]. The Royal Academy of Engineering[2016-12-11]. http://www. raeng. org. uk/publications/reports/uk-stem-education-landscape.

② Department for Business Innovation & Skills. Engineering Skills：Perkins Review Progress Report[R/OL]. [2016-10-14]. https://www. gov. uk/government/publications/engineering-skills-perkins-review-progress-report.

程团体积极的合作意识。①

"你的生活唤起行动"(your life call to action)项目计划也采取了类似的方式，通过使企业雇主、教育工作者和专业协会达成一致以提高女性工程和科技人才的数量。实际上，已经有超过 200 个组织参与，包括英国奥雅纳工程顾问公司(Arup)、福特英国分公司(Ford)、空中客车公司(Airbus)、英国保富集团公司(Balfour Beatty)和英国阿莱恩洛克(Laing O'Rourke)建筑公司等承诺提供超过 2000 个新入职岗位，涉及学徒制(apprenticeships)、毕业生就业工作(graduate jobs)、有偿实习(paid work experience posts)，同时也采取行动支持其内部女性员工的发展。②

具体特定的例证如下。③

(1)英国皇家工程院(The Royal Academy of Engineering)与英国女性工程与科学协会(Women into Science and Engineering)开发了一个 10 项行动清单，促进企业雇主在男性主导的工程和科技工作环境中，提高女性的保留率和增长比例。

(2)壳牌(Shell)公司扩大女性在其"能源计划"(energy scheme)中的数量，提供给青年女性 160 学分的工程和科技教育培训、实地考察和来自工业界的女性领导的职业咨询。

(3)英国少数族裔商业发展署(Minority Business Development Agency, MBDA UK)对女性学徒的招录维持在 50% 以上，且至少为其 5% 的员工提供了正式的培训计划，诸如学徒制和毕业项目计划。④

① Department for Business Innovation & Skills. Engineering Skills：Perkins Review Progress Report[R/OL]. [2016-10-14]. https：//www. gov. uk/government/publications/engineering-skills-perkins-review-progress-report.

② Department for Business Innovation & Skills. Engineering Skills：Perkins Review Progress Report[R/OL]. [2016-10-14]. https：//www. gov. uk/government/publications/engineering-skills-perkins-review-progress-report.

③ Department for Business Innovation & Skills. Engineering Skills：Perkins Review Progress Report[R/OL]. [2016-10-14]. https：//www. gov. uk/government/publications/engineering-skills-perkins-review-progress-report.

④ House of Lords Select Committee on Science and Technology. Higher Education in Science，Technology，Engineering and Mathematics (STEM) Subjects Report[R/OL]. http：//www. publications. parliament. ukpald201213ldselectldsctech3737. pdf.

四、拓展特殊群体的高等工程教育质量保障平台

2014 年,英国的职业教育学生获得英国商业与技术教育委员会(Business & Technology Education Council,BTEC)三级水平(Level 3)的工程专业领域的资格数量增加了 17%;在女性学生数量方面则比上一年度增长了 53%。① 英国政府扩大了大学工学院网络,提供了 14 至 19 岁基于就业导向的高质量教育。50 所学院创造或正在开发 27000 个学习机会给青年,以培养他们成为工程师和科学家。工程实践的供给已经通过新建的高级技术前景学院(Prospects College of Advanced Technology)得以加强,其拥有三个专家型学徒制的工程培训中心。政府投入 5000 万英镑给予国家学院(National Colleges),以促进包括制造工艺、高速铁路、软件工程和核能等经济发展关键学科领域的发展。②

英国政府投入 3000 万英镑,支持雇主实施创新方法以解决工程领域技能短缺问题。政府与雇主和专业工程协会合作,2014 年实施了"两个一千万"英镑的技能资助计划。"提高工程职业"(improving engineering careers)计划为培训、再培训员工和提升工作技能水平提供了资金支持。"发展女性工程师"(developing women engineers)计划为雇主培养女性工程劳动力提供支持。这些培训都是离职培训,能够保障女性全职参加工程技能培训,项目计划实施者帮助女性进入学徒制,并监督和帮助女性在职业发展方面取得进步。项目计划和企业双方各提供 50% 资金投入工程技能培训。另外的 1000 万英镑将会支持微小型企业公司加强工程技术的培训。③

工程领域的企业雇主处于实施政府对学徒制改革的最前线。如航空航天、汽车制造、食品饮品制造加工、能源和公共事业等部门已经参与到于 2013 年 10 月实施的"开拓者"(trailblazers)计划的最初阶段。"开拓者"(trailblazers)计划第二阶段于 2014 年 3 月实施,也吸引了包括铁路设计和国

---

① uk. pearson. com/home/news/2014/october/btec-results-2014. html.

② Department for Business Innovation & Skills. Engineering Skills:Perkins Review Progress Report[R/OL]. [2016-10-14]. https://www. gov. uk/government/publications/engineering-skills-perkins-review-progress-report.

③ Department for Business Innovation & Skills. Engineering Skills:Perkins Review Progress Report[R/OL]. [2016-10-14]. https://www. gov. uk/government/publications/engineering-skills-perkins-review-progress-report.

土工程等部门的参与。政府已经发起了"开拓者"（trailblazers）计划第三阶段，这将再次包括诸如焊接、工程设计、铁路工程等重要工程领域的参与。①

英国工业联合会（CBI）的一份报告《绘制增长的路线图》（*Mapping the Route to Growth*）估算，有80％的高技能新工作岗位需要高科技的毕业生，这其中有超过一半的工作岗位从2017年起被要求获得毕业水平资格的学生所填补。② 仅仅对科学、技术和工程产业领域的预测显示，到2017年将需要专业的训练有素的技能人才60万名。根据英国工业联合会（CBI）的预测，攻读这些STEM学科领域学位的学生数量"务必增长超过40％，才能满足对当前产业发展的需求"。③

该报告采用了英国商业、创新与技能部（Department for Business, Innovation and Skills, BIS）和高等教育统计局（Higher Education Statistics Agency, HESA）所使用的定义。该定义使用了"联合学术编码系统"的学科分类，将STEM领域分为21个组类学科，其中工程学科包括：通用工程（工程学）（general engineering），机械工程（mechanical engineering），航空航天工程（aerospace engineering），船舶工程（naval architecture）同，电子电气工程（electronic ＆ electrical engineering），产品与制造工程（production ＆ manufacturing engineering），化学、加工与能源工程（chemical, process ＆ energy engineering），其他工程（others in engineering）。

STEM学科的毕业生能力通常包括：计算能力；理解以及批判性分析经验性数据的能力；对科学和数学原理的理解能力；运用系统的和批判的方法评估和应用学科理论知识处理实践中复杂性问题的能力；具备向利益相关者和其他人员传达、交流科学问题的能力；具备独创性、逻辑推理和实用智力。

2010年2月，惠康基金会（Wellcome Trust）主席马克・沃尔伯特（Mark Walport）在给英国商业、创新与技能部负责科学与创新的大臣戴维・威利茨

---

① Department for Business Innovation ＆ Skills. Engineering Skills：Perkins Review Progress Report[R/OL]．[2016-10-14]．https：//www. gov. uk/government/publications/engineering-skills-perkins-review-progress-report.

② University Alliance，CBI. Mapping the Route to Growth：Rebalancing Employment [R]. June 2011.

③ CBI. Set for Growth：Business Priorities for Science Engineering and Technology [R]. August 2010.

(David Willetts)的建议信件中陈述:"未来英国的发展将极大地依赖于下一代人的教育。科学、技术、工程和数学务必提到教育中最重要的前沿位置,以使英国能够处理和应对社会所面临的各类重大挑战……我们亏欠于未能为孩子们准备激动人心和确定的未来——教育正是实现美好未来最强有力的工具。"①

第五节　本章小结

英国政府在高等工程教育质量保障方面其实与其他西方发达国家大同小异,都是在给予大学经费支持的基础上保证了大学的办学自主权。高等工程教育质量保障需要人力和物力支撑,这就需要政府履行责任,给予大学充足的经费支持。政府的政策、经费和搭建大学与工业界沟通联系的平台等,是英国政府在提升高等工程教育质量方面努力的行动。

从政府的政策功能来看,英国政府几乎都是在合适的时机制定了有效的涉及高等工程教育的政策,以从宏观层面控制高等工程教育质量。政策是实施和推进质量提升的依据与前提,英国政府在 20 世纪 80 年代以后,特别重视高等教育和工程教育质量的改革与发展。一是加强对国家课程的控制,即增强了对科学、数学等与工程教育相关科目的重视;二是政府对工程科技带动创新竞争力提升的依赖性也增强;三是政府通过政策的宏观控制,实现对大学工程教育质量的保障。英国高等工程教育政策的出台,都是基于对事实的充分调查,除了政府委托的相关委员会的调查外,还有其他非政府机构为政府提供政策咨询。可以说,英国高等工程教育政策的颁布过程还是相对较为科学化和规范化的,对于促进高等工程教育质量的提升贡献率很大。

从经费支撑方面看,给予高等工程教育充足的经费支持是政府应当履行的责任。而经费保障是高等工程教育及其他教育质量能够持续保持高水平的前提条件。大学工程专业的办学经费、设备设施更新经费、教师工资等都

---

① The Science and Learning Expert Group. Science and Mathematics Secondary Education for the 21st Century[R]. February 2010.

需要大量的资金，且大学内部的这些要素都是质量保障的关键内容。政府对高等工程教育质量保障给予的经费支持主要有几个渠道：一是政府对工程科技经费的保障，主要有各个部门的科学、工程与技术（SET）经费，大学可以向有关部门申请科研项目经费；二是政府直接提供给大学的工程教育质量保障经费；三是高等工程教育专项经费。自2008年全球金融危机之后，英国政府给予工程科技及高等工程教育的经费增长速度有所减缓，但近几年也逐步有了回升的趋势。

从政府对高等工程教育评估的服务购买方面来看，英国自成立高等教育质量保障署之后，高等教育的评估就交由高等教育质量保障署来负责，对于高等工程教育质量评估而言，高等教育质量保障署主要负责评估其大学内部是否建立了良好的质量保障机制，对于整个大学而言则是通过科研评估、院校评估等来进行拨款。

为什么将此方式界定为"服务购买"呢？这是英国政府权力改革的方式之一，近年来也被发展中国家所效仿。即高等教育质量保障署是脱离于政府和大学的第三方机构，但是其却从政府和大学分别获得资金支持，也就是说政府或大学原来需要实施的高等教育质量评估的事务，交由高等教育质量保障署来执行，但是政府需要给予资金"购买"。这样不但可以做到评估的公平客观，而且也减少了政府直接管理带来的不便。

从政府搭建高等工程教育质量提升的平台来看，英国政府致力于推动大学与工业界的联系和深化合作。大学与工业界之间的合作，往往存在着以各自的利益为主的现象，有时也会难以平衡和有效推进。政府的作用：一是需要制定激励政策，如以减免一定的税收或补贴中小企业等方式，吸引工业界参与大学工程教育质量保障过程；二是设立专项经费，用于促进大学与工业界合作；三是为大学工程专业教师的质量提升所需提供进入企业学习的平台；四是努力提高特别群体选择就读工程专业或从事工程职业的机遇。政府在关键时候，作为大学和企业界之间的连接桥梁，发挥其服务于大学和企业共同发展的角色作用。

总体而言，英国政府赋予高等工程教育质量保障的权力相对得当，把握控制有度。在经费保障方面也较好地履行了政府责任，有效地激发了市场参与到大学工程教育质量保障过程中。由政府牵头推动的"政府—大学—市场"融合保障高等工程教育质量的举措成效较为明显。

第四章　自治的大学：
英国高等工程教育质量保障的自主实践者

大学自主、学术自由是英国高等教育的特点，高度自治的管理权限给英国的大学的发展带来了更大的自由空间。在高等工程教育质量保障方面，英国的大学也有自己内部的质量保障体系和方法，并在实践中探索出了高质量工程人才培养的路径与模式。大学主要从生源质量、教学质量、师资质量以及与政府和市场的合作等方面加强对于高等工程教育质量的控制。

第一节　英国大学本科工程专业生源质量保障

本科教育是高等教育的核心部分，也是从中等教育走向高等教育的重要阶段，不论是从学生数量还是对质量的要求上，英国都将其作为教育质量的重要环节。因此，英国对于如何增加学生选择进入本科工程学科的机会进行了诸多尝试，也充分保障英国的学生享受高质量本科工程教育权益。而对于未来本科大学生生源质量保障和学习机遇的预测，是英国高等工程教育质量持续保持高水平的前提。

一、英国工程专业生源质量保障预测

英国大学的工程教育质量除了受到大学可控的因素影响外，来自中小学的生源质量也是影响高等工程教育质量的重要因素之一。世界各国愈来愈重视 K-12 教育①的 STEM 学科教育质量。这不仅是为了培养青少年对于工

---

① K-12 教育是指从幼儿园到 12 年级（相当于我国的高三）的教育阶段，也被国际上用作基础教育阶段的通称。

程和科技的兴趣，而且也是国家在为未来培养更多的科学家和工程师做准备。因此，中学生、家庭和社会对于高等工程教育的看法和态度，直接影响大学工程专业的生源质量，也必将影响未来高等工程教育的质量。

然而，学生的学习过程应当是相对独立于父母和教师，并逐步走向成熟、拥有应对世界变化的能力的过程。英国社会对于孩子发展的愿景也体现在题为《每个孩子都重要》(*Every Child Matters*)的框架报告中。健康、安全、快乐、成功、积极贡献、实现良性发展是未来教育培养的主要目标。[①] 英国政府相信这一愿景会实现，且学校已经在领导这一趋势的发展。该框架报告也明确了学校、地方政府与国家政府的各自职责，强调必须合力协作，保障给予未来学生高质量的教育。

英国政府着重说明了学生教育的获得，特别是本科教育的获得与学生自身的背景及国家社会发展之间的联系，并指出："学生获得成功的机会并不是由他们的社会经济背景、性别或民族等所决定的；教育服务的设计应该围绕学生的需求，以实现培养高水准的学习者的目标；所有的学生和青年应当在离开学校时具备扎实的英语和数学基础能力，能够理解如何学习和批判性思考，学会冒险和处理变化；教师作为学习的合作伙伴，利用其知识和技能参与学生和青年的学习过程，要能针对学生的学习回应及时改变和调整教学的方式方法；学校应当协同学生家长更加积极参与到学生的教育中，并提高父母支持学生发展的能力。"[②]英国政府确信，个性的学习和教学将成为转变英国教育服务的核心，方能实现国家的教育发展目标。

2014年，英国学生对高等工程教育课程的需求增长超过了科学、技术、工程和数学(STEM)以外的其他学科以及一般学科的增长速度。但是，获得学历四级水平以上(level 4+)资格的学生且能够进入工程领域就业的数量仅有66319人，仍然不能满足每年工程领域107000个人才的需求。[③]

---

① HMSO. Every Child Matters [R/OL]. https://www. gov. uk/government/uploads/system/uploads/attachment_data/file/272064/5860. pdf.

② HMSO. Every Child Matters [R/OL]. https://www. gov. uk/government/uploads/system/uploads/attachment_data/file/272064/5860. pdf.

③ Engineering UK. Engineering UK 2016：The State of Engineering [R/OL]. http://www. engineeringuk. com _ resourcesdocumentsEngineeringUK-Report-2016-Full-Report_live. pdf.

2013/2014年度,英国有163所高等教育机构(大学或学院),有学生2299355人,其中学习工程和技术的学生有159010人,占所有学生人数的6.9%。① 英国的高等教育机构主要集中在英格兰,有130所,约占80%;而英格兰的高等教育机构则主要在伦敦地区,有39所,比威尔士、苏格兰和北爱尔兰的总和还要多。因此,英格兰的高等工程教育质量,或者说伦敦地区的高等工程教育质量,可以代表整个英国高等工程教育质量的水平。

近年来,尽管工程专业学生数量在不断增长,但与其他学科相比,能提供高等工程本科教育的却只有少数几所大学。在英国提供工程本科教育的大学中招收学生数量排名前10位的依次为曼彻斯特大学、拉夫堡大学、谢菲尔德大学、帝国理工学院、金斯顿大学等(如表4-1所示),而这10所大学中有8所集中在英格兰北部,只有2所位于英格兰的南部。

表 4-1 2014/2015 年度英国接受工程本科专业学生申请的数量排名前 10 位的大学情况

排名序号	大学(机构)	工程专业招收学生人数/人	所占比例/%
1	曼彻斯特大学(The University of Manchester)	6735	3.3
2	拉夫堡大学(Loughborough University)	6620	3.3
3	谢菲尔德大学(The University of Sheffield)	5500	2.7
4	帝国理工学院(Imperial College London)	5425	2.7
5	金斯顿大学(Kingston University)	5105	2.5
6	考文垂大学(Coventry University)	4790	2.4
7	诺丁汉大学(The University of Nottingham)	4675	2.3
8	利兹大学(University of Leeds)	4605	2.3
9	斯特拉斯克莱德大学(The University of Strathclyde)	4535	2.2
10	纽卡斯尔大学(Newcastle University)	4235	2.1
	总计	52225	25.8

资料来源:UCAS。

---

① Engineering UK. Engineering UK 2016: The State of Engineering [R/OL]. http://www. engineeringuk. com _ resourcesdocumentsEngineeringUK-Report-2016-Full-Report_live. pdf.

2014/2015 年度在英国 163 所高等教育机构中,接受工程本科专业学生申请数量排名前 10 位的大学的招生人数总计为 52225 人,占据全国大学工程专业招生数量的四分之一强,由此可见,申请人数排名前 10 位的大学也是英国工程院校中的典型代表。从具体的大学看来,曼彻斯特大学、拉夫堡大学的工程专业招生人数比例较高,占据 3.3%,也说明了这两所大学是英国传统的工业大学;跟随其后的是英国著名的工程类大学,在英国,牛津大学堪称文科最好的大学、剑桥大学堪称理科最好的大学,而帝国理工学院则堪称工科最好的大学,其工程专业招生人数所占比例也较高,为 2.7%。

二、英国工程专业生源质量控制的成效

英国的高等教育系统是世界上最发达的教育系统之一,其悠久的大学历史和极负盛名的高等教育质量享誉全球。其高等教育毛入学率也保持在世界前列,早在 2000 年,英国的高等教育毛入学率就达到了 58.5%,高于当时的日本(48.7%),是当时中国(7.7%)的 7.6 倍、印度(9.5%)的 6.2 倍。[①] 可见英国的高等教育招生规模保持着较高水平。

从英国学生提交的大学本科课程申请的数量来看(如表 4-2 所示),2007 年为 2355070 份,到 2016 年增长到了 2899585 份,10 年间增长了 544515 份,增长了 23.1%。

从学科专业分析来看,2016 年,科学、技术、工程和数学(STEM)方面本科课程申请数为 746640 份,占据整个申请总数的 25.7%。工程学科的课程申请数也呈增长态势,从 2007 年的 113170 份,增长到 2016 年的 170315 份[②],增长了 50.5%,增长率是总体学科平均增长率的 2.2 倍。这正是英国在实施面向 21 世纪的工程毕业生行动战略后,在政府、大学和企业界的多方重视及加大投入下取得的明显效果,在一定程度上满足了英国工业界和产业界转型发展的需要。

---

① World Bank. Gross Enrolment Ratio, Tertiary, Both Sexes (%)[EB/OL].[2016-09-02]. http://data. worldbank. org/indicator/SE. TER. ENRR? end = 2014&locations=CN&name_desc=false&start=2000&view=chart.

② UCAS. 2016 Applications by Subject Group (Summary Level)[EB/OL].[2016-08-27]. https://www. ucas. com/file/83806/download? token=5RU8kn9i.

单位：份

表4-2 英国学生提交大学本科课程的申请数情况统计（按性别分）

学科组类别	性别	2007年	2008年	2009年	2010年	2011年	2012年	2013年	2014年	2015年	2016年
总计		2355070	2195635	2387415	2720500	2847010	2636250	2711870	2824540	2891075	2899585
生物学 (biological sciences)	男	72540	66230	76095	92140	97495	91715	98100	106345	109320	108270
	女	115020	100520	110350	124100	130995	126475	136880	149125	163665	172490
物理学 (physical sciences)	男	51965	45860	49450	56170	61640	61270	64750	66240	66690	62515
	女	33475	30125	32160	36020	37805	37235	39920	43095	45760	45725
数学 (mathematical sciences)	男	21010	20095	24035	2665	27445	27610	28860	28515	30015	31220
	女	14390	13190	16765	17525	18185	16850	17050	17025	17375	17845
工程 (engineering)	男	99150	91620	107060	117670	123025	118550	125905	136255	142545	140965
	女	14020	13420	15725	17055	17805	18745	20440	24885	28730	29350
计算机科学 (computer sciences)	男	67540	60040	67570	77030	83295	77455	86345	97310	107110	110660
	女	12185	11080	12315	13230	13810	12475	13355	14990	17115	18490
技术 (technologies)	男	8280	7725	8935	10140	9945	7970	7870	8555	7540	6440
	女	2490	2315	2555	2470	2175	2010	2135	2560	2555	2670
社会研究 (social studies)	男	74095	71075	84980	94390	98015	86980	88455	90210	93640	97185
	女	11695	108255	119955	142740	145190	128275	130335	141290	147855	151435
贸易与管理研究 (business and admin studies)	男	149390	137355	148380	162845	172770	160390	164325	170545	179400	184445
	女	130585	123780	136160	147150	157435	150790	152425	159140	164490	162665

资料来源：UCAS。

再从提交英国大学本科课程申请的学生的居住地(见表 4-3)来看,2016年,在提交科学、技术、工程和数学(STEM)方面的本科课程的申请中,英国本土的学生所提交的申请毋庸置疑地占据了主要部分,达到了 604200 份,占80.9%;欧盟国家的学生提交的申请数为 59595 份,占 8%,可见英国是欧盟国家学生留学的主要目的地国之一;非欧盟国家的学生所提交的申请数为82845 份,占 11.1%。仅就工程学科而言,英国本土学生所提交的申请有119405 份,欧盟国家学生所提交的申请有 14780 份,非欧盟国家学生所提交的申请有 36130 份,在比例上分别占 70.1%、8.7%和 21.2%,即英国之外的国家的学生申请工程学科的课程数的比例要比 STEM 学科总体比例高约10%,特别是非欧盟国家的比例更是高达 21.2%。[①]

不难发现,英国的高等工程本科教育质量在国际上享有较高的声誉和魅力,每年能够吸引约 20%的来自英国之外的申请者,尤其深受亚洲国家留学生的追捧。从英国接收世界几个主要国家或地区的留学生申请本科课程的情况来看(如表 4-4 所示)[②],中国、意大利、马来西亚、新加坡和西班牙是英国本科教育留学生的主要来源国。2006 年中国申请人数就有 6860人,2010 年更是达到那几年的顶峰,为 11250 人,2014 年略有下降,为11080 人。也可以看出,申请英国本科教育留学生最多的几个国家主要集中在亚洲,这也反映出亚洲国家的高等工程本科教育质量与英国等欧美发达国家还有一定的差距。

---

① UCAS. 2016 Applications by Subject Group (Summary Level)[EB/OL]. [2016-08-27]. https://www.ucas.com/file/83806/download? token=5RU8kn9i.

② Engineering UK. Engineering UK 2016: The State of Engineering [R/OL]. http://www.engineeringuk.com _ resourcesdocumentsEngineeringUK-Report-2016-Full-Report_live.pdf.

表4-3 提交英国大学本科课程申请的学生的居住地情况

单位：份

学科组类别	申请人来源	2007年	2008年	2009年	2010年	2011年	2012年	2013年	2014年	2015年	2016年
合计		2355070	2195635	2387415	2720500	2847010	2636250	2711870	2824540	2891075	2899585
生物学（biological sciences）	英国	169605	151910	168425	194380	203665	191615	205150	222675	237200	242315
	欧盟（不含英国）国家	9255	7545	9410	12060	13540	13615	15240	16180	18345	20440
	非欧盟国家	8695	7290	8605	9805	11285	12965	14590	16615	17440	18005
物理学（physical sciences）	英国	77705	68700	73225	81830	88415	86795	91870	95220	97395	92190
	欧盟（不含英国）国家	3370	2970	3625	4740	5260	5065	5585	5650	6435	7055
	非欧盟国家	7370	4310	4760	5620	5765	6645	7215	8465	8620	9000
数学（mathematical sciences）	英国	28880	27025	32670	35290	36285	34770	36665	36150	37320	38300
	欧盟（不含英国）国家	2095	1680	2050	2300	2750	2495	2365	2655	2900	3205
	非欧盟国家	4430	4575	6080	6600	6595	7195	6880	6735	7165	7560
工程（engineering）	英国	76135	71475	83545	91945	97320	93640	99645	110230	118815	119405
	欧盟（不含英国）国家	10715	8955	11450	12700	13610	11625	12090	12805	13780	14780
	非欧盟国家	26320	24610	27790	30075	29900	32030	34615	38105	38685	36130

续表

学科组类别	申请人来源	2007年	2008年	2009年	2010年	2011年	2012年	2013年	2014年	2015年	2016年
合计		2355070	2195635	2387415	2720500	2847010	2636250	2711870	2824540	2891075	2899585
计算机科学 (computer sciences)	英国	67475	61565	69480	78350	83655	76980	84980	94965	103190	105325
	欧盟(不含英国)国家	4395	3695	4650	5780	7505	6760	7825	9055	11530	12965
	非欧盟国家	7855	5860	5755	6130	5945	6190	6900	8280	9505	10860
技术 (technologies)	英国	9090	8540	9670	10550	10005	8000	8015	8560	7635	6665
	欧盟(不含英国)国家	710	640	690	850	955	935	910	1090	1140	1150
	非欧盟国家	970	865	1130	1210	1160	1050	1080	1460	1325	1290

资料来源:UCAS。

表 4-4　2006—2014 年英国接收几个主要国家(地区)留学生申请情况　单位:人

年度	中国	意大利	马来西亚	新加坡	西班牙
2006	6860	600	1700	730	705
2007	7600	645	1940	730	750
2008	8735	690	2015	970	725
2009	9085	875	2390	1185	870
2010	11250	1020	2295	1430	975
2011	10810	1255	2600	1590	1095
2012	11190	1345	2555	1770	1045
2013	11470	1605	3175	2015	1260
2014	11080	2095	4025	1975	1535

资料来源:UCAS。

高等工程教育的质量并不仅仅受限于高等教育体系内的影响因素,而与中小学实施工程、科学、技术和数学(STEM)教育的基础关系十分密切。

近 20 年来,英国逐步认识到,工程教育应当是一个从幼儿园到高中再到大学的完整体系。中小学的 STEM 教育近年来在英、美等发达国家备受关注。这不仅是为了提高中小学生的素养和使其了解 STEM 的重要内容,更是为了确保为高等工程教育提供基础坚实的大学生生源和吸引更多的青年人攻读工程相关专业。

英国在推进中小学 STEM 教育质量的提升方面,也重视 STEM 学科教师的数量与质量的关系。如特意招收接受过高等工程教育相关专业的博士,进一步以博士后的身份对其进行培养和加强教学能力培训,促使这些高层次人才参与到英国 STEM 教育的改革与课程教学过程中。

再一方面,英国为了吸引更多的中学生申请工程相关专业作为其未来攻读学位和职业发展的方向,重视中小学教师对其学生关于工程发展和工程专业未来职业领域信息的传播。在 2009 年《工程,我们的未来:鼓励和吸引明天的工程师》的报告中,英国国家电网公司(National Grid)强调指出,工程职业的信息主要是通过中小学教师传达和宣传给即将申请大学的中学生的,然而近些年来,这种职业生涯选择的指导效果并不好。①

英国政府教育水平办公室(OFSTED)②2011年出台的报告也同样指出中小学存在这类问题,因此,对于中学生来说,在决定选择大学课程专业时,很难获得知情信息以帮助他们做出有效的决策。在针对大学本科工程专业的态度和意见上,中小学教师、学生及其家长都或多或少地存在着偏见,他们很多人认为,从事工程职业的人是"仆人"(menial)或"蓝领"(blue collar),工程职业是"枯萎的产业"和"只能是男人从事的职业,而不属于女人"。

英国社会和中小学对工程专业及其职业的偏见,导致了中小学教师和学生家长不是十分支持其学生(孩子)选择工程专业作为未来发展的职业,也影响了学生选择本科工程专业课程。《工程,我们的未来:鼓励和吸引明天的工程师》报告再次强调了一个事实,就是"我们需要提高对工程专业和职业的认识,也需要给予特殊必要的干预,以激励年轻人和中小学教师及学生家长支持工程专业的发展。学生非常熟知他们自己对工程领域发展机遇方面缺乏深入了解和获得足够的知识,因此需要强化信息提供,以说服更多的年轻人(中学生)选择工程领域作为其未来就业的方向"③。

英国在提供给中小学生关于大学本科工程专业课程以及未来工程职业等方面的信息的过程中,特别重视教师的角色因素。通常来说,在特定的时期,教学老师提及职业信息大概是一个学期一次,而学生则更多地希望教师能够给予他们可靠的职业信息,大概会每周咨询一次。④ 更为重要的是,教师应当从中学的教学开始将科学、技术、工程和数学(STEM)领域的信息整合到其教学过程中。有70%的教师认为持续专业发展(CPD)可以激发他们提供

① National Grid. Engineering Our Future:Inspiring and Attracting Tomorrow's Engineers [EB/OL]. http://www. nationalgrid. com/NR/rdonlyres/63EF4A6E-C6DB-4D0C-A749-D1500C465B3B/36759/7315_engineeringthefuture_brochure_32_p11. pdf.

② OFSTED. Girls' Career Aspirations [EB/OL]. http://www. ofsted. gov. uk/resources/girls-career-aspirations.

③ National Grid. Engineering Our Future:Inspiring and Attracting Tomorrow's Engineers [EB/OL]. http://www. nationalgrid. com/NR/rdonlyres/63EF4A6E-C6DB-4D0C-A749-D1500C465B3B/36759/7315_engineeringthefuture_brochure_32_p11. pdf.

④ Engineering UK. STEM Teacher Careers Information Survey (Delivering Effective Careers Advice about Science, Technology, Engineering and Mathematics:a Teacher's Survey)[R]. London,Engineering UK,2011.

工程领域职业信息和专业选择建议给学生的热情；91％的教师肯定地回答说，如果可以在线获得关于 STEM 学科领域的信息，将有助于他们将信息传递给学生。

因此，英国国家电网公司与南安普顿大学联合为中小学教师开展以工程职业生涯为主题的培训课程，吸引来自全国的中小学教师参与，并适当免除相关费用，目的在于通过对中小学教师的理念灌输和提升其宣传工程领域职业的技能，能够使更多的中小学生理解和喜欢工程和工程职业，激发中小学生对于工程相关学科的学习热情。

三、英国工程专业学生录取的质量审视

在英国，大学工程本科的录取由各学校根据申请者的个人情况与学校的条件要求，综合申请者的 A-level 成绩及其他方面素质来判定是否录取。录取的条件和过程其实是高等工程本科教育质量控制的"输入口"。从英国大学本科录取的情况来看（如表 4-5 所示），2007 年录取 413430 人，到 2016 年，录取 535175 人。

英国大学入学申请服务中心（University and College Admission Service，UCAS）是英国全国大学生入学申请的统一机构，2012 年其所辖范围是 16 岁后教育，其资金来自申请学生所付的申请费和大学及学院所支持的均摊费。① 几乎所有的英国高等教育机构都是 UCAS 的成员，所有想要在英国上本科的学生，包括本地学生（指英国和欧盟国家学生）和国际学生都要通过 UCAS 来申请学校。虽然之后有变动的可能性，但基本上申请只能递交一次。

总共有 5 个专业课程供申请者选择。各申请院校无法看到申请人的其他申请项。除去牛津大学和剑桥大学的一些特殊课程之外，大部分课程的申请截止日期为入学前的 1 月中旬。

---

① Independent. Go Higher：The Funds That Finance UCAS［EB/OL］. （1998-10-17）［2017-01-25］. http://www.independent.co.uk/life-style/go-higher-the-funds-that-finance-ucas-1178919.html.

表 4-5 英国大学本科录取人数情况（按原始居住地分）

单位：人

学科组类别	录取学生来源	2007年	2008年	2009年	2010年	2011年	2012年	2013年	2014年	2015年	2016年
合计		413430	456625	481855	487330	492030	464910	495595	512370	532256	535175
生物学（biological sciences）	英国	29810	31840	34125	35600	36760	36175	40650	44610	47575	49205
	欧盟（不含英国）国家	1320	1325	1590	1730	1895	1805	1980	2255	2595	2920
	非欧盟国家	1060	1115	1240	1490	1485	1645	1785	1945	2080	2075
物理学（physical sciences）	英国	14245	14855	15715	16275	16755	16630	17580	18070	18835	18040
	欧盟（不含英国）国家	585	585	715	775	780	700	780	755	905	980
	非欧盟国家	650	765	860	950	900	940	964	1095	1200	1190
数学（mathematical sciences）	英国	4875	5320	6330	6540	6930	6625	7080	7065	7255	7485
	欧盟（不含英国）国家	280	265	335	350	.385	345	320	385	420	425
	非欧盟国家	680	810	1040	1040	1045	1130	1075	1025	1055	1160
工程（engineering）	英国	14605	16350	18255	18645	19435	19050	20660	22325	24000	24015
	欧盟（不含英国）国家	1925	1820	2080	2115	2080	1865	1820	1885	1935	2190
	非欧盟国家	4570	4770	5105	5300	4480	4380	4675	4900	4915	4575

续表

学科组别	录取学生来源	2007 年	2008 年	2009 年	2010 年	2011 年	2012 年	2013 年	2014 年	2015 年	2016 年
合计	英国	413430	456625	481855	487330	492030	464910	495595	512370	532256	535175
计算机科学（computer sciences）	英国	15210	16475	18150	18005	18295	17415	19590	21020	22910	23480
	欧盟（不含英国）国家	770	840	990	1130	1250	1080	1195	1445	1860	2060
	非欧盟国家	1300	1195	1145	1360	875	860	925	1120	1170	1300
技术（technologies）	英国	2215	2375	2685	2755	2450	1980	2135	2135	1910	1710
	欧盟（不含英国）国家	130	135	155	160	135	155	165	190	190	215
	非欧盟国家	250	210	240	320	230	215	260	260	280	235
社会研究（social studies）	英国	26730	29445	32155	33270	34430	32660	35520	37685	40910	42205
	欧盟（不含英国）国家	1465	1590	1760	2155	2265	1960	2035	2210	2320	2440
	非欧盟国家	2210	2525	2935	3215	3230	3210	3380	3430	3345	3285
贸易与管理研究（business and admin studies）	英国	38650	42740	45035	44085	46585	44355	47640	50120	52410	53765
	欧盟（不含英国）国家	3940	4325	4975	5035	5495	4410	4485	4695	5370	5580
	非欧盟国家	7145	7900	8410	10130	9020	8830	8860	8845	8725	8315

资料来源：UCAS。

2006—2010 年,英国的国际学生教育主要是由中国的留学生驱动的。后来,这一趋势逐步发生了变化。2010 年后接收的来自中国的申请者人数基本上不再增加,而且有逐步减少的现象。不同的是,东亚国家如马来西亚、新加坡等,以及欧盟的意大利和西班牙等国的留学生申请数量则在逐步增加。尽管英国大学接收国际学生的数量整体在增加,但是近年来英国政府的政策也许影响着这一趋势的变化。

如在 2015 年,英国内政部(Home Office)出台针对非欧盟国家的留学毕业生的改革政策,要求他们除非先离开英国,否则不能申请工作签证。此外,在读书期间,非欧盟国家的留学生兼职工作每周不能超过 10 个小时。[①] 该政策的出台对于英国的留学生教育有两方面的影响:一方面影响了英国接收国际学生的吸引力,因此减少了国际学生的申请数量和大学的经费收入;另一方面则是导致了高端人才的流失,即在英国接受高技能、高质量教育的毕业生被迫离开英国本土进入其他国家的就业市场(见表 4-6)。

可是,公众对国际毕业生的认识整体是保持积极态度的。例如,2014 年委托英国大学联盟(Universities UK)实施的一份调查显示,75%受访者支持允许国际学生在接受英国高等教育毕业后在英国停留和工作,仅有 22%受访者认为国际留学毕业生是移民。[②]

根据英国财政研究中心(Institute for Fiscal Studies,IFS)的统计,平均每个高等教育的大学毕业生背负 44035 英镑的学生债务,而在新体系引进前(2012 年)只有 24754 英镑。同时,英国财政研究中心也注意到,73%的毕业生未能完全偿还其债务,在旧体系下此比例仅为 25%。[③] 此外,英国财政研究中心指出,在新的学费体系下,学生贷款补贴经费的总量和预算都增加了 45%,意味着英国政府每借出 1 英镑给高等教育的学生,将会有 45 便士无法

---

① The Huffington Post UK. Theresa May Will Ban Foreign Students from Working While Studying, and Force Them to Leave After Graduation[R]. 15th July 2015.

② British Future and Universities UK. International Students and the UK Immigration Debate[R]. August 2014.

③ Higher Education Commission. Too Good to Fail——The Financial Sustainability of Higher Education in England[R]. November 2014.

收回。①

表 4-6　2013/2014 年度英国大学生就业状况　　　单位：%

学科领域	全职工作	兼职工作	工作兼顾学习	继续升学	未就业	其他
医学与牙医	92.50	0.60	1.90	4.50	0.10	0.50
与医学有关的学科	74.90	9.50	3.50	6.70	3.00	2.40
兽医学	90.90	1.70	0.70	1.90	2.80	1.90
生物学	45.90	16.00	7.20	19.20	6.40	5.20
物理学	45.40	10.10	5.10	26.30	7.60	5.50
数学	48.60	7.60	8.10	23.10	7.90	4.80
计算机科学	65.50	10.60	2.40	6.90	11.30	3.20
工程与科技	65.00	8.00	3.50	11.20	7.70	4.50
建筑学、建筑与规划	71.30	6.50	6.20	6.30	5.80	3.90
商业与管理研究	64.40	10.90	5.80	5.60	7.70	5.50
语言学	49.00	13.40	6.80	18.50	6.70	5.70
教育	66.60	10.70	4.00	12.50	2.90	3.30
总计	57.80	13.00	5.30	12.80	6.50	4.60

资料来源：HESA/Destinations of Leavers from Higher Education。

第二节　英国大学本科工程教育课程
与教学质量控制的措施分析

在英国大学对工程教育质量保障的内容中，课程教学成为质量控制的核心领域。课程的质量控制的是工程专业学生学习内容的质量，而教学则是确保课程的知识和技能能够有效地传授给学生。英国保持对课程内容知识的及时更新，探索引入先进的教学方式，深度融合企业的力量参与到工程专业

---

①　Institute for Fiscal Studies. Estimating the Public Cost of Student Loans，24th April 2014，p6. 895 Sutton Trust：NFER Pupil Voice Survey April 2012，August 2012，p7.

课程与教学的改革与质量提升过程中。

一、工程教育课程与教学质量保障的目标

工程教育的大学内部质量保障主要是依靠工程专业的课程教学将工程专业的基础知识和技能传授给大学生，使其获得工程专业毕业生所应当具备的素质和能力。从工程专业课程的目标分析来看：一是强调工程专业毕业生的基础知识；二是强调工程专业的实践能力；三是要求与工业界所需人才应具备的技能相匹配。而且工程专业的学习基础就是注册工程师所需要的教育基础。

因此，通过认证的工程专业课程是符合工程师注册所需高质量工程教育的标志。所以，英国工程专业课程的目标是与英国工程理事会和英国高等教育质量保障署所要求的对工程教育专业课程的目标相一致的，都是致力于保障毕业生具备工程专业的基本知识和专业技能以及工程职业道德伦理与价值观。

英国工程教育的课程目标不仅有标准要求和学科框架规定，在具体内容的落实方面更多的是依靠课程和教学而开展的，因而课程目标的实现与教学过程的目标也是互相统一的。就像费尔韦瑟（Fairweather）指出的，"STEM教育最大成效的变革将是通过那些用当前'积极或合作教学的任何形式'的教学方法以及从事教学的教职工的努力改变而产生的，而不是持续地支持现已存在的创新者。"[①]该论点强调了课程目标的实现需要教学方法的不断创新。课程与教学的创新有利于预期目标的达成。

课程与教学的创新，更多的是适应社会经济发展而加快改革的需要，也正与通过大学本科工程教育的人才培养促进经济社会发展的大目标相吻合。可以看出课程与教学改革支撑着大学工程教育的改革，也是大学工程教育内部质量保障和改革的主要内容。然而，工程教育改革的目标也是在一定的背景下有效确立的。表4-7所示为在弗洛伊德（Froyd）提出的课程改革背景下

---

① Fairweather, J. Linking Evidence and Promising Practices in Science, Technology, Engineering, and Mathematics (STEM) Undergraduate Education: A Status Report for The National Academies National Research Council Board of Science Education [R]. 2008.

变革模式的要求和目标。①

表 4-7　弗洛伊德提出的课程改革背景下变革模式的要求和目标

科特尔(Kotter)变革目标	弗洛伊德(Froyd)的工程教育课程改革背景
1.建立紧迫感	1.建立课程变革的需求与能量
2.形成一个强大的指导联盟	2.聚焦一个领导力强的团队设计和推动课程变革
3.创建一个愿景	3.确定和同意新的学习目标和学习环境
4.传递愿景	4.与大学讨论新的目标和环境,同时根据反馈而修改
5.授权其他相关人员执行愿景	5.实施新课程,如有必要可以试验
6.建立短期成效的计划	6.执行项目课程的形成性评价,调查当前实施进程中的优势与不足和短期获得的表现
7.加强改进和保持变革的势头	7.决定为整个大学使用新方法以及准备实施计划
8.使新方法制度化	8.为新实施计划配备教职员工,并实施跟踪改进

资料来源:The Royal Academy of Engineering. Achieving Excellence in Engineering Education:the Ingredients of Successful Change.

可以看出,在每一次工程教育变革背景的驱动下,课程变革的目标也都会明确。如在建立课程变革的需求时,应该意识到工程专业课程的危机感和紧迫感,进而指出课程的变革和设计是需要由团队来指导完成的,并非是个别教师能完全胜任的。在课程设计时,需要明确学习目标与学习环境。在全面实施新的工程专业课程时,可以先进行试验。在对课程目标的实现过程中,要适时对项目课程的运行开展形成性评价,及时反馈实施进程中的优势与不足,最终使新的课程目标在教学方法制度化条件下实现。

其实,课程与教学的改革都是被改善工程专业毕业生供求关系的力量驱动的,因为大学对工程专业学生的培养目标与市场所需之间有矛盾或不完全相符,导致供求关系不平衡。也可以说,课程目标的调整主要来源于市场的调节。在对在工程教育课程的教学过程中施行基于问题的学习(PBL)方式的变革进行成效评价时,巴纳费尔德(Barneveld)和斯特罗贝尔(Strobel)声称,医学教育的变革动力是"自下而上"的,是出于学生和学院的不满;而工程教

① The Royal Academy of Engineering. Achieving Excellence in Engineering Education:the Ingredients of Successful Change[R]. http://www. raeng. org. ukpublicationsreportsachieving-excellence-in-engineering-education.

育和商业教育的变革动力则是"自上而下"的，其主要是源于雇主的不满意。①

英国工商业联合会对企业在招聘工程技术人才时对大学培养的毕业生质量的目标的态度进行了调查（如表 4-8 所示），发现企业界对大学培养出的高技能人才普遍没有信心，2015 年有 55％、2014 年有 58％；对大学培养高技能人才的目标与企业所需一致的态度也仅保持在 2015 年的 39％和 2014 年的 35％。②

表 4-8　英国企业雇主对未来招聘员工的态度调查情况　　　单位：％

态度	低技能人才			中等技术人才			高级技能人才		
	2015 年	2014 年	2013 年	2015 年	2014 年	2013 年	2015 年	2014 年	2013 年
有信心	75	73	80	61	53	61	39	35	46
没有信心	18	20	15	34	41	31	55	58	46
不清楚	9	7	5	5	6	8	6	7	8

资料来源：CBI。

因此，英国大学本科工程教育改革的目标在于提升高等工程教育的质量。而高等工程教育质量的提升在大学内部的体系中主要是通过课程与教学等来实施的。工程本科专业的学生除了需要通过课程与教学来掌握工程专业领域的基本知识和技能外，也需要具备英国工业界市场发展所需的"匹配素质"。不难发现，英国工程本科教育改革的目标和世界其他国家的改革目标一样，都是提升培养工程人才的质量，更好地为本国的经济社会发展提供强大的工程人力资源，保持国家的综合竞争力。

二、工程教育课程质量保障实施的内容

大学工程教育课程的内容直接关系到工程专业学生即将掌握的知识和技能，也意味着这些学生将依靠所获得的知识与技术基础走向工业职业领

---

① van Barneveld A, Strobel J. Problem-based Learning：Effectiveness, Drivers, and Implementation Challenges[M]. // Du X, de Graaff E, Kolmos A (Eds.). Research on PBL Practice in Engineering Education. Rotterdam. NL：Sense Publishers，2009：35-45.

② Engineering UK. Engineering UK 2016：The State of Engineering [R/OL]. http://www. engineeringuk. com _ resourcesdocumentsEngineeringUK-Report-2016-Full-Report_live. pdf.

域。英国的工程本科专业课程内容一般主要包括理论知识和实践技能以及通用技能。在一定程度上那是与工程专业认证标准要求相一致的。但是,英国的大学在专业内容设置上也更多倾向于考虑来自工业界的需求。英国皇家工程院的报告《实现工程教育卓越:成功变革的因素》强调英国大学必须继续教授"核心工程"的内容,而不稀释外围学科主题的课程内容。

在课程内容设置方面需要考虑:(1)从工业界的需求来看,工程专业毕业生优先选用的技能应该是实践应用、理论知识、创造与创新能力。(2)拓宽技术知识是相当重要的,但不应该以减少基础知识为代价。课程内容超出技术范围也是极其重要的,应当强调运用理论解决实际问题的能力。(3)要优先培养学生掌握关键的商业技术,主要包括商业意识、工商业客户的重要性、项目管理的基本原则等。①

英国的大学高度自治,因此,在课程的具体内容和教学实施上,大学之间也会有区别。如剑桥大学本科工程学专业在课程内容设置上前面两年主要教授学生宽广的学科基础知识,包括机械和结构工程、材料、电子和信息工程等较为宽基础的课程内容,同时,邀请来自大学内部或学校外部的专家学者教授"工程应用"课程,该课程将使学生直接接触到工业界在工程学科领域的研发内容。工程数学作为工程专业课程的基础课程,也是需要在工程有关专业教学的前两年打下坚实基础的,以便学生通过数学工具掌握工程原理中的物理现象与活动。②

第一学年结束后,学校将对所学课程进行考试,主要有四门课程:机械工程学,包括机械学(mechanics)、机械振动力学(mechanical vibrations)和热流体力学(Thermofluid Mechanics);结构与材料(structures and materials);电气与信息工程(electrical and information engineering),包括电子学与电磁学的物理原理(physical principles of electronics&electromagnetics)、电路与器件的线性分析(linear analysis of circuits & devices)、数字电路与信息处理

---

① The Royal Academy of Engineering. Achieving Excellence in Engineering Education:The Ingredients of Successful Change〔R/OL〕. http://www.raeng.org.ukpublicationsreportsachieving- excellence-in-engineering-education.

② University of Cambridge. Undergraduate Prospectus〔EB/OL〕. http://www.admissions.eng.cam.ac.uk/course/firstyear.

(digital circuits & information processing);数学方法,包括数学与计算科学。①

第二学年的课程除了继续专业基础知识学习外,还需要做与课程相关的实验和关于数据分析和计算的诸多作业。外语的学习在第二学年也可以再次提供,包括中文、法语、德语、日语和西班牙语的课程。剑桥大学本科工程专业第二学年的重点是"集成设计项目"的内容学习。学生分成6个小组,持续4个星期,设计并制作移动机器人汽车并组织参加比赛。在设计中,小组学生成员各负责相关的模块,如结构与驱动机车、电力的供给、传感器、电子设计与控制、软件设计等。课程的内容则是通过这样的直接作品设计而融入整个实际的教学过程中。②

通过前面两年的基础知识与技能的学习,在第三学年学生可以根据自己的兴趣爱好与特长选择工程领域作为自己未来的专业。但是,在选择专业时,学生必须在前面两年的基础课程中从提供的40个课程模块中至少选择10个课程模块进行学习并通过测试。然后便可以根据自身的情况,选择以下工程领域作为自己大学本科的专业,包括:航空航天工程(aerospace and aerothermal engineering),生物工程(bioengineering),土木、结构与环境工程(civil, structural and environmental engineering),电子电气工程(electrical and electronic engineering),电气与信息科学(electrical and information sciences),能源、可持续与环境工程(energy, sustainability and the environmental engineering),信息与计算机工程(information and computer engineering),仪表与控制(instrumentation and control),机械工程(mechanical engineering)。③

英国工程教育的质量高低最基本的判断是工程学课程的专业认证。在工程学课程的专业认证过程中,学校应当积极报告课程内容的发展,以确保课程能够培育出工业界想要雇用的毕业生。认证的过程应当是强调建议的过程,目的是使工程学课程得到发展而不仅仅是对当前工程学课程内容的审

---

① University of Cambridge. Undergraduate Prospectus[EB/OL]. http://www. admissions. eng. cam. ac. uk/course/firstyear.

② University of Cambridge. Undergraduate Prospectus:Second Year Coursework [EB/OL]. http://www. admissions. eng. cam. ac. uk/course/2ndyearcw.

③ University of Cambridge. Undergraduate Prospectus:Third Year[EB/OL]. http://www. admissions. eng. cam. ac. uk/course/thirdyear.

计。认证委员会需要确保工程学课程在"博洛尼亚进程"①中得到发展。课程认证委员会成员应当包括当前工业界的实践者，他们可以就课程内容如何适合工业实际需要的知识、技能和态度的培育提供建议。认证的过程提供了让工业界评论什么课程内容是未来需要的，从而激励新思维和课程融合的一种途径。② 因此，工业界参与大学课程内容选择和认定过程有助于课程内容更加符合市场的需要，是大学工程教育本科课程内容改革的大方向。

大学的工程学课程内容必须给学生提供广泛的知识和解决创新问题的技能，以使他们能高效地适应工业界的发展。同时，还要调动工程专业的毕业生成为职业工程师的动力和积极性。

工程学课程内容的建设要保障所需资源的充足——这意味着应该提高人均办学经费额度。工程学本质上是教学成本很高的学科，因为要满足小团体在设计、项目构建、专业实验室设备和技术教员等方面的需求。这些学习经验被最近的毕业生和雇主以及可以处理开放性问题的创新、创业的毕业生所积极引用。

英国的大学也会担心当前在欧洲层面实现"博洛尼亚进程"中的学位变动情况。该计划的目的是使工程专业课程所要求的标准有效地和谐统一，但主要是通过延长课程年限的方式来实施。特别是，英国的大学想确保当前的英国四年制工程硕士课程结构通过整合方式可以满足相关条件要求，从而获得认可，而不必要采用欧洲曾实施的五年制课程。主要的担心在于不能保证英国学位结构的完整性，更可能在海外留学生眼中形成贬值，因为延长到五年的学习年限可能会阻碍英国学生选择工程领域的课程。③

新课程呼吁更广泛的学生来源，特别是女性工程本科生，如生物工程和医学工程应当鼓励女生选择。但是，工程学必须注意，不能只是为工作而培训毕业生，务必确保所有的新课程在深度和质量方面保持牢固的工程核心内

---

① 博洛尼亚进程（Bologna Process）是 29 个欧洲国家于 1999 年在意大利博洛尼亚提出的欧洲高等教育改革计划。该计划的目标是整合欧盟的高等资源，打通教育体制。

② The Royal Academy of Engineering. Educating Engineers for the 21st Century [R/OL]. http://www. raeng. org. ukpublicationsreportseducating-engineers-21st-century.

③ The Royal Academy of Engineering. Achieving Excellence in Engineering Education：The Ingredients of Successful Change [R/OL]. http://www. raeng. org. ukpublicationsreportsachieving- excellence-in-engineering-education.

容,以保证毕业生可以被雇用到更加广泛的工程领域。

英国推进本科工程教育课程内容变革,实现课程内容与学生自身发展、市场需求以及国家战略需要有效结合的主要因素在于:(1)领导力、交流沟通与愿景。变革没有发生或执行的最主要的原因是,人们根本就没有理解所提出改革的意义和为了成功地推动变革需要经历学习的过程。[1] (2)全体教职员的发展。参与全体教职员发展的项目,会对教师个体在教室中实施新的教学方法的开放性产生影响。[2] (3)全体教职员工的共同参与。培养全体教员的强烈归宿感是取得课程改革成功的关键因素之一。[3] (4)资源与时间。资源的缺乏是影响成功变革的关键障碍,实际上资源、时间是普遍存在于课程改革层面的问题。[4] (5)外部网络。外部的学科协会可以促进对话、教育思想交流,特别是跨领域的网络对于跨学科教师来说是提高自身发展的有效途径。[5] (6)文化与奖惩程序。(7)持续支持改革。

英国国内和国际工程教育团体在支持变革的努力上起着重要的作用,也许其中最成功的例子就是CDIO(conceive, design, implement, operate,构思、设计、实现和运作)教育模式,其对提升工程教育新方法的意识有积极效果。同时,很多参与式的大学也是激发系统性和高效性变革的主要因素。

从事变革的主要障碍有:对当前课程现状广泛满意;测量成功有困难;填

---

① Kezar A. Synthesis of Scholarship on Change in Higher Education[A]. Paper Presented at the Conference Entitled Mobilizing STEM Education for a Sustainable Future. Atlanta,GA,2009.

② Henderson C. Promoting Instructional Change in New Faculty:An Evaluation of the Physics and Astronomy New Faculty Workshop[J]. American Journal of Physics, 2008,76(2):179-187.

③ Elizondo-Montemayor L,Hernández-Escobar C,Ayala-Aguirre F,et al. Building a Sense of Ownership to Facilitate Change:The New Curriculum[J]. International Journal of Leadership in Education,2008,11(1):83-102.

④ Sunal D W,Wright E,Hodges J,et al. Barriers to Changing Teaching in Higher Education Science Courses[A]. Paper Presented at the National Association for Research in Science Teaching Annual Meeting. New Orleans,LA,2000.

⑤ Borrego M,Froyd J E,Hall T S. Diffusion of Engineering Education Innovations:A Survey of Awareness and Adoption Rates in US Engineering Departments [J]. Journal of Engineering Education,2010,99(3):185-207.

鸭式的课程;结构性的限制;失败的遗产;机构的策略优先。[1]

工程认证或国内评价的影响在于:认证对积极变革有威慑力;认证是积极变革的动力。成功变革的关键因素有:强烈和坚定的领导力;教育改革的明确目标,在改革初始阶段将有利于促进教职工、大学管理高层、工业顾问与认证协会之间的良好沟通;全体教职工必须明确,重大的改革将要发生,"我们知道这必然发生,所以我们需要去参与";教师设计的课程,是通过要求他们思考学科以外领域而设计的。[2]

三、工程教育质量保障的教学模式与方法

工程教育的课程内容是涉及"教什么"的问题,而工程教育的教学则是关注"怎么教"的问题。教的内容是相对固定的,是针对当前所需加以控制和有目的性地设置安排的,而怎么教则是"灵活多变"的,采取的模式和方法可以不同,效果也会不一样。大学教学的典型资源有:网站和其他数字资源、软件程序、电子书和社会媒体,教科书与参考书,期刊论文,会议产出的资料与报告,报纸和杂志,来自学术团体和专业团体以及高等教育学会的出版物及相关资料,政府和工业界的报告,客座教授,实地调查信息,专业设备,等等。

英国高等教育学会将科学、技术、工程和数学(STEM)学科分为生物学、建筑环境、计算术(computing)、工程学、地理、地球与环境科学、数学、统计与运筹学、物理学和心理学等。从 STEM 学科的文献分析来看,又将该学科分为以学术性为倾向的学科(数学、物理学、生物学等)和以职业性为倾向的学科(工程学、建筑环境、统计与运筹学和计算术等)。

有职业性倾向的学科更多的是关注实践技能、职业化和跨学科,学生则期望自己能通过学习这个学科提升专业知识和技能,因此对于有职业性倾向的 STEM 学科的教学则会多样化。例如工程学是最活跃的学科,需要介绍和测验广泛的创新教学方法。工程学涉及使用几乎所有学科的学习技术,包括

---

[1]　The Royal Academy of Engineering. Achieving Excellence in Engineering Education:The Ingredients of Successful Change[R/OL]. http://www. raeng. org. ukpublicationsreportsachieving-excellence-in-engineering-education.

[2]　The Royal Academy of Engineering. Achieving Excellence in Engineering Education:The Ingredients of Successful Change[R/OL]. http://www. raeng. org. ukpublicationsreportsachieving-excellence-in-engineering-education.

计算机仿真、学科软件程序、3D可视化技术和移动学习应用技术等。探究式学习(inquiry based learning,IBL)也逐步在STEM学科中流行,但是教师似乎还未能完全培训好以适应此类教学方式。

在英国本科工程实践和课程实施等各方面并不仅仅只是课程内容安排,还要依靠高质量的教学。同时,教学质量通常也是由教职工参与研究而促进提高的,即所谓"研究导向的教学"。也存在另外一种广泛观点,认为英国当前的大学工程学科专业经费拨款制度,深受高等教育科研评估(research assessment exercise,RAE)的影响,抑制了工程教育教学实践的创新发展。①

高校教师的时间必须分配到科学研究、教学和行政管理三个方面,但他们强烈感觉到对于教学的激励和表彰机制却没有像科研这样重视。尽管有很多大学在教师职务任命和提升方面形成了肯定教学成绩的统一承诺事实,但许多教师还是感觉到科学研究能力,甚至行政管理成效都要比教学成绩重要得多。可见,重科研轻教学在英国工程本科教育实施上的确会对教育质量产生不利影响。

不过,正所谓最好的平衡在于能够教学与科研并重,英国也试图加强教学模式的改革和新方法的改进。英国皇家工程院通过调查发现,有差不多五分之三的学术回应者在教学过程中执行CDIO方法,主要是强调明确的表达和问题的解决,更多地提供给未来的工程师抽象分析的能力和高效适用的方式。②

因此,英国的许多学者和专家建议,为了确保英国工程教育具有世界级先进水平,大学的教职员工需要时间和资源来执行工程专业教学的新方法,例如CDIO模式。所有的工程专业课程都需要基于系统性的、思维嵌入式的、多学科式的教学方法,并保持与工业界的深度联系。应该逐步将教学作为提升英国本科工程教育质量的核心基础。教学必须被看作是大学的教职员工的职业生涯的核心,要提升教学报酬并给予相应的教学奖励,同时还需要有

---

① The Royal Academy of Engineering. Achieving Excellence in Engineering Education:The Ingredients of Successful Change[R/OL]. http://www. raeng. org. ukpublicationsreportsachieving-excellence-in-engineering-education.

② The Royal Academy of Engineering. Achieving Excellence in Engineering Education:The Ingredients of Successful Change[R/OL]. http://www. raeng. org. ukpublicationsreportsachieving-excellence-in-engineering-education.

合理的激励机制支持大学的教职员工开发新的教学方法和新类型的课程内容。①

　　高等工程教育教学活动的顺利实施不是轻而易举的事，为此英国皇家工程院专家组再次建议从三方面支持高等工程教育的教学活动：一是为本科工程教学提供适当的经费；二是在教学的量化指标和难度系数方面认可教师的教学工作绩效，提高教学绩效的标准水平，确保教学绩效与学校其他的科学研究绩效标准水平相同；三是国内和国际工程教育团体应当开发质量认可度高的工程专业教学的评判工具。②

　　与此同时，工程专业教学活动需要提高企业界的参与度，特别是在工程专业学生的实践教学方面，必须形成校企之间良性的教学互动，即工业界为学生的教学活动提供来自实践的经验和建议，同时更多的是为学生的实践教学提供方便和指导。工业界在专业建设与发展方面的策略性建议可以通过工业咨询委员会和认证过程提供。在操作性方面应当向学生揭示现实的、开放性的问题，并教给学生相关技能，以激励他们投入工程领域的职业生涯。这种工业界对教学活动的参与可以以来自工业界的客座教授的形式进行，请他们提供教学主题和设施、考察机会、工作场所和招聘信息等。

　　发展工业界与大学的关系相当重要，可是对于企业和大学教职员工来说这都是相当费时间的，但是又必须加强合作。工业界与大学长期的关系要保持在教学和招聘层面上，如果学生工作得出色，则需要重点培养。工业界参与大学工程专业教学活动的程度，将作为就业贡献的重要指标，学生的工业经验也作为毕业生招录的就业能力和贡献的重要指标。这可能会对中小企业的发展产生重要影响，因为在工程教育专业学生的实践教学方面，企业接收来自大学工程院系的学生进行实习会影响生产活动，也有可能会影响中小企业的收入和效益，因此需要给予中小企业相应的成本补助支持。例如通过100％的政府 RDA 基金或合理的税收激励，按照研发活动的奖励方式给予。③

---

① The Royal Academy of Engineering. Educating Engineers for the 21st Century [R/OL]. http://www. raeng. org. ukpublicationsreportseducating-engineers-21st-century.

② The Royal Academy of Engineering. Educating Engineers for the 21st Century [R/OL]. http://www. raeng. org. ukpublicationsreportseducating-engineers-21st-century.

③ The Royal Academy of Engineering. Educating Engineers for the 21st Century [R/OL]. http://www. raeng. org. ukpublicationsreportseducating-engineers-21st-century.

四、校企融合促进工程教育的质量提升:经验型课程

工程学位教育的目标在于提供工程科学和技术原理的坚实基础,而教授工程学的途径与方法,应该能够促进毕业生进入工程领域工作和处理创造"真实世界"的问题。最佳的工程学位的获得者应当对科学和技术的理解以及实际应用和问题解决之间进行合理平衡。这种综合型的专业能力还需要交流沟通与谈判技能,团队协作与跨学科工作技能,计划、预算和其他核心商业技能等。拥有这些技能的工程专业毕业生深受工业界的赏识。政府一直寻求提高毕业生"与真实市场价值相关的高质量的技能"的途径。[①]

第一,开设经验型(experienced)实践课程是实现校企双赢的途径。英国皇家工程院发布的题为《为工业界的工程毕业生》(*Engineering Graduates for Industry*)的报告强调,大力促进国家和地方各级层面的工业界参与到工程教育过程中,以确保大学工程专业的本科生能够适应未来的发展,满足工业界的需求以及实现学生自己的期望。同时也强调,如果需要大学工程专业的本科毕业生满足企业雇主所要求的工业相关技能,则必须提升和开阔工程教育的质量和视野。报告承认,期待工程专业的毕业生完全具备工业界所需的知识和技能是不切实际的,但是对于工程专业的毕业生来说,理解其他人正在做什么以及怎么将所需知识与技能整合起来是相当重要的。[②]

由此可见,英国非常重视学习体验式课程,即强调工程实践。针对这些工业界的人才需求,则需要鼓励和支持大学开发工程专业课程,包括体验式课程的教学设计和操作,并与工业界和商业界形成良好的合作伙伴关系。

在实践过程中,英国大学也不断发现,在当前社会变化多端、产品与设备更新换代快速的时代,给予大学本科工程专业的学生加强工程实践能力的课程与教学有诸多的益处:一是对工程专业本科生的教育具有高价值和高影响的贡献;二是满足工业界对工程专业毕业生的广泛能力的需要;三是帮助工程领域和国家优先技能领域招录和吸收青年人;四是应当激励大学评估他们的优先领域和开发新的与别人合作的工作方式;五是大学、工商业界之间需

---

① Lamb F, Arlett C, et al. Engineering Graduates for Industry 2010[R]. The Royal Academy of Engineering,2010.

② Broadbent O. Effective Industrial Engagement in Engineering Education-A Good Practice Guide[R]. The Royal Academy of Engineering,2016.

要创新的、可持续的合作伙伴关系。①

第二，经验型课程需要增加资金投入。实践性的课程要比纯理论的课堂式的讲解课程要求付出更多，不管是在资金和设备的投入方面，还是在教师人力的投入方面都需要增加许多，这一情况在英国也一样。2010年发布的《为工业界的工程毕业生》(Engineering Graduates for Industry)报告就明确说明了调研过程中所反映的资金短缺问题。报告强调指出："引进'经验型'元素到工程教育学位课程中需要经费支持，需要在人头费（学生培养的生均公用经费）和设施设备上增加费用。大学教学经费预算进一步减少到了1.8亿英镑，而且这种趋势仍会持续，这对于大学来说是一个很大的挑战和困难，工程教育学位项目的经费在我们调研的学校里已经减少了15%。这一问题必须要通过创新机制加以解决。"②

大学的专业教师通常都把自己定义为研究者角色，觉得没有更多的时间去发展现存教学资料以外的关系和资源。他们同样觉得没有必要消耗时间去从事和协调高水平的工业参与活动。工业界专家在其可用性方面也存在限制，特别是在工作日，对于大多数工业界技术专家而言，很难能够贡献半天工作时间到诸如设计工作坊等方面的活动上。通常比较缺少足够的资金去开发此类能获得高影响力的互动性活动，虽然有时拥有资金可以建立新的行动或举措，但是长期的资金来源仍然是个问题。③

第三，要顺利实施工程教育的经验型课程，大学与工业界存在各自的困难与挑战。经验型课程设计的出发点是有利于大学培养出优质的毕业生，使企业界能够招到合适的员工。这也是工业界与高等教育界的深度伙伴关系确保多样化的重要路径，即学术团体培养的工程技能能满足全球竞争下工业界对工程科技人才的要求。每个大学及其工程院系都力图培养毕业生具备优秀的综合技能、知识和经验，以适应就业市场的特定领域。但是，大学工程专业本科学生在选择攻读工程学位时却有不同的原因和不同的生活追求，最终每

---

① Lamb F，Arlett C，et al. Engineering Graduates for Industry 2010[R]. The Royal Academy of Engineering，2010.

② Lamb F，Arlett C，et al. Engineering Graduates for Industry 2010[R]. The Royal Academy of Engineering，2010.

③ Broadbent O. Effective Industrial Engagement in Engineering Education-A Good Practice Guide[R]. The Royal Academy of Engineering，2016.

个大学都必须能够执行自己的方式以开发和嵌入经验型课程元素模块。①

因此,在推进经验型课程及其教学的过程中,要想达到校企双赢的目标并非那么容易,存在许多困难。

一方面,各方的动机不完全一致。学术人员(大学教师)或许更愿意与工业界建立研究合作,却较少有积极性建立与工程教育相关的联系;专职从事项目工作(project-work-focused)的工业界专家也很少有积极性参与涉及大学工程教育的事务;工程专业认证(accreditation)的条件要求仅提供了工业界参与工程教育的外部动机,而内部动机却不明显;大学工程专业毕业生想尽快偿还学费贷款,这或许会阻碍他们的工业实习。②

另一方面,缺乏教学与实践综合技能。实际上工业界的专家并不具备一个优秀教育者的技能,因为他们都没有接受过相关的教学理论与实践的培训,更缺少给学生授课或指导的经历。而大学的专业教师(学者)也并非一定具备正确的与企业交流的技能,以开发影响较大的工业界参与的活动。大学的专业教师、工业界专家和专业协会人员都未必能够拥有正确、合适的技能,以传播和教授生产性的教学资料。③

再一方面,文化不同,课程组织形式也不同。英国皇家工程院主导的《为工业界的工程毕业生》调研报告就明确得出一些结论,即大学教师和工业界专家支配时间的方式不同。工业界专家的工作性质是典型的基于小时计算的,而大学教师通常有更多的支配时间的自主权,只要能完成研究和教学任务即可。也就是说大学教师通常会提前将自己的时间安排表固定下来,而这对于工业界专家来说就成了问题,特别是高级专家,他们根本不能确定即将要干什么具体事务。

工业界专家不理解大学环境的氛围,且时常对大学工程专业的教学未必

---

① Lamb F,Arlett C,et al. Engineering Graduates for Industry 2010[R]. The Royal Academy of Engineering,2010.

② Broadbent O. Effective Industrial Engagement in Engineering Education-A Good Practice Guide[R]. The Royal Academy of Engineering,2016.

③ Broadbent O. Effective Industrial Engagement in Engineering Education-A Good Practice Guide[R]. The Royal Academy of Engineering,2016.

都以活动的形式开展感到吃惊。① 在大学层面和国家层面都有很多工业界参与的本科工程教育的行动，但是却没有更好地协调、合作与联系。

最后，要尽可能地基于学生发展的需求，激励各方共同推动经验型课程。大学工程专业本科生希望工业界的直接经验能整合到学位课程中。拥有工业实践经验的学生在毕业时更易于寻找到与工程和科技相关的就业岗位，更有激情取得其他课程的高学位质量等级，更清楚他们自己未来的职业选择，以及更易于提高管理、团队协作和交流沟通等技能。② 近年来，有些大学工程专业减少了本科生在工业界实践的机会。需要工业界提供更多的高质量的实践岗位和其他工作机会给学生以使其获得直接的实践经验。

然而，并非所有的学生都充分利用了企业或学校提供的实践工作机会，原因包括缺少机会与利益的意识和对他们离开同学或学校后会"扰乱"他们自己的学习的担忧。但是，企业雇主报告称，有工作经验的毕业生能够具备高水平的就业能力。③ 在工程课程教育方法上，专家建议增强此类课程的吸引力。例如，工业相关的课程内容和大规模工业仿真模拟有利于理论在实践中的应用，案例研究提供了在高等教育机构更多的良好实践。④

第三节　英国大学工程教育专业师资质量保障措施分析

教师是将高等工程教育的相关知识和技能传授给学生的主要责任人，工程教育专业师资队伍的质量将直接决定着工程专业毕业生的质量。英国在不断重视教学的同时，也增强了对工程专业教师专业发展的关怀，英国出台大学教师教学标准就是为了促进大学教师提升教学质量和推进工程课程教

---

① Broadbent O. Effective Industrial Engagement in Engineering Education-A Good Practice Guide[R]. The Royal Academy of Engineering，2016.

② Lamb F，Arlett C，et al. Engineering Graduates for Industry 2010[R]. The Royal Academy of Engineering，2010.

③ Lamb F，Arlett C，et al. Engineering Graduates for Industry 2010[R]. The Royal Academy of Engineering，2010.

④ Lamb F，Arlett C，et al. Engineering Graduates for Industry 2010[R]. The Royal Academy of Engineering，2010.

师专业发展的进程。

一、高等工程教育专业教师的结构

师资是一切工程教育教学活动实施的主体,可以说,无论是工程教育改革的推进,还是教学过程的开展,都离不开专业教师的具体实践付出,毫无疑问,教师是保障各类教育质量持续提升的重要角色。英国大学 2014/2015 年度拥有教职工 403835 人,比 10 年前的 2005/2006 年度增长了 48420 人,增长了 13.6%。其中:专任学术员工为 198335 人,非专任学术员工为 205500 人;来自欧盟国家的专任学术员工有 31635 人,占 16%,非欧盟国家的有 23360人,占 11.8%;在非学术性员工中,则有 5.5%(11380 人)来自欧盟国家,有3.8%(7760 人)来自非欧盟国家。[①]

在大学的教师结构中,最能体现师资力量强度的是从事教学与科研的教授、高级管理人员等高端人才,且这部分教师也是推进大学教育质量和科技创新的主干力量,更是大学发展的重要人力资本。从 2014/2015 年度英国大学各类级别教师比例结构分析来看,英国本土的高级管理人才所占比例较高,达 92.9%,而英国以外的国际高级管理人才仅占 7%;英国本土教授数量占 82.1%[②],可见英国自主培养大学高端管理人才和学科教授成效相当显著,为工程专业领域的师资提供了良好的基础保障条件。

从英国大学几个学科领域的学术员工统计分析来看(见表 4-9),从 2012/2013 年度到 2014/2015 年度,在农业与林业学,艺术、人文与社会科学,现代外语,科学、技术、工程和数学(STEM)学科专业领域,学术员工的总量在逐年增加,即从 2012/2013 年度的 124075 人,增加到 2014/2015 年度 135990 人,增长了 9.6%;其中 STEM 学科领域的学术员工也逐年增长,从 2012/2013 年度的 41805 人,增加到 2014/2015 年度的 46660 人,增长了 11.6%,超过这 4个学科领域的平均增长率;同时,STEM 学科领域的大学学术高级人才(学科

---

① Universities UK. Patterns and Trends in UK Higher Education 2016[R/OL]. http://www. universitiesuk. ac. uk/facts-and-stats/data-and-analysis/Pages/patterns-and-trends-uk-higher-education-2016. aspx.

② Universities UK. Higher Education in Facts and Figures 2016[R/OL]. http://www. universitiesuk. ac. uk/facts-and-stats/data-and-analysis/Documents/facts-and-figures-2016. pdf.

学术领导带头人、教授和高级讲师)的人数增长也逐年增加,2012/2013 年度为 12565 人、2013/2014 年度为 13305 人、2014/2015 年度为 13580 人,分别占当年度总的 STEM 学科学术人员比例的 30%、30% 和 29%,增长趋势也较为稳定。[①]

表 4-9　英国大学几个学科领域学术员工统计情况　　　单位:人

年度	学科领域	工作类型							总计
		学术领导	教授	高级讲师	B 类讲师	A 类讲师	研究助理	行政人员	
2012/2013	农业与林业学	40	85	140	365	320	150	—	1100
	艺术、人文与社会科学	2280	6740	11955	25265	16550	4875	835	68500
	临床学	110	1545	1645	2560	3285	1005	145	10295
	现代外语	50	235	405	640	645	375	25	2375
	科学、技术、工程与数学(STEM)	835	5220	6510	10115	13305	5195	625	41805
2013/2014	农业与林业学	40	95	175	345	325	135	—	1115
	艺术、人文与社会科学	2495	7300	12610	25545	17350	4855	805	70960
	临床学	150	1805	1805	2580	3450	1700	175	11665
	现代外语	60	250	460	620	720	370	30	2510
	科学、技术、工程与数学(STEM)	930	5565	6810	10325	13655	6405	600	44290
2014/2015	农业与林业学	40	100	205	335	335	130	—	1145
	艺术、人文与社会科学	2380	7405	12875	26880	17915	5135	715	73305
	临床学	220	1725	1795	2865	3635	1830	195	12265
	现代外语	45	260	460	615	820	380	35	2615
	科学、技术、工程与数学(STEM)	910	5685	6985	10700	14750	7010	620	46660

资料来源:HEFCE. Staff Employed at HEFCE-funded HEIs:Trends and Profiles[R/OL]. http://www.hefce.ac.uk/analysis/staff/job/.

此外,从各学科领域的大学学术员工层次比较来看(如表 4-10 所示),各学科领域的大学师资结构也相对较为稳定。如在学科学术领导方面,2012/

① HEFCE. Staff Employed at HEFCE-funded HEIs:Trends and Profiles[R/OL]. http://www.hefce.ac.uk/analysis/staff/job/.

2013 年度到 2014/2015 年度的 3 年间,STEM 学科的学术领导带头人比例始终保持在 25.3%左右,艺术、人文与社会科学则保持在 48.8%左右;在教授层次方面,STEM 学科教授比例分别占 37.8%、37.1%和 37.5%,也较合理和平稳。[①]

表 4-10　英国大学学术员工比例分析情况　　　　　单位:%

年度	学科领域	工作类型						
		学术领导	教授	高级讲师	B类讲师	A类讲师	研究助理	行政人员
2012/2013	农业与林业学	1.1	0.6	0.7	0.9	0.9	1.3	0.6
	艺术、人文与社会科学	68.7	48.8	57.9	64.9	48.5	42	50.9
	临床学	3.4	11.2	8	6.6	9.6	8.7	8.8
	现代外语	1.5	1.7	2	1.6	1.9	3.2	1.7
	科学、技术、工程与数学	25.2	37.8	31.5	26	39	44.8	38.1
2013/2014	农业与林业学	1.1	0.7	0.8	0.9	0.9	1	0.7
	艺术、人文与社会科学	67.9	48.6	57.7	64.8	48.9	36.1	49.7
	临床学	4.1	12	8.3	6.6	9.7	12.6	10.8
	现代外语	1.6	1.7	2.1	1.6	2	2.8	1.7
	科学、技术、工程与数学	25.3	37.1	31.1	26.2	38.5	47.5	37
2014/2015	农业与林业学	1.1	0.7	0.9	0.8	0.9	0.9	1.1
	艺术、人文与社会科学	66.2	48.8	57.7	64.9	47.8	35.5	45.3
	临床学	6.2	11.4	8	6.9	9.7	12.6	12.3
	现代外语	1.3	1.7	2.1	1.5	2.2	2.6	2.2
	科学、技术、工程与数学	25.3	37.5	31.3	25.9	39.4	48.4	39.1

资料来源:HEFCE. Staff Employed at HEFCE-funded HEIs:Trends and Profiles[R/OL]. http://www.hefce.ac.uk/analysis/staff/job/

然而,女性教师在整个工程与科技学科领域占比都较少,为此,英国也在呼吁更多的女性加入工程与科技的高等教育教学和研究事业领域。仅从 2013/2014 年度英国大学全职教职工人数男女比较分析来看(见表 4-11),工

①　HEFCE. Staff Employed at HEFCE-funded HEIs:Trends and Profiles[R/OL]. http://www.hefce.ac.uk/analysis/staff/job/.

程与科技的女性比例仅为 17.3%,是所有学科中最低的,远低于教育学科(54.3%),医学、牙医与健康学科(52.9%)和人文科学和语言学与考古学(44.6%),甚至都低于 STEM 学科中的生物学、数学与物理学(29.7%)。①因此,加强政策引领和社会宣传,使更多的女性加入工程与科技领域,为给予工程与科技更加全面的视角和创新提供更多可能性,也是保障工程教育质量的途径之一。

表 4-11 2013—2014 年度英国大学全职教职工人数情况 单位:人

学科领域	医学、牙医与健康	农业、林业与兽医科学	生物学、数学与物理学	工程与科技	建筑学与规划	管理与商业研究	社会学科	人文科学和语言学与考古学	设计、创意与表演艺术	教育
女性	17330	820	7180	3060	660	3965	6140	4635	2225	3755
男性	15435	1025	16980	14610	1580	5915	8840	5765	3270	3160
总计	32765	1845	24160	17670	2240	9880	14980	10400	5495	6915
女性比例	52.9%	44.4%	29.7%	17.3%	29.5%	40.1%	41.0%	44.6%	40.5%	54.3%

资料来源:Higher Education Statistics Agency。

二、高等工程教育专业教师质量发展的目标

英国工程专业本科教育的专业教师在英国的大学里和其他学科的教师一样,都需要重视职前与职后培训以及专业发展。英国的大学将教师的专业发展水平看作提升教育质量的重要基石。在英国,教师的职前培训制度几乎在各大学里都已经建立,从最初的小规模、低信度和欠支持的 120~150 个学时的院校培训,逐步扩大升级到每个教师的职前"义务培训",甚至持续贯穿于整个试用期。②

在工程学院的教师眼里,专业发展有利于他们更好地融入角色。然而,对某些研究型大学工程学院的教师来说,最大的驱动力是他们对 STEM 教育

---

① Engineering UK. Engineering UK 2016:The State of Engineering[R/OL]. http://www. engineeringuk. com _ resourcesdocumentsEngineeringUK-Report-2016-Full-Report_live. pdf.

② Gibbs G,Cffey M. The impact of training of university teachers on their teaching skills,their approach to teaching and the approach to learning of their students[J]. Active Learning in Higher Education ,2004,5(1).

的创新感兴趣①，从而可提高工程学科教学与科研的质量水平。

此外，不仅是大学重视教师的专业发展，将其作为促进教育质量提升的前提条件，英国的学术团体和专业社团也表示要努力帮助大学教师提升教学水平和质量。具体有以下几方面的措施：一是着手加强教学事务委员会的作用，扩大教师的交流网络，组织教学研讨会，构建教学资源中心；二是开发基于学科的持续专业发展项目或大学教学培训项目；三是在《英国大学教师专业教学框架》下，促进大学教师持续专业发展或职业资格的认证工作；四是通过宣传提升大学各学科或专业的教学地位；五是努力为大学教师创造其学科职业发展的路径；六是开发资源和支持大学教师解决教学的常见问题，例如解决班级规模太大的问题，鼓励大学生参与教学互动，帮助学生转变角色，最大化地使用教学技术，将就业能力整合进教学过程；七是支持和鼓励大学教师从事教学研究；八是转变大学教师过度重视学术研究的倾向，促进大学教师重视教学。②

英国大学教师从事教学工作，都需要遵守英国高等教育学会（Higher Education Academy）于 2011 年开发的《英国高等教育教师教学专业标准框架》（*The UK Professional Standards Framework for Teaching and Supporting Learning in Higher Education*）所建议的标准。教育学者吉布斯（Gibbs）和科菲（Coffey）构建了分析大学教师专业发展项目的分析框架，并调查总结出专业发展的制度目标主要体现在：一是对大学教师技能提升的影响；二是有利于大学教师教学理念的发展；三是促进学生学习的持续变化。③

而《英国高等教育教师教学专业标准框架》建立的目的在于支持大学教师职前教育与专业发展和提高教学能力，主要强调通过具有创造性、创新性以及可持续性的专业发展培育大学教师动态的教学与学习方法，形成良好的

---

① Porter A L，Roessner J D，Oliver S，et al. A systems model of innovation processes in university STEM education[J]. Journal of Engineering Education，2006，95(1)：13-24.

② Bulman S. Teaching and Learning in the Disciplines a HEA-Funded Project：Summary Report[R]. The Higher Education Academy，2015.

③ Gibbs G，Coffey M. Training to Teach in Higher Education：A Research Agenda [J]. Teaching in Higher Education，2000，4(1)：31-44.

示范带动作用,促进大学生学习质量的提升。①《英国高等教育教师教学专业标准框架》的开发得到了高等教育学会和英国大学联盟的大力支持,该专业标准框架提供了在当前高等教育环境下对于高等教育教师教学角色维度的一般描述,主要是以教学实践者的视角制订出综合性的教学与学习的国家标准。②

三、高等工程教育教师专业标准的内容

大学教师专业标准的内容,主要是教学和职业生涯发展方面的专业知识和技能。在英国,从事工程本科教育教学的教师,需要掌握英国高等教育学会所制定的《英国高等教育教师教学专业标准框架》的主要内容,其主要有三个维度。如图 4-1 所示,这三个维度为教学活动领域、核心知识和职业价值。三个维度都有其具体的相关要求。

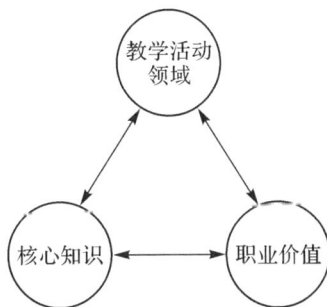

图 4-1　教学活动领域、核心知识和职业价值三个维度

教学活动领域有五个方面:设计和计划学习活动以及专业学习,传授或支持学生学习,给予学生学业评估和反馈,开发和创造有效的学习环境和方法以指导学生,积极参与学科或专业及其教学的持续专业发展并结合研究、学习和专业实践的评价。

核心知识有六个方面:要求大学教师掌握的学科资料,在学术专业水平

---

①　Higher Education Academy. The UK Professional Standards Framework for Teaching and Supporting Learning in Higher Education [R/OL]. https://www.heacademy. ac. uk/system/files/downloads/uk_professional_standards_framework. pdf.

②　Higher Education Academy. UKPSF Terms of Use Policy [R]. The Higher Education Academy, Guild HE, Universities UK, 2011.

层面上对学科领域恰当的评估与教学方法，了解学生在通识学科和专业学科方面的学习方式，使用合适的学习技术，评价教学有效性的方法，对特定的教学学术与专业实践质量保障和质量提升的认识。

职业价值有四个方面：要求尊重学习者个体和各类学习共同体；参与促进高等教育学习机会平等的活动；运用来自研究、学习和持续专业发展结果的信息资源；承认在更宽广的背景下，高等教育运行认可专业实践的含义。①

根据图 4-1 所示的这三个维度，英国高等教育学会进一步为英国大学的副教学职员（associate fellow）、教学职员（fellow）、高级教学职员（senior fellow）和首席教学职员（principal fellow）提出了不同要求。申请对应级别的教学职员职称资格的标准要求也不同。四个级别的维度学习要求和资质要求分别如下。

1. 副教学职员

申请该级别职称需要提供在积极教学、学习支持方法和学生学习等特定方面的证明。包括：(1)成功参与五项学习活动领域方面的至少两项；(2)成功参与适当的与教学活动领域相关的教学与实践；(3)合理的核心知识以及至少掌握核心知识的第一(K1)和第二(K2)方面的内容；(4)承诺领会促进他人学习的专业价值观；(5)上述教学活动中相关的专业实践、学习和教育研究知识；(6)成功参与涉及教学、学习与评估责任的专业发展活动。教师个体可以提供其专业角色成效的相关证明，至少包括教学或学习支持的义务与责任。这种教学角色通常是协助配合更有经验的教师而开展的。②

典型的符合这个级别的资格条件的教师的描述如下：(1)承担一定教学任务的新入职研究人员（如博士研究生、研究生教学助理(GTAs)、合同制研究人员或博士后研究人员等）；(2)从事大学教学的新教师（包括兼职教学任

---

① Higher Education Academy. The UK Professional Standards Framework for Teaching and Supporting Learning in Higher Education[R/OL]. [2016-10-12]. https://www.heacademy.ac.uk/system/files/downloads/uk_professional_standards_framework.pdf.

② Higher Education Academy. The UK Professional Standards Framework for Teaching and Supporting Learning in Higher Education[R/OL]. [2016-10-12]. https://www.heacademy.ac.uk/system/files/downloads/uk_professional_standards_framework.pdf.

务的学术职员);(3)协助支持大学生学习的教职工(例如学习技术人员、学习资源管理人员);(4)承担参与教学相关任务的助教;(5)新参加教学或有一定教学经历且在相关专业领域较有经验的教职工。[①]

2.教学职员

申请该级别职称的教师需要掌握广泛有效的教学方法和学习支持方法,并对促进高质量的学生学习有贡献。包括:(1)成功参与整个教学活动领域的五项;(2)恰当的知识和对整个核心知识领域的理解;(3)恪守承诺所有的专业价值观;(4)成功参与涉及教学活动领域的合理的教学实践;(5)成功整合在上述教学活动中的学科与教育学研究方法或知识,并作为学术实践活动的综合性方法;(6)成功参与涉及教学、学习、评估以及职业实践的可持续专业发展。[②]

教职工也能够提供更多实质性的教学与支持学习的证明。这类教职工个体可以是一个或多个学术相关团体的成员,包括:(1)处于职业生涯早期的大学教师;(2)掌握实质性教学任务与责任的学术相关或学术支持的教职工;(3)刚进入高等教育领域工作的有经验的教师;(4)诸如基于工作环境仅承担教学岗位职责的教职员工。[③]

3.高级教学职员

申请该级别职称的教师个体需要完全掌握有效的教学与学习支持方法,并对高质量的学习有重要贡献。包括:(1)成功参与整个教学活动领域的五项;(2)恰当的知识和对整个核心知识领域的理解;(3)恪守承诺所有的专业

---

① Higher Education Academy. The UK Professional Standards Framework for Teaching and Supporting Learning in Higher Education[R/OL].[2016-10-12]. https://www.heacademy.ac.uk/system/files/downloads/uk_professional_standards_framework.pdf.

② Higher Education Academy. The UK Professional Standards Framework for Teaching and Supporting Learning in Higher Education[R/OL].[2016-10-12]. https://www.heacademy.ac.uk/system/files/downloads/uk_professional_standards_framework.pdf.

③ Higher Education Academy. The UK Professional Standards Framework for Teaching and Supporting Learning in Higher Education[R/OL].[2016-10-12]. https://www.heacademy.ac.uk/system/files/downloads/uk_professional_standards_framework.pdf.

价值观;(4)成功参与涉及教学活动领域的教学实践;(5)成功整合上述教学活动中的学科与教育学研究方法或知识,并作为学术实践活动的综合性方法;(6)成功参与涉及教学、学习、评估以及职业实践的可持续专业发展;(7)成功地协调、配合、支持、监督、管理和指导其他(不管是个体还是团队)与教学相关的教职工。

此外,能够提供涉及教学的持续性记录,并参与教学方面的组织、领导或管理。这类职称的教师应当作为已建立的学术团队的领导或成员。

典型的可申请教职工包括:(1)有承担过领导、管理或组织课程项目、专业或学科领域的岗位责任的经历且对该过程能够产生积极影响的有经验的教职工;(2)有经验的学科导师和帮助支持创新教学的教职工;(3)大学里具备在院系层面或广泛教学支持方面提供咨询义务职责的有经验的教职工。[①]

4.首席教学职员

申请该职称资格的教师需要提供在学术实践和学术发展方面有效的策略性领导力的持续记录证明,并对高质量学生的学习有重要贡献。包括:(1)在大学发展过程中,与学生和教职工共同协作,并积极主动承诺和支持《英国高等教育教师教学专业标准框架》要求的全方位领域的学习和知识理解;(2)具有成功的策略性领导力,提高学生的学习成效,且聚焦于在大学或国际环境背景下促进教学质量的提升;(3)为支持和促进其他教职工(如通过指导与辅导)实现高质量的教学和学习支持而提出有效的组织策略和政策;(4)在大学内部或更广泛的环境背景下,支持和领导学术实践的综合性方法(例如整合教学、学习、研究、管理等);在大学内部或其他专业实践领域,使参与的学术活动可持续保持专业成功发展的承诺。[②]

教师个体,如果是具备较为丰富的教学经验的教职工,能够提供持续的、

---

① Higher Education Academy. The UK Professional Standards Framework for Teaching and Supporting Learning in Higher Education[R/OL]. [2016-10-12]. https://www.heacademy.ac.uk/system/files/downloads/uk_professional_standards_framework.pdf.

② Higher Education Academy. The UK Professional Standards Framework for Teaching and Supporting Learning in Higher Education[R/OL]. [2016-10-12]. https://www.heacademy.ac.uk/system/files/downloads/uk_professional_standards_framework.pdf.

有效的且在教学策略水平上有影响的记录,作为学习实践广泛承诺的重要部分,不管是在大学内部,还是在国内或国际环境下都能够实现或提供这些证明,可申请该级别职称,包括:(1)在涉及教学与支持学习的关键性领域方面,具备广泛的学术或学术相关的策略领导岗位责任经历,且拥有丰富的工作经验的或资深的教职工;(2)负责在大学的教学领域承担战略性领导和政策制定责任的教职工;(3)在所就职的大学以外也具有在教学方面资深的战略影响力的教职工。[①]

第四节　英国高等工程教育教学质量评价：基于大学调查

英国的大学调查,包括学生的调查和教职工的调查,是每个年度对大学的教育质量进行实时监控和评估的手段。大学生可以根据自己对所就读和生活的大学有关方面的质量表现进行打分和满意度测评,这种基于学生视角的高等工程教育质量评价方式在世界各国日益推行。

一、高等工程教育教学质量调查的价值

英国大学与科学国务大臣乔·约翰逊(Jo Johnson)在 2016 年英国政府白皮书《知识经济的成功:教学卓越、社会流动与学生选择》(*Success as Knowledge Economy*：*Teaching Excellence*，*Social Mobility* & *Student Choice*)的序言中指出:"我们必须拥有开放和多样的、创新的高等教育部门,促进大学教学与科学研究的卓越成效相匹配。"[②]

对于"卓越教学"质量的评估英国学术界也在激烈讨论,度量方法、测评方式和指标等教学评价的方式方法是热议的话题。英国大学形成的一个共识就是对过度依赖一种评价方式的担忧,并表明大学工程教育教学质量评价

---

① Higher Education Academy. The UK Professional Standards Framework for Teaching and Supporting Learning in Higher Education[R/OL]. [2016-10-12]. https://www. heacademy. ac. uk/system/files/downloads/uk_professional_standards_framework. pdf.

② Johnson J. Success as a Knowledge Economy：Teaching Excellence，Social Mobility and Student Choice[M]. London：Department for Business，Innovation and Skills，2016：5.

没有"黄金标准"。在对英国大学相关工程院系院长(系主任)进行调查访谈时,几乎所有人都提及了"满意度调查"的教学评价方式。

大多数工程学院院长认为同行评价是教学评价中高效和有意义的方法之一。特别是当仅使用其中的一种教学绩效评价方法时,学生的出勤率、考试成绩、参与度、企业雇主的观点等评价方法被认为存在疑点。大多数学者认为最理想的工程教育教学评价方式是整合各种良好的评价方法,并关注同行评估、统计数据(包括大学层面的数据、专业数据和学科层面的数据等)、大学生参与指数等。[①]

二、学生:服务获得者的教学质量回应

2016 年英国大学本科生学术体验调查(*The 2016 Student Academic Experience Survey*)分析表明,大学教学质量对于学生整体体验至关重要,也得到了社会的广泛支持。四分之三的大学生认为绝大多数的教师鼓励他们对自己的学习负责,也肯定教师清晰地讲授课程目标对于学生的学习和独立研究有较大的帮助和支持。[②] 总体而言,英国大学本科生对于自己的专业课程的评价较为满意。尽管自 2013 年以来,满意度基本上持平(如图 4-2 所示),但也略有下行趋势,这与调查样本量大小的选择有一定关系,但是也可以反映出,在英国调整大学学费后,学生作为"消费者",对大学课程质量的要求也不断增加。

三、教师:教学实践者的教学质量回应

教师是工程教育教学实施的"领导",任何课程的教学都是在教师的引导下有序进行的,教师教学水平的高低、教学资料和教学方式的使用都将对学生的教学质量产生重要影响。可以说,教师是整个教学质量控制的核心,也是教学实践的关键人物,主导着整个工程教育教学的开始、过程和结果。英国大学内部的教学相对较为自由,这也意味着教师的主导作用和学生主体的作用都将会在教师的引导下获得最大化的互动成效。

英国大学对于本科工程教育教学质量的控制是其高等教育质量保障的

---

① Abbas A,Abbas J,Brayman K,et al. Teaching Excellence in the Disciplines [R]. Higher Education Academy:Transforming Teaching Inspiring Learning.

② Neves J,Hillman N. The 2016 Student Academic Experience Survey[R]. Higher Education Policy Institute & Higher Education Academy,2016,UK.

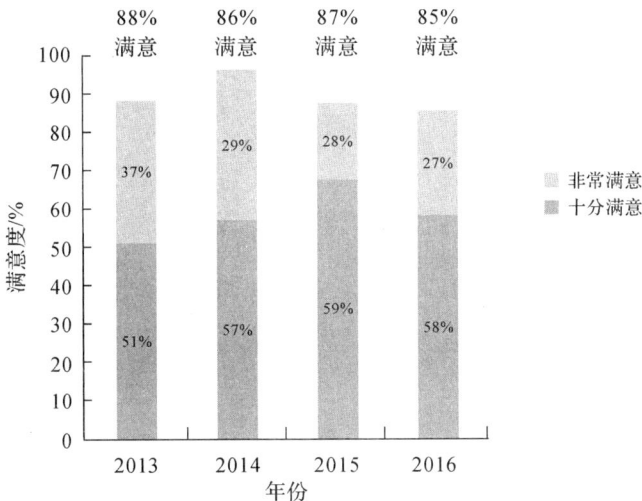

图 4-2 英国大学本科生对于自己的专业课程的评价

核心部分,教学"要质量"的理念始终贯穿各学科的教学。教学的实施是该过程的前提。要想持续保持高质量的教学成效,必须定期关注教学的反馈,这其中包括教师的方法是否适合学生、教师的教学资料选择是否符合前沿所需、教师的教学价值导向是否利于学生未来发展等,都需要及时回馈以便调整和改进教学。因此,从教师的维度深入了解和调查教学过程,可以为英国保持较高的大学本科工程教育的教学质量提供风向标。

在 2013 年,英国高等教育学会委托设立于拉夫堡大学(Loughborough University)的工程与设计教育中心 (Centre for Engineering and Design Education)针对英国科学、技术、工程和数学(STEM)的教师(实践者)开展全国调查,所收集的数据和信息不仅可以应用于教学,而且也被大学教师利用以提高他们的教学实践。

该调查涉及来自英国 74 所高等教育机构的 192 名 STEM 实践者(受访者),其中 50% 的受访者来自罗素大学集团(Russell Group)的研究型大学。这些受访的实践者中有教授、高级讲师和其他一些拥有 5 年以上教学经验的教师等。在受访者中,有 58% 参与了导师制的教学实践,55% 以年度为基础更新教学资料,69% 使用第三方在线资源促进教学。①

----

① King M, Creaser C, Matthews J. A National Survey of UK HE STEM Practitioners 2013[R]. Higher Education Academy, UK.

首先,信息技术资料和特定媒介的使用有利于促进英国工程教育教学质量的提升。教学资料或教学媒介运用是保障教学顺利实施并取得较好效果的关键,也是教师能够将课程内容通过媒介或资料传达给学生,使学生能有效吸收知识和获得技能的有效途径。因此,英国的大学教师选择的教学资料或使用的教学媒介会直接影响到教学效果。对英国大学的科学、技术、工程和数学(STEM)教师教学资料/媒介运用类型数据信息调查分析发现(如表4-12所示),STEM学科教师在使用教学资料和媒介方面与其他学科有相同点的是一些较为常规的资料,如授课讲义、幻灯片演示文稿、文本阅读材料、个别辅导等。而应当作为STEM学科教学特有或者是学科特性所需的教学资料如人工制品(产品、模型、图纸/设计图等)、特定软件、学术技术/计算机辅助学习软件和电影/视频/动画等,使用的比例分别为29.7%、35.4%、36.5%和60.4%,可见至少三分之一的STEM学科教师会在课程教学过程中选择专业性强的教学资料和媒介。

表 4-12　英国大学 STEM 教师教学资料/媒介运用类型调查情况

教学资料/媒介的类型	使用该资料/媒介的教师数量/人	使用占比/%
准备好的授课讲义	140	72.9
幻灯片演示文稿	162	84.4
电影/视频/动画	116	60.4
个别辅导/问题清单	145	75.5
课堂小测试/测验	95	49.5
案例研究/角色扮演	76	39.6
人工制品(如产品、模型、图纸/设计图)	57	29.7
使用特定软件	68	35.4
学习技术/计算机辅助学习软件	70	36.5
其他 ITC	30	15.6
参考书目	121	63
推荐的文本材料	139	72.4
规定阅读的资料	65	33.9
总计	192	100

资料来源:King M,Creaser C,Matthews J. A National Survey of UK HE STEM Practitioners 2013[R]. Higher Education Academy,UK.

但是也可以看到，尽管比例符合学科特性，可是 STEM 领域各学科在这些特定的教学资料和媒介的选用上存在一定的差异（如表 4-13 所示）。由此可知，在这 4 种资料或媒介中，工程/科技专业的教师选用的比例普遍较高，分别为学习技术 48%、工作特定软件 57%、人工制品 71%、电影/视频/动画 62%，其中人工制品和工作特定软件的选用比例均高于数学/计算和科学的专业。

表 4-13　英国大学 STEM 各学科领域教师教学素材类型选择调查　　单位：%

教学素材	数学/计算	科学	工程/科技
学习技术	35	60	48
工作特定软件	33	27	57
人工制品	46	52	71
电影/视频/动画	33	77	62

资料来源：King M，Creaser C，Matthews J. A National Survey of UK HE STEM Practitioners 2013[R]. Higher Education Academy，UK.

除了传统的教学资料和方式是所有学科都选用的外，在工程教育教学时，教师也会选择独特的资料和媒介来进行教学，而这些独特的教学资料和媒介代表了在新的经济社会发展过程中的新事物，其大多是依托信息技术的资料和媒介，这从某种意义上说明，工程教育教学在新兴媒介、信息技术资料的运用方面明显优于其他学科，这或许是学科特点所带来的，抑或是工业市场发展所需要的。

总之，英国大学工程教育对于新媒介或信息技术手段的教学方法的使用，是可以提高教学质量的，也会对学生专业的发展和未来职业就业能力产生积极影响。

其次，英国工程教育专业教师教学材料的及时更新有利于向学生传授前沿知识。教学过程不仅需要把传统的知识与技术传递给学生，特别是对于工程专业的学生来说，及时掌握世界先进的工程技术和研究前沿是把握好未来学习和职业发展方面的基础。可以说，教师的教学需要不断更新知识和技能，特别是需要将所研究的成果分享到本科生群体中，促进教学。

从英国大学 STEM 教师教学资料更新频率的调查来看（见表 4-14），教师们基本上都是在更新教学资料的，也就是说他们能及时地引入新的教学资源和方法，通过最新的、适合专业领域的教学资料，帮助学生获得知识与技能。

表 4-14　英国大学 STEM 教师教学资料更新频率调查情况

更新频率	调查回应的人数/人	占比/%
从不更新	0	0.0
很少更新	6	3.1
每周一次	37	19.3
每学期一次	44	22.9
每年度一次	105	54.7
总计	192	100.0

资料来源:King M,Creaser C,Matthews J. A National Survey of UK HE STEM Practitioners 2013[R]. Higher Education Academy,UK.

其中,每年度更新一次的占 54.7%,也表明在每年度的课程教学结束后,超过一半的教师会补充新的教学材料,更新自己的教学内容;每学期更新一次的比例达到 22.9%;每周更新一次的也有 19.3%;很少更新或者从不更新的仅占 3.1%。[1] 数据分析显示,及时更新教学材料是英国 STEM 学科教师日常教学的重要内容,更是教学质量保障的重要手段。从对教师的调查回应可以看出,英国 STEM 教师在一年内更新教学资料的频率高达 96.7%,充分表明英国 STEM 教师对教学质量的重视,这也是保持英国工程教育教学质量的重要方面。

STEM 教师的教学资料(素材)的来源也较具专业特色,如专业团体网站、高等教育学会开放教育资源库和视频网站等(如表 4-15 所示)[2]。高等工程教育教学资源的获得在英国是极具开放性的,教学资源的易获取性为好的教学资料来源提供了重要路径。

---

① King M, Creaser C, Matthews J. A National Survey of UK HE STEM Practitioners 2013[R]. Higher Education Academy,UK.

② King M, Creaser C, Matthews J. A National Survey of UK HE STEM Practitioners 2013[R]. Higher Education Academy,UK.

表 4-15　英国大学 STEM 各学科领域教师教学素材网络来源调查　单位：%

教学素材	数学/计算	科学	工程/科技
专业团体网站	15	34	41
视频网站(YouTube)	22	51	44
高等教育学会开放教育资源库	26	12	5

资料来源：King M，Creaser C，Matthews J. A National Survey of UK HE STEM Practitioners 2013[R]. Higher Education Academy，UK.

再次，英国工程教育教师教学方法的运用直接影响教学质量的效果。教学方法是在实施 STEM 学科教学的过程中使用的技术性与非技术性手段，教学方法合适且运用得当，将会大大提高课堂教学的质量。英国大学 STEM 学科教师在选择教学实践方式时，也是以提高教学质量为前提的，但是初始目的略有不同。从调查的数据分析来看（如表 4-16 所示），英国大学 STEM 学科教师选择有效教学方式的主要目的是提高学生的学习成效，如 STEM 学科教师回答"希望提高我的学生自主学习的参与度"的目标占大多数，达到54.2%；回答"希望提供体验式实习环境（给我和我的学生）"和"希望给我的学生提供更好的学习环境"分别占 22.1% 和 20.0%。[①]

表 4-16　英国大学 STEM 教师选择教学实践方式的主要目的调查情况

主要目的	回应的教师数/人	占比/%
希望给我的学生提供更好的学习环境	38	20.0
希望提高我的学生自主学习的参与度	103	54.2
希望提供体验式实习环境（给我和我的学生）	42	22.1
希望提高自己的专业发展水平	0	0.0
其他	7	3.7
总计	190	100.0

资料来源：King M，Creaser C，Matthews J. A National Survey of UK HE STEM Practitioners 2013[R]. Higher Education Academy，UK.

从中可以发现，英国大学教师比较重视启发式教学和学生主体的参与式教学，因而 STEM 学科教师在选择教学实践方式时会考虑如何使用教学方式

---

① King M，Creaser C，Matthews J. A National Survey of UK HE STEM Practitioners 2013[R]. Higher Education Academy，UK.

以提升学生的积极性并更主动地参与到教学互动环节中来。另外，提供给学生好的学习环境和增加学生的实践经验也是 STEM 学科教师所倡导的，这也符合 STEM 学科的实验性和实践性特点，同时也反映出教师的理念在于引导和提供条件以及激起学生的学习热情。

英国的 STEM 学科教学方式代表着西方以引导式、批判式、参与式为主导的实践教学方式，这与中国传统的知识灌输与能力强化略有区别，也很难说得上什么样的教学方式更有利于学生学业成效的提高，但是也许英国 STEM 学科教学所倡导的强调参与式、互动式和引导式的教学方法有利于启发学生创新，激发学生对 STEM 学科的热情，是促进学生学业质量提高的动力源泉。

然而，在实际的 STEM 学科教师实施的教学过程中，常用的 STEM 学科教学方法也应当具有 STEM 学科的特性。从英国大学 STEM 学科教师教学方法使用情况调查分析来看（如表 4-17 所示），最为常用的有：问题导向学习（problem-based learning，PBL），占比 62.5%；基于项目的学习法（project-based learning，PBL），占比 45.3%；探究式学习（enquiry-based learning，EBL），占比 41.1%；基于案例的学习（case-based learning），占比 36.5%。[1]

表 4-17 英国大学 STEM 教师教学方法使用调查情况

教学方法	调查回应的人数/人	占比/%
探究式学习（enquiry-based learning，EBL）	79	41.1
问题导向学习（problem-based learning，PBL）	120	62.5
基于案例的学习（case-based learning）	70	36.5
基于项目的学习（project-based learning，PBL）	87	45.3
设计/设计与制作（design/design and make）	31	16.1
角色扮演，仿真模拟（role play，simulation）	18	9.4
其他（other）	33	17.2
回应人数总计（total responses）	192	

资料来源：King M，Creaser C，Matthews J. A National Survey of UK HE STEM Practitioners 2013[R]. Higher Education Academy，UK.

---

① King M，Creaser C，Matthews J. A National Survey of UK HE STEM Practitioners 2013[R]. Higher Education Academy，UK.

可见,这几种教学方法对于 STEM 学科来说都是较为实际的方法,也是当前国际上通用流行的先进方法,对于激发学生思考,加强提出问题和解决问题的意识,发挥主观能动性从而探究学科问题和前沿问题都有较大的作用,有助于保障 STEM 学生有效地掌握知识和能力,并能将其运用到实际工程问题之中,而这正是企业和社会要求工程专业学生具备的首要能力。而在 STEM 学科领域内部的教师之间也略有差别。整体而言,选择设计/设计与制作(design/design and make)方法的教师不多,仅占 16.1%。

但是,设计/设计与制作的教学方法却是工程/技术专业领域的重要教学方法(如表 4-18 所示),因为工程需要产品开发,从英国的诸多工程专业课程与教学的安排来看,也都要求学生通过设计与制作产品,甚至参加设计与制作比赛等方式来提升动手实践技能,并达到“做中学”的教学效果,保障工程专业毕业生具备较强的实践操作能力和设计解决方案的能力,这是培养高质量工程人才较为重要的维度。

表 4-18　英国大学 STEM 各学科领域教师教学实践选用“设计/设计与制作”方式的情况

单位:%

教学方式	数学/计算	科学	工程/技术
设计/设计与制作	15	4	41

资料来源:King M,Creaser C,Matthews J. A National Survey of UK HE STEM Practitioners 2013[R]. Higher Education Academy,UK.

最后,解决教学过程中出现的问题,确保教学质量稳步提升。英国高等教育学会于 2015 年从学科项目和教师自身的视角建立了“教学问题”(teaching and learning issues)调查,及时掌握和研究英国大学教学现状,并针对出现的问题给出改进的意见和建议。在此基础上,尽可能地使英国的大学学科教学质量满足各部门的需求。

调查的目标在于进一步提升各有关部门对大学学科教学知识和技能的理解,包括可以识别:在学科水平层面上大学教师所面临的挑战;每个学科未来可能的发展;专业的或知识广泛的学科团体和高等教育学会,在当前应扮演满足大学教师需求的角色以及该角色未来的发展趋势;大学教学资源覆盖与校际差距的问题。[①]

从这项调查中来自全英国 23 个学术团体和专业学科团体的 492 名教学员工的反馈情况来看,大学学科教学存在不同视角的挑战与困难。

学生方面的问题:存在学生自主学习、参与独立学习活动和其他与高等教育成功相关的学习技能的不足,对于大学本科的学习而言,学生通常缺少与教师的沟通。较大的变化在于,班级学生的能力与不断增长的国际学生数量相关联。班级的扩大要求教师重新修订或开展新的或者更为精致的教学策略与方法。提高学生对导师或教师加强学习工具与方法的期望,通常与高额费用、市场化和全国学生调查相关联,这加重了学生源于学费贷款和其他对工作或孩子的承诺的压力。[②]

教师方面的问题:由于近年来高等教育的扩张,班级(或课程模块小组)规模增大,导致教学策略的负面影响,造成教师与学生之间教学互动质量的下降,增加了教师的压力。学生数量增长后,阻碍了教学活动范围的拓宽,也减少了教学发展与创新的时间。研究活动遮蔽教师教学角色的趋势愈加明显,也损害了高质量的教学,缺乏促进教师发展个人教学技能的激励机制和平台机会。[③]

院校方面的问题:市场化影响大学的行为方式是大学排名和全国学生调查,这给大学教学资源的获取带来压力,同时也使课程或学科供给变窄,使教师很少能够分享到最佳实践的教学资源;更加聚焦于作为大学课程必然结果的学生就业能力,导致大学教学的学术性与职业性之间的联系变得不紧密;新的技术促进大学教学质量提高与发展的理念不断减弱,特别是教师需要持续培训和技能的发展;大学管理者日益增长的管理主义思想有集中化倾向,导致地方自治权力的弱化,例如在教学实施过程中,会影响教师的教学创新

① Bulman S. Teaching and Learning in the Disciplines an HEA-Funded Project: Summary Report[R]. The Higher Education Academy,2015.

② Bulman S. Teaching and Learning in the Disciplines an HEA-Funded Project: Summary Report[R]. The Higher Education Academy,2015.

③ Bulman S. Teaching and Learning in the Disciplines an HEA-Funded Project: Summary Report[R]. The Higher Education Academy,2015.

实验和减弱教师个人主体身份的灵活性。[①]

针对上述提到的大学学科教学的问题，英国专家学者建议大学内部从以下几个方面提出提升教学质量的措施。

一是技术促进学习（technology enhanced learning，TEL）。科学技术的发展为学生的学习逐步带来方便，但却增加了学生对技术学习的依赖，同时也给大学教师的教学带来影响。例如：虚拟学习环境的广泛使用、讲座拍摄、播客（podcast）、计算机仿真、视频剪辑、翻转课堂、游戏学习、数字资源、在线学习、远程学习、混合模式学习、移动学习、需求式学习（on-demand learning）、利用数据和系统跟踪学生发展等。

二是就业能力。要确保高质量的学生就业，需要加强基础知识和技术的提升。大学可以通过学生的课程设计、学生评价、控制学术性学习内容和教学方法与职业性学习内容和教学方法之间的平衡来强化专业学习时的工作经验与工作实习模块。这需要掌握高技术和有经验的教师在教学过程中渗透就业能力。

三是教学适应国际化而调整。据预测，英国的国际留学生人数将呈现日益增长的趋势，这将导致大学生对课程与学习资源、教学与评估策略的更多要求，因此大学的教学需要适应不同种族背景的学生的需求。[②]

四、院长：制度管理者的教学质量回应

大学内部工程教育教学质量的保障归根结底是由各个工程学院（系）来具体执行和实施的。院系是学科教学的基本单位，也是教学质量监控的基础层次，对于工程教育质量水平的提升起决定性作用。而院长是该学院的教学质量管理者和监督者，其教学领导力和对教学质量控制方向的把握对于工程学院的教学质量具有较大影响。

因此，英国大学的工程学院院长对于教学质量的价值观念、态度和认可度都会左右或影响到工程学院内部教学质量提升的推进和实施。从院长对教学质量评价的反馈中可以透视出大学工程院系质量监控的目标和重点。

---

① Bulman S. Teaching and Learning in the Disciplines an HEA-Funded Project：Summary Report[R]. The Higher Education Academy，2015.

② Bulman S. Teaching and Learning in the Disciplines an HEA-Funded Project：Summary Report[R]. The Higher Education Academy，2015.

从英国高等教育学会对学科教学卓越成效的调查（teaching excellence in the disciplines）的数据分析来看（如表 4-19 所示），其中的 STEM 院系院长在回应关于 STEM 学科教学质量时，大学院系教学质量的高低，除了与硬性的条件如优秀的师资、充足的办学条件、良好的学生质量等有关外，还有其他诸多因素在起作用。

表 4-19　英国大学院系"好的教学质量"理念形成中"非常重要"的影响因素分析

因素	艺术与人文（arts and humanities）		健康与社会福利（health and social care）		社会科学（social sciences）		科学、技术、工程和数学（STEM）		总计（all）	
	受访的院长数/人	认可的程度/%	受访的院长数/人	认可的程度/%	受访的院长数/人	认可的程度/%	受访的院长数/人	认可的程度/%	受访的院长数/人	认可的程度/%
大学的传统与文化	8	61.5	2	28.6	7	70.0	4	33.3	21	50.0
大学当前的领导力与教学策略	3	23.1	2	33.3	5	50.0	9	75.0	19	46.3
学院（系）的学科传统	11	78.6	6	85.7	3	30.0	3	25.0	23	53.5
学院（系）当前的领导力与教学策略	9	64.3	6	85.7	4	40.0	10	83.3	29	67.4
教学人员（教师）个体的偏好倾向	9	69.2	2	28.6	5	50.0	4	33.3	20	47.6
学生的偏好倾向与期望	10	71.4	5	71.4	4	40.0	6	50.0	25	58.1
大学外部的期望	8	88.9	6	100.0	2	28.6	4	57.1	20	69.0

资料来源：Abbas A，Abbas J，Brayman K，et al. Teaching Excellence in the Disciplines：Appendices[R]. Higher Education Academy，UK.

首先，在"好的教学质量"形成的过程中，院长的理念或学校教学质量文化氛围与之也有相当大的关联。从对英国大学相关学院院长的调查反馈来看（如表 4-19 所示），总体上认为影响教学质量理念形成的因素中比重较大的是大学外部的期望（69%）、学院当前的领导力与教学策略（67.4%）、学生的偏好倾向与期望(58.1%)和学院的学科传统(53.5%)等。[①] 而 STEM 学科院长则认为学院当前的领导力和教学策略(83.3%)、大学当前的领导力和教学策略(75%)和大学外部期望(57.1%)是"好的教学质量"理念形成的重要因素。有趣的是学院内部或大学的领导力在 STEM 学科院长心中最能够促进优质教学质量环境的形成,即好的领导或高效的策略有利于促进教学质量的提升。

其次,在判断教师能够实施高质量的教学因素的调查上学科之间略有不同。就院系内部持续良好的教学或"好的教学质量"中的重要元素有哪些这个问题(见表 4-20),绝大多数的 STEM 学科的院长认为评估好的教学主要是教师"给予学生良好的批判性反馈"(91.7%);其次是教师要"做好充分的课前教学准备"(75%)和给予教师"有效的教学技能或实践培训"(75%)。[②]

表 4-20 英国大学院系构成"好的教学质量"中"非常重要"的元素情况

元素	艺术与人文 (arts and humanities)		健康与社会福利 (health and social care)		社会科学 (social sciences)		科学、技术、工程和数学 (STEM)		总计 (all)	
	受访的院长数量/人	认可的程度/%	受访的院长数量/人	认可的程度/%	受访的院长数量/人	认可的程度/%	受访的院长数量/人	认可的程度/%	受访的院长数量/人	认可的程度/%
最新的相关课程	11	78.6	6	100.0	9	90.0	7	58.3	33	78.6
做好充分的课前教学准备	7	50.0	4	80.0	9	90.0	9	75.0	29	70.7
给予学生良好的批判性反馈	11	78.6	5	83.3	9	90.0	11	91.7	36	85.7
新学习技术的合理使用	6	42.9	2	33.3	4	40.0	3	25.0	15	35.7
基于工作的学习	4	30.8	6	100.0	4	40.0	7	58.3	21	51.2

---

① Abbas A,Abbas J,Brayman K,et al. Teaching Excellence in the Disciplines: Appendices[R]. Higher Education Academy,UK.

② Abbas A,Abbas J,Brayman K,et al. Teaching Excellence in the Disciplines: Appendices[R]. Higher Education Academy,UK.

续表

元素	艺术与人文 (arts and humanities)		健康与社会福利 (health and social care)		社会科学 (social sciences)		科学、技术、工程和数学 (STEM)		总计 (all)	
	受访的院长数量/人	认可的程度/%	受访的院长数量/人	认可的程度/%	受访的院长数量/人	认可的程度/%	受访的院长数量/人	认可的程度/%	受访的院长数量/人	认可的程度/%
复杂情境的有效模拟	5	35.7	6	100.0	2	20.0	3	25.0	16	38.1
有效的教学技能或实践培训	7	50.0	4	66.7	4	40.0	9	75.0	24	57.1
讨论与辩论的机会	13	92.9	5	83.3	7	70.0	5	41.7	30	71.4
扎实的研究能力	7	50.0	3	50.0	4	40.0	8	66.7	22	52.4
其他	5	83.3	0	0.0	1	100.0	1	50.0	7	77.8

资料来源：Abbas A，Abbas J，Brayman K，et al. Teaching Excellence in the Disciplines：Appendices[R]. Higher Education Academy，UK.

然而，相比较而言在所有院长中有 85.7% 认为"给予学生良好的批判性反馈"是教师实施好教学的重要元素。可见并不是只有 STEM 学科的院长重视老师教学给予学生批判性反馈的价值。STEM 学科的院长在提及影响因素时，相比较而言认为"有效的教学技能或实践培训"是"非常重要"的（75%）；扎实的研究能力也被认为"较重要"（66.7%）。但是，只有 25% 的 STEM 学科的院长认为"新学习技术的合理使用"对于良好教学有重要意义，而新技术在教学中的应用却在其他学科的院长中得到广泛肯定。[1]

与其他学科相比较，STEM 学科的院长却较少强调"最新的相关课程"的重要性（STEM 学科的院长为 58.3%，所有学科院长为 78.6%），STEM 学科的院长也更少重视学生"讨论与辩论的机会"（41.7%），同时，他们在教学过程中较少使用基于讨论式的教学方式，甚至在实践中使用这些教学方法时还存在困难。[2]

---

[1] Abbas A，Abbas J，Brayman K，et al. Teaching Excellence in the Disciplines：Appendices[R]. Higher Education Academy，UK.

[2] Abbas A，Abbas J，Brayman K，et al. Teaching Excellence in the Disciplines：Appendices[R]. Higher Education Academy，UK.

另外，也可以发现，在英国大学院长们的眼里，STEM 学科与其他学科在认可高质量的教学元素时，也存在一些学科间的差异。如在评价"做好充分的课前教学准备"的观点时，艺术与人文学科的院长仅有 50% 的认可度，与 STEM 学科院长 75% 的认可度相差 25 个百分点，可见意见分歧较为明显。在"有效的教学技能或实践培训"的认可度上也同样存在较大分歧。社会科学研究领域和艺术与人文学科的院长对此仅有 40% 和 50% 的认可度，而 STEM 学科的院长对此的认可度则高达 75%。由此可见，在各个二级学院的教学实施过程中，院长对于影响教学质量的元素的认可存在共性与不同，体现着不同的学科特性带来的差异，也或者是受知识和领域基础的影响以及与领导力的判断有关。

再次，在关于优秀学生具备的素质方面，院长们认为教师应当针对利于成功的素质加强教学。从调查回应的数据分析来看（见表 4-21），所有的 STEM 学科的院长都认为，在教学过程中被教学人员看作是"非常重要"的学生的素质（quality）和特质（attribute）包括"渊博的学科知识"（100%）和"遵守专业标准"（100%）。有趣的是只有 58.3% 的 STEM 学科院长强调"渊博的实践领域知识"的重要性，位于这三个学科群体中的倒数第二位。

表 4-21 院长访谈得出的英国大学教师肯定成功的学生具备"非常重要"的素质与特质情况

素质与特质	艺术与人文（arts and humanities）		健康与社会福利（health and social care）		社会科学（social sciences）		科学、技术、工程和数学（STEM）		总计（all）	
	受访的院长数/人	认可的程度/%	受访的院长数/人	认可的程度/%	受访的院长数/人	认可的程度/%	受访的院长数/人	认可的程度/%	受访的院长数/人	认可的程度/%
能干的实践者	9	69.2	6	100.0	3	37.5	5	41.7	23	59.0
善于变革	7	53.8	2	33.3	3	33.3	3	25.0	15	37.5
关注社会公平正义	6	46.2	2	33.3	2	22.2	2	16.7	12	30.0
跨文化的才能	7	53.8	1	16.7	1	11.1	2	16.7	11	27.5
创造力	13	100.0	3	50.0	0	0.0	3	25.0	19	47.5
批判与分析能力	12	92.3	6	100.0	9	100.0	9	75.0	36	90.0

续表

素质与特质	艺术与人文（arts and humanities）		健康与社会福利（health and social care）		社会科学（social sciences）		科学、技术、工程和数学（STEM）		总计（all）	
	受访的院长数/人	认可的程度/%	受访的院长数/人	认可的程度/%	受访的院长数/人	认可的程度/%	受访的院长数/人	认可的程度/%	受访的院长数/人	认可的程度/%
专业技术能力	6	46.2	5	83.3	3	33.3	9	75.0	23	57.5
强烈的价值观念	7	53.8	6	100.0	2	22.2	3	25.0	18	45.0
适应性	7	53.8	2	33.3	2	22.2	3	25.0	14	35.0
移情能力	4	30.8	5	83.3	1	11.1	1	8.3	11	27.5
研究能力	7	53.8	2	33.3	4	44.4	11	91.7	24	60.0
为职业生涯做准备	6	46.2	1	16.7	0	0.0	3	25.0	10	25.0
渊博的实践领域知识	11	84.6	6	100.0	4	44.4	7	58.3	28	70.0
渊博的学科知识	12	92.3	6	100.0	8	88.9	12	100.0	38	95.0
遵守专业标准	8	61.5	6	100.0	5	55.6	12	100.0	31	77.5
能胜任的口头沟通交流者	5	38.5	6	100.0	5	55.6	7	58.3	23	57.5
能胜任的书面表达沟通交流者	6	46.2	4	66.7	7	77.8	9	75.0	26	65.0
社会情感能力	4	30.8	5	83.3	1	11.1	0	0.0	10	25.0
具有工作经历	4	30.8	3	50.0	0	0.0	2	16.7	9	22.5
宽阔的社会与经济背景意识	8	61.5	1	16.7	2	22.2	3	25.0	14	35.0
询问能力	10	76.9	4	66.7	6	66.7	7	58.3	27	67.5
渊博的领域研究	11	84.6	6	100.0	8	88.9	11	91.7	36	90.0
关注实际问题	8	61.5	4	66.7	1	11.1	5	41.7	18	45.0
具有团队精神	6	46.2	3	50.0	2	22.2	6	50.0	17	42.5
个人主义	4	30.8	0	0.0	0	0.0	2	16.7	6	15.4
其他	1	50.0	0	0.0	0	0.0	1	100.0	2	66.7

资料来源：Abbas A，Abbas J，Brayman K，et al. Teaching Excellence in the Disciplines：Appendices[R]. Higher Education Academy，UK.

相对于其他学科而言,"研究能力"(research skills)被更多的 STEM 学科院长认为是重要的(STEM 91.7%,整体 60%);"专业技术能力"(technical skills)也被诸多 STEM 学科院长认为非常重要(75%)。STEM 学科院长表示,在这一领域的许多学习都需要重视。然而,拓展性技能(broader skills)诸如"批判与分析能力"(critical and analytical skills)和"能胜任的书面表达沟通交流者"(competent written communicator)在 STEM 学科院长眼里也非常重要。

第五节　学生工程实践的质量保障: 帝国理工学院的经验

英国的大学特别重视与工业企业界的联系、沟通与合作,更是将来自市场雇主的评价作为判断培养的毕业生质量水平高低的标准之一。帝国理工学院是英国开展高等工程教育的著名学府,其工程教育质量和吸引力闻名于世。帝国理工学院在工程教育质量控制方面特别注重本科工程专业学生的工程实践质量。

一、帝国理工学院的工程教育质量现状

英国高等教育界有"三足鼎立"的说法,认为文科最好的大学是牛津大学,理科最好的大学是剑桥大学,工科最好的大学则非帝国理工学院莫属了。尽管帝国理工学院的历史比牛津大学、剑桥大学要短很多,但从 1907 年建立并获得皇家特许状起[1],它便以浓厚的皇家背景和雄厚的经费实力而呈现出追赶之势,很快跻身世界顶级名校之列。根据 2015/2016 年度《QS 世界大学排名》,帝国理工学院位列世界第八位,其中在学科排名中,该院的材料科学(materials science)位列世界第三位,土木工程(civil engineering)和机械与航空工程(mechanical and aeronautical engineering)位列世界第五位。[2]

① Imperial College London. A Timeline of College Developments[EB/OL]. http://www. imperial. ac. uk/about/history/college-developments/.

② Topuniversities. QS World University Rankings® 2015/16[EB/OL]. http://www. topuniversities. com/university-rankings/world-university-rankings/2015.

在英国国内的学科排名方面，根据《英国卫报大学排名》，帝国理工学院的通用工程学、土木工程、机械工程和地球科学与工程学科都位列英国高校第一位，其他相关工程学科也位列英国大学前列。① 帝国理工学院与许多大公司渊源颇深，产业化程度很高，占有英国全国的研究经费七分之一。作为欧洲久负盛名的工科院校，与牛津大学、剑桥大学一样，帝国理工学院不仅入学的门槛极高，学费也要比其他院校高，有人称之为英国最贵的大学。

总体说来，帝国理工学院的工程、医学专业很著名，其中工程教育质量具有很高的全球影响力。从其培养的毕业生质量来看，帝国理工学院的毕业生的起薪在英国最高（如图 4-3 所示），2010—2014 年，帝国理工学院学生毕业后六个月内的平均年薪基本保持在 29500 英镑左右，2011/2012 年度更是突

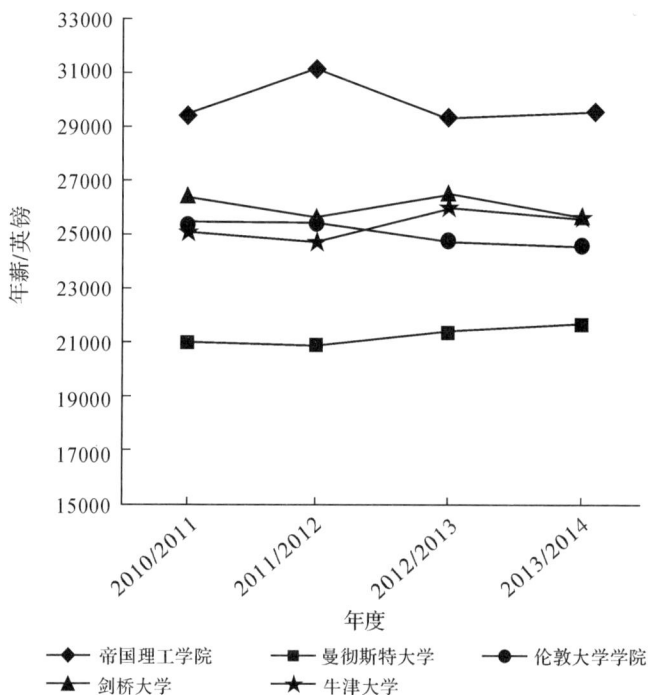

图 4-3　帝国理工学院本科毕业生毕业后六个月内的平均年薪情况

资料来源：Imperial Collage Statistics Guids 2015—2016。

---

① Imperial College London. Rankings［EB/OL］. http://www.imperial.ac.uk/engineering/about-us/rankings/.

破 30000 英镑,远高于英国著名的剑桥大学、牛津大学、伦敦大学学院等,甚至高出曼彻斯特大学毕业生平均年薪近 10000 英镑。①

因为所学的知识与实际联系紧密,帝国理工学院的本科毕业生进入大公司直接工作的比例逐年增加(见表 4-22),找到年薪较高的岗位也显得相对容易,很多人毕业前就被"预定"。其中,就业成绩最好的当属帝国理工学院的医学院,就业率多年来占据英国各院校榜首。

表 4-22 帝国理工学院本科毕业生毕业六个月内选择就业与升学比例情况

单位:%

年度	工作	工作及继续深造	继续深造(升学)
2009/2010	57	8	22
2010/2011	61	7	21
2011/2012	63	3	23
2012/2013	64	3	22
2013/2014	65	4	23

资料来源:Imperial College London. Statistics Pocket Guide 2015—2016[R/OL]. http://www. imperial. ac. uk/about/introducing-imperial/facts and figures/college-data-and-statistics-catalogue/college-overview/.

帝国理工学院在科学、工程、医学和商业领域方面传授世界一流的学问知识、教育和研究,同时特别关注其在工业、贸易和健康领域的应用。其培育跨学科的工作领域人才,并扩大与校外企业和产业界的合作。因此,吸引来自世界一百多个国家的学生就读,2015/2016 年度帝国理工学院有全日制学生 15734 人,其中本科生 9320 人,占比例较大(如表 4-23 所示),达到59.2%,且国际化程度很高,全日制海外留学生的比例达到 35.8%,超过三分之一。

---

① Imperial College London. Imperial College Statistics Guide 2015—2016[R/OL]. http://www. imperial. ac. uk/about/introducing-imperial/facts-and-figures/college-data-and-statistics-catalogue/college-overview/.

表 4-23 　2015/2016 年度帝国理工学院全日制学生数量统计情况 　　单位：人

类型	英国本土/欧盟	海外留学生	女性	男性	总计	入学新生
本科生	6549	2771	3273	6047	9320	2783
研究生（教学型）	1400	1840	1464	1776	3240	3145
研究生（研究型）	2157	1017	1160	2014	3174	1178
总计	10106	5628	5897	9837	15734	7106

资料来源：Imperial College London. Statistics Pocket Guide 2015—2016［R/OL］. http：//www. imperial. ac. uk/about/introducing-imperial/facts-and-figures/college-data-and-statistics-catalogue/college-overview/.

然而，在学生的男女比例上，凸显了其理工类大学的特点，男生占 62.5％，女生占 37.5％。英国或欧盟国家的学生成为帝国理工学院学生的主体，占到 64.2％。本科生和研究生（包括教学型和研究型）新生招入比例分别占 17.7％和 27.5％。[1]

2016 年，帝国理工学院工程学院下设有 9 个系和 1 个研究院，本科生总计 4060 人，其中学生数量较多的专业学科系为（见图 4-4）：机械工程系 634 人、电子电气工程系 615 人、计算机系 512 人、化学工程系 499 人、航空工程系 449 人。

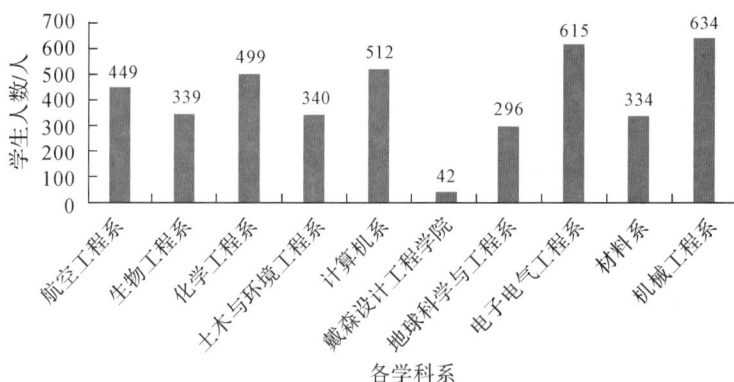

图 4-4 　帝国理工学院工程学院各系本科生

资料来源：帝国理工学院工程学院网站。

---

① 　Imperial College London. Imperial College Statistics Guide 2015—2016［R/OL］. http：//www. imperial. ac. uk/about/introducing-imperial/facts-and-figures/college-data-and-statistics-catalogue/college-overview/.

帝国理工学院工程学院历年来为了保障质量而特意控制规模。特别是其对招生录取的严格程度在英国早已公认。从 2015/2016 年度本科生入学申请与录取情况(如表 4-24 所示)可以看出,英国本土/欧盟的入学申请学生人数为 4309 人,而海外学生申请人数为 4067 人,即英国本土/欧盟与其他国家申请帝国理工学院工程学院本科的人数基本相当,总计达 8376 人,而最终被录取的人数仅有 1158 人,申请与录取之比为 7.2∶1[①],历年来都排在英国高校前列,很多学科的 A-Level 成绩都要求 3A 以上。从中还可以看到,例如化学工程系、计算机系、机械工程系的录取比例都低于平均值,录取要求更加严格。

表 4-24　2015/2016 年度帝国理工学院工程学院本科生申请与入学统计情况

学院/系	获得入学申请的人数/人		总计/人	新入学新生数/人	申请与入学之比	平均入学分数/分
	英国本土/欧盟	海外留学生				
工程学院总计	4309	4067	8376	1158	7.2∶1	560
航空工程系	447	266	713	116	6.1∶1	569
生物工程系	211	193	404	106	3.8∶1	600
化学工程系	622	579	1201	124	9.7∶1	588
土木与环境工程系	221	392	613	90	6.8∶1	554
计算机系	909	651	1560	145	10.8∶1	560
戴森设计工程学院	167	72	239	40	6.0∶1	512
地球科学与工程系	228	108	336	81	4.1∶1	517
电子电气工程系	391	602	993	184	5.4∶1	554
材料系	223	318	541	111	4.9∶1	534
机械工程系	890	886	1776	161	11.0∶1	568

资料来源:Imperial College London. Imperial College Statistics Guide 2015—2016[R/OL]. http://www. imperial. ac. uk/about/introducing-imperial/facts-and-figures/college-data-and-statistics-catalogue/college-overview/.

帝国理工学院工程学院本科生教育所培养的毕业生不仅适用于经济社会的发展,而且创新能力也很强,其理论与实践相结合的价值较能充分体现。

---

① Imperial College London. Imperial College Statistics Guide 2015—2016[R/OL]. http://www. imperial. ac. uk/about/introducing-imperial/facts-and-figures/college-data-and-statistics-catalogue/college-overview/.

因此,英国社会对帝国理工学院工程相关专业的毕业生较为认可,雇主也愿意支付高额工资聘请。帝国理工学院工程本科教育的高质量,不仅归功于其良好的学术氛围、先进的设备设施,而且更应当归功于其拥有充足的世界高质量的师资队伍,也就是说师资队伍是保障其培养出高质量本科生的基础条件。

2015/2016 年度,帝国理工学院工程学院总共有教职工 1665 人(如表 4-25 所示),其中学术型教师 381 人、研究型教师 830 人、助理教师 445 人。学术型教师与在校全日制学生的比例为 1∶16.9,在各工程学科系中,比例更高的有:地球科学与工程系 1∶12.8,土木与环境工程系 1∶14.4,计算机系 1∶16.2,均高于工程学院的平均水平。①

表 4-25　2015/2016 年度帝国理工学院工程学院全职教职工数量统计情况

院系	学术型教师 (academic staff)/人	研究型教师 (research staff)/人	助理教师 (support staff)/人	教职工总计 (total staff)/人	学生容量 (student load)/人	生师(学术型)比 (student∶staff ratio)
工程学院	381	830	445	1655	6442	16.9∶1
航空工程系	31	48	24	103	603	19.4∶1
生物工程系	31	69	41	141	561	18.0∶1
化学工程系	38	108	50	197	761	19.8∶1
土木与环境工程系	48	42	55	146	699	14.4∶1
计算机系	52	120	35	206	842	16.2∶1
戴森设计工程学院	9	4	10	23	114	12.8∶1
地球科学与工程系	45	84	35	164	571	12.8∶1
电子电气工程系	49	114	43	206	840	17.2∶1
能源未来实验室	0	0	0	0	51	—
安全科学与技术学院	1	4	2	7	0	—

---

① Imperial College London. Imperial College Statistics Guide 2015—2016[R/OL]. http://www. imperial. ac. uk/about/introducing-imperial/facts-and-figures/college-data-and-statistics-catalogue/college-overview/.

续表

院系	学术型教师 (academic staff)/人	研究型教师 (research staff)/人	助理教师 (support staff)/人	教职工总计 (total staff)/人	学生容量 (student load)/人	生师(学术型)比 (student:staff ratio)
材料系	32	113	36	180	555	17.6：1
机械工程系	42	99	44	185	847	20.1：1
工程学院本部 (engineering HQ)	3	25	70	98	0	—

资料来源:Imperial College London. Imperial College Statistics Guide 2015—2016[R/OL]. http://www. imperial. ac. uk/about/introducing-imperial/facts-and-figures/college-data-and-statistics-catalogue/college-overview/.

帝国理工学院在招生、师资等方面都做了严格的要求,以保障本科工程教育的质量,同时也适时控制培养的全过程,以追求高质量的效果。从学校层面到院系层面都对质量进行严格的监控。

2014 年和 2015 年帝国理工学院授予的本科学位都保持了较高的一等学位及高级二等学位的授予率,远高出英国平均水平(见表 4-26)。工程学院总计平均授予一等或高级二等学位的比例达 88.2%(2015 年)和 89.3%(2014年),其中 2015 年比例较高的院系是土木与环境工程系(96.9%),位列全校第一位;化学工程系的 95.8%、航空工程系的 94.7%、生物工程系的 91.3%等都超过了工程学院的平均水平;而医学系的此比例更是高达 96.3%。相对较低的是自然科学学院,也达到 84.8%,在英国高校中也是位居前列。[1]

而且,该院的此比例比过去 8 年要高出至少 10 个百分点。由此得知,帝国理工学院的本科工程教育质量在不断地提升,享誉全球。

---

① Imperial College London. Imperial College Statistics Guide 2015—2016[R/OL]. http://www. imperial. ac. uk/about/introducing-imperial/facts-and-figures/college-data-and-statistics-catalogue/college-overview/.

表 4-26　2015 年与 2014 年帝国理工学院授予本科学位情况

院系	2015 年				2014 年	
	一等学位/个	高级二等学位/个	授学位总数/个	一等及高级二等学位授予率/%	授学位总数/个	一等及高级二等学位授予率/%
工程学院总计	420	436	970	88.2	910	89.3
航空工程系	59	30	94	94.7	74	94.6
生物工程系	39	34	80	91.3	52	82.7
化学工程系	56	58	119	95.8	119	97.5
土木与环境工程系	42	52	97	96.9	69	95.7
计算机系	58	39	125	77.6	127	87.4
地球科学与工程系	32	42	86	86.0	91	87.9
电子电气工程系	47	61	128	84.4	161	85.7
材料工程系	24	28	64	81.3	68	77.9
机械工程系	63	92	177	87.6	149	91.3
医学院总计	151	217	747	49.3	730	50.4
临床医学学士	0	0	365	0	341	0
医学系	151	217	382	96.3	389	95.4
自然科学学院总计	318	365	805	84.8	823	85.2
化学系	45	70	135	85.2	122	84.4
生命科学系	67	138	229	89.5	267	88.4
数学系	104	70	213	81.7	226	82.3
物理学系	102	87	228	82.9	208	84.6
各学院总计	889	1018	2522	88.4	2463	88.8

资料来源:Imperial College London. Imperial College Statistics Guide 2015—2016〔R/OL〕. http://www.imperial.ac.uk/about/introducing-imperial/facts-and-figures/college-data-and-statistics-catalogue/college-overview/.

二、帝国理工学院工程专业实践的质量目标

工程专业其实是实践性非常强的一门学科专业,工程实践既是将工程相关理论知识付诸实际领域,更是解决社会工程问题的主要方式。因此,对于帝国理工学院工程专业的本科学生来说,能够获得高质量的专业实践是保障

其成为更契合社会和工业界需求的人才的关键。

首先,要促使工程专业本科生强化实践能力。工程教育与其他教育的区别在于其实践性非常强。多年来,世界工程教育界也在不断地呼吁"回归工程",即在工程教育中更加重视工程的实践和加强与工业界、产业界的联系与合作。正是在这一潮流的推动下,英国高校加强对本科工程教育人才培养方式的改革,以期望培养的毕业生更能获得企业界的青睐。为此,帝国理工学院工程学院实施"经验导向型"(experience-led)本科工程学位课程,吸引工业界参与和投入院系的课程与教学过程中,推动课程与教学模式改革,以培养符合工业界发展所需要的人才,也促进工程本科教育人才培养的质量提升。

在帝国理工学院内部并不存在对工程专业项目的通用核心知识与技术的统一传授。每个学科在其独立的系里开展教学。这被看作是学院一个独特的服务特色,这也将会激励积极的个体申请者清楚地认识到自己想要学习什么,以便有针对性地申请选择合适的专业。

为加强与工业界和社会的联系,从 2008 年起,邀请来自工业界的专家到工程系里开展主题演讲的系列讲座已经在所有工程专业的第一年实施,并强调在系列领域内的主要工程专业发展情况,以保证学生可以获得对该领域更广泛的了解和认识。

例如,土壤机械学教授约翰·伯兰(John Burland)就做了一个"关于如何加固比萨斜塔及其法律和政治的视角"的讲座。[1] 自实施推进"经验导向型"课程模式以来,效果非常好,深受工程专业本科生好评。土木工程系的三年级学生谈道,"就工业领域实践经验而言,帝国理工学院与工业界有很深度的联系合作,我们能获得来自工业界的具体专业的讲座和研讨会,这个非常棒"。

其次,保障工程学位课程的质量优势。帝国理工学院的外部主考官报告(external examiner reports)和专业认证报告(accreditation reports)都验证了帝国理工学院的高质量的工程专业课程:"所有(土木工程和环境工程)专业为海外专业领域或者实际上包括工业、商业或政府服务的诸多领域有效地培

---

① Dales R, Lamb F, Hurdle E. Engineering Graduates for Industry: Imperial College, London Faculty of Engineering-case Study[R]. The Higher Education Academy Engineering Subject Centre and the Royal Academy of Engineering. http://www.engsc. ac. uk/graduates-for-industry.

养了优秀的本科毕业生。"①对大量的考试试卷样本、作业和项目报告、学生成绩的分析表明，帝国理工学院本科生相当优秀。帝国理工学院工程学院的各系都不同程度地嵌入了"经验导向型"课程模块，全面深入地加强对学生工程实践知识和能力的培养，拓宽与工业界的深度合作。在各学科系自身内部也存在着诸多"经验导向型"实践课程模块的内容（如表 4-27 所示）。

表 4-27　帝国理工学院工程学院各系"经验导向型"实践课程模块

分类	"经验导向型"实践单元	生物工程系	化学工程系	土木与环境工程系	电子与电气工程系	计算机系	材料工程系	机械工程系
学生获得工业界直接的经验	工业实习年					√	√	√
	其他工业工作实习机会			√		√		
	相关的基于学生的活动	√	√	√	√			√
学生获得工业界间接的经验	工业仿真（建筑场地和试验工场）		√	√				
	学生互相指导					√		
	基于问题或基于项目的学习	√						
	积极学习		√	√				
	小组项目		√				√	
	学生方程式、绿色赛车	√	√		√		√	√
	其他技能（商业和表现等）	√		√			√	

资料来源：Dales R，Lamb F，Hurdle E. Engineering Graduates for Industry：Imperial College，London Faculty of Engineering-case Study[R]. The Higher Education Academy Engineering Subject Centre and the Royal Academy of Engineering. http://www. engsc. ac. uk/graduates-for-industry.

由此可见，帝国理工学院工程学院各系的本科生获得工程学习经验的方式主要有直接方式和间接方式。直接的工业界经验的获得方式包括在工业企业实习、其他工作实习机会和相关的基于学生的活动，而间接的工业界经验的获得方式则有工业仿真、学生互相指导、基于问题或基于项目的学习、积极学习、小组项目等。

---

① Imperial College . External Examiner's Report 2008.

　　总体而言,学生获得直接的在工业界的实习机会是工程实践课程中最为有效的方式之一。帝国理工学院机械工程系负责本科生教学管理的主任帕特·李维斯(Pat Leevers)教授谈道:"我认为我们争取到了70％的学生见习岗位,针对工业行业的见习岗位是工程专业毕业生急切需要的,我想这也能显示出不同的水平差距。"①材料工程系负责本科教学研究管理的主任杰森·赖利(Jason Riley)指出,"政府支持公司的荣誉性见习岗位在当前环境条件下是较为有用的",这有助于工业企业给在校学生提供更多的实习岗位。

　　再次,要强化与工业界的深度联系,及时掌握企业需求。帝国理工学院的很多工程系都强调与工业界的正规联系合作的重要性,主要目的是明白企业公司的需求。例如,化学工程系负责本科生教学管理的主任奥马尔·马塔(Omar Matar)在说到化学工程的实习项目时,谈道:"工业实习给予我们学生对于工业环境、典型的工业问题等的一次接触的机会,同时也允许我们获得企业的一些关于我们应该如何进一步变革我们的课程的反馈,以满足工业发展需求。"这一情况在计算机系的实习岗位中也同样存在。计算机系负责本科生教学管理的主任苏珊·艾森巴赫(Susan Eisenbach)提及:"每一个在实习的学生都会被询问到相关情况,实际上我们应当向实习单位陈述其优势与不足,所以我认为我们当前的学位教育没有满足工业界的需求,我们应当早些知道这些。"②

　　工程学院的土木与环境工程系是英国大学在该专业排名第一位的系,其与工业界的联系程度较深广,大概70％该系的学术教师员工与工业界在研究或咨询方面建立了联系,同时,通过这样的联系沟通网络可以高效地获得工业界需求的反馈。来自工业界的客座教授已经在土木与环境工程系发挥了较大的作用,以帮助他们理解和明白工业界的需求。

---

　　①　Dales R，Lamb F，Hurdle E. Engineering Graduates for Industry：Imperial College，London Faculty of Engineering-case Study[R]. The Higher Education Academy Engineering Subject Centre and the Royal Academy of Engineering. http://www. engsc. ac. uk/graduates-for-industry.

　　②　Dales R，Lamb F，Hurdle E. Engineering Graduates for Industry：Imperial College，London Faculty of Engineering-case Study[R]. The Higher Education Academy Engineering Subject Centre and the Royal Academy of Engineering. http://www. engsc. ac. uk/graduates-for-industry.

客座教授克里斯·怀斯(Chris Wise)得到了英国奥雅纳工程顾问公司的基金资助。他强调来自认证团体的反馈,说到课程在实际设计方面的内容不足,也将导致些许变化,包括"建筑工厂"的发展。土木与环境工程系负责本科生教学管理的主任朱利安·波姆(Julian Bommer)谈道:"麦克·库克教授是通过各年龄段组成的企业工程师团队参与进来的。该团队包括很多青年专家,也包括一个或两个我们自己的毕业生,他们与我们的学生沟通联系得更融洽。我们系里也有一些人员保持与他们的沟通联系,很多年轻的参与实践的人员能够很有效地开展工作。"

工业设计的教师应当由工业界指派,而不是普通的全日制教师。土木与环境工程系负责本科生教学管理的主任朱利安·波姆说:"如果将一些来自工业界的高水平设计师聘为全日制的学术教授,10年后他们将不再是优秀的首席设计师了。所以,最好是让他们留在工业界,当我们需要的时候,请他们过来。"

三、帝国理工学院工程实践质量保障的模式

第一,工业界参与课程教学实施。帝国理工学院工程学院的各系都保持着与工业界的深度联系。合作与参与的形式多样,主要是参与到工程院系的课程与教学过程中(如表4-28所示)。有三种类型的合作方式:一是工业界的专家直接到工程系里从事教学工作;二是作为访问教授,参与研讨、指导和培训以及资助等;三是通过非正式地投入和合作研究成果的投入等参与工程系的相关专业课程的设置与设计开发。

帝国理工学院内部的生物工程系与工业界合作的形式有:工业界专家参与教学、外聘讲师、客座教授、工业界工程师参与研讨会、工业联络委员会等加入该系的课程开发与教学实施过程。化学工程系也工业界参与指导和培训学生、资助学生实践等形式。土木与环境工程系有工业界的专家作为访问教授参与,并对课程开发给予非正式的工业界投入。其他系也通过相关的方式建立了与工业界的广泛联系。

表 4-28 帝国理工学院工程学院各系工业界投入参与课程及教学的情况

分类	工业界的元素	生物工程系	化学工程系	土木与环境工程系	电子与电气工程系	计算机系	材料工程系	机械工程系
工业界的专家直接从事教学	工业界的专家参与教学	✓					✓	
工业界参与投入教学	工业界的访问教授			✓				✓
	外聘讲师	✓						✓
	客座讲师/工业界工程师参与的研讨会	✓			✓		✓	
	其他的工业教学:培训、指导、辅导		✓					
	资助计划		✓				✓	
工业界参与投入课程	非正式的工业投入			✓				
	工业联络委员会	✓			✓		✓	✓
	基于合作研究成果的投入						✓	✓

资料来源：Dales R，Lamb F，Hurdle E. Engineering Graduates for Industry：Imperial College，London Faculty of Engineering-case Study[R]. The Higher Education Academy Engineering Subject Centre and the Royal Academy of Engineering. http://www. engsc. ac. uk/graduates-for-industry.

第二，开展具体实践项目，其已成为工业界与帝国理工学院联系的重要途径。开展实践项目最直接、最有效的方式是引导学生进入真实的工程实践场景，同时工业企业也能从中寻找到或培养出自身所需要的后备人才。帝国理工学院工程学院与工业界多方合作，共同实施工程专业本科生校外实践项目，能够帮助学生很好地将从课堂上所学到的理论知识运用到真实的工程实践中，保障工程专业毕业生对知识的运用和技能的掌握，提升了工程教育的水平和质量。比较有特色和成效的实践项目有以下几个。

1. 模拟工业界的体验(simulated industrial experiences)

模拟工业界的体验项目设计的出发点在于让工程专业的学生进入逼近真实的环境中从事工程实践工作。从其构成的元素来看(如表 4-29 所示)，主要是能够促进对工业界需求的了解，并规定了参与的时间长度、对师生的影响、评估的方法、活动潜在的迁移能力和实施风险等。[①]

表 4-29 模拟工业界的体验项目情况

元素	内容说明
工业界的相关需求	该活动提供模拟工业界工作的环境条件,学生可以获得逼近真实的工作实践经历
参与的学生	相关工程系的学生
参与的时间长度	4～6周在"建筑场地";在"试验工场"的是单独的两个学位专业项目计划
对师生比的影响	不清楚
评估的方法	对试验工场,在最后一年的项目实施过程中通过市场报告和口头陈述进行评述
活动的持续性	"建筑场地"始终保持较高的可持续性;"试验工场"看起来也比较可持续,却有相对较长的周期
活动潜在的迁移能力和实施的风险	当前两个环境都已建立完善,特别是"建筑场地",其他许多大学也已经成功地参与进来。对于"试验工场",尽管其他大学也可能在同一地点使用同样的设施,但似乎相对难以迁移些。如果"试验工场"实施失败或者合作伙伴从"建筑场地"退出,将会出现严重的问题

资料来源：Dales R，Lamb F，Hurdle E. Engineering Graduates for Industry：Imperial College，London Faculty of Engineering-case Study[R]. The Higher Education Academy Engineering Subject Centre and the Royal Academy of Engineering. http://www. engsc. ac. uk/graduates-for-industry.

模拟工业实践环境的项目主要有两个具体的子项,一是"建筑场地"(constructionarium)(土木与环境工程系),另一个是"试验工场"(pilot plant)(化学工程系)。

"建筑场地"项目是一个 6 天亲身实践土木工程施工的经历,在这里工程专业学生组可以控制施工场地,并与一个咨询工程师和一个承包人联合,建立按比例缩小(通常为 1∶10)的工程项目。"这是一种新的教学形式,是将工业环境嵌入学生负责的学术环境中的创新方式。"

在 2010 年之前"建筑场地"主要面对三年级的土木工程专业学生,但从

---

① Dales R，Lamb F，Hurdle E. Engineering Graduates for Industry：Imperial College，London Faculty of Engineering-case Study[R]. The Higher Education Academy Engineering Subject Centre and the Royal Academy of Engineering. http://www. engsc. ac. uk/graduates-for-industry.

2010年11月起,开始为第二学年快结束的学生提供"建筑场地"。实行这一变化的一个原因是第二学年专业项目比较枯燥,所以将"建筑场地"实践环节设置到第二学年结束时能够提高学生的能力,并对第三学年的学习产生积极性。

"建筑场地"项目的概念开发是帝国理工学院偶然发现的与"三个人"的合作,其中两个是由英国奥雅纳工程顾问公司基金支持的土木工程设计课程的客座工业教学员工克里斯·怀斯(Chris Wise)教授和艾德·麦卡恩教授,另外一个是艾莉森·埃亨(Alison Ahearn)。埃亨教授用项目学习(project-based learning)方法教授"环境背景下的工程"课程,以及与客座的工业家们共同参观体验。他们注意到帝国理工学院土木工程专业的学生不擅长创新设计,并将此归咎于学生们缺乏职前技术经验和背景知识。在此情况下,约翰·多伊尔建筑公司的斯蒂芬·斯特凡诺(Stef Stefanou)捐赠了25000英镑以资助建筑设计课程的教学,这直接促进了"建筑场地"的建立与发展。[①]

"建筑场地"基本模型是由大学、承包人和咨询者以传授教学经验为目的而形成的三角合作伙伴关系,并结合设计专业人员的学术视角和实际场地的传授方式而建立。[②] 创新点在于各合作伙伴的平等关系。土木工程专业的学生自己控制他们的项目并向"工业—学术"教学团队征询意见或建议。允许学生自由地从错误中学习,但是如果他们作为实习生与可以控告其违反合同的商业客户一道工作于"建筑场地"的话,就不允许出现错误。

由16~21名学生组成的5个团队扮演着建筑公司从劳动工人到管理者的全部角色。在进行安全教育之后,他们就可以开始为期6天的建设项目设计,并在工程咨询公司的帮助下以及与承包人的合作下完成。同时,学生们需要对木材等材料进行成本预算,并对整个项目进行时间管理。除非获得赞助,否则每位学生必须支付250~300英镑的食宿费用。承包人为每位学生大概花费250英镑,用于材料、车间和劳动力等的相关费用。其他花费由工业界

---

① http://www.constructionarium.co.uk/ http://www.imperial.ac.uk/newsandeventspggrp/imperialcollege/newssummary/news_26-6-2013-15-14-56.

② Dales R, Lamb F, Hurdle E. Engineering Graduates for Industry: Imperial College, London Faculty of Engineering-case Study[R]. The Higher Education Academy Engineering Subject Centre and the Royal Academy of Engineering. http://www.engsc.ac.uk/graduates-for-industry.

"建筑场地"公司参与者承担,该公司是非营利性的,对于所有参与者和指导委员会而言,其扮演的是可靠的经济人。

从学生的反馈来看,他们将在"建筑场地"实习描述成改变其人生的一个经历。有些学生意识到他们再也不想去建设工地工作了,而大多数学生则想让自己发展成为一名建筑工程师。除了获得真实的建筑管理经验之外,学生也获得了建筑过程中物质和财政的风险经历,这将是在校园里很难获得的。"'建筑场地'仅是假设财务风险,并没有真实的客户和真实的资金。然而,客户承包管理者最后会公开盈亏账目。这是学生们焦急地期待的时刻。

另一个子项目为"试验工场"(pilot plant)。"试验工场"是一个四层楼高、具备有效的完整功能、全尺寸的工厂,而实际上大规模的工业工厂比这个大得多。这是一个基于完整功能的化工厂,位于伦敦中心。学生以小组形式开展工作,本质上是自我实践,无人指导。"试验工场"为学生提供模拟的工业经历。学生们在压力下、高温下以及移动机械下工作,所以学生们真的在思考他们的行动方式。该项目最大的亮点是学生自己可以尽其所能接触到一线的工业实践。这一经验被帝国理工学院认为是相当重要的:"我们将此试验工场看作传授英国化学工程师协会所期望的工程实践的场所。"

"试验工场"有两个项目:在第一年是一个小型的项目;第二年是另一个更复杂的项目。在第一年的小型项目里,由6名学生组成的小组在第1天参观工场,第4天开始操作运行,自己努力进行操作。学生必须知道如何开始、如何运行、如何关闭、在紧急情况下如何处理。在第二年的复杂项目里,学生小组将按给定的要求完成一组特定的实验,这之后需要提交一份正式的报告。这是技术实验,但是仍然需要让学生作为小组的一员参与项目。学生的软技能得到提升,例如团队工作和工作的分配,以及时间与项目的管理技能,这些都是在工业环境中所必须掌握的。

2."想象"

"想象"(EnVision)作为一个项目开始于多年前,现在是帝国理工学院工程学院教学开发与支持团队的一个特色。"想象"项目的目的在于:"通过教师教学委员会与各系教员共同合作来保障帝国理工学院传授世界一流的工程教育,以便使毕业生拥有必需的技能、知识和态度,成为国际工程产业和学术界的领导者。"其主要涉及课程开发、教学问题和学生项目。"'想象'作为一个项目而成立,在这个项目中我们要调查培养本科毕业生是否需要做一些不一样的事情。我们如何在整个大学里,特别是工程院系里支持教学和学习的发展。"①

"想象"项目(如表4-30所示)逐步发展成一个包括各相关院系的学术教职工团体,外加上有管理和学习技能的专家支持的项目。"想象"项目组与工程学院共同承担以下四个方面的工作:(1)直接的部门支持;(2)开发教育精神以确保在工程教育方面的优秀卓越者得到奖励、支持和表彰;(3)开发公共领域和学习空间;(4)通过重大的年度经费预算资助工程专业项目。

表4-30 "想象"项目内容

元素	内容说明
工业界的相关需求	该项目组承担了诸多相关活动并提供了具体的专业技能支持,以节约教师的时间,帮助他们识别可迁移能力的元素、资助方式的创新等
学生参与的数量	尽管学生也参与,但该项目主要为教师提供支持
学生参与的时间	与工程专业相关的教职工共同持续地参与合作
活动的持续性	此项高度依赖于工程学院的承诺,因为活动的持续需要大量的资金以运行该中心的各项事务
活动潜在的迁移性和实施的风险	迁移性需要高级管理支撑,以便能够吸引和保留高质量的教职工继续工作,作为小型机构,其对个体的依赖性也较强
交付周期前需要开始实施的活动事项	建立此项目组时需要从规划中获得利益价值,应当易于建立和容易撤除

资料来源:Dales R,Lamb F,Hurdle E. Engineering Graduates for Industry:Imperial College,London Faculty of Engineering-case Study[R]. The Higher Education Academy Engineering Subject Centre and the Royal Academy of Engineering. http://www. engsc. ac. uk/graduates-for-industry.

在过去,每年都有项目的需求和广泛的项目获得资助。例如2009/2010年度的项目包括:(1)工程学院的工程伦理课程。这是对来自系里的需要的直接回应,并已经设立了专门小组以支持和促进其发展。(2)无国界工程专

———————————

① Dales R,Lamb F,Hurdle E. Engineering Graduates for Industry:Imperial College,London Faculty of Engineering-case Study[R]. The Higher Education Academy Engineering Subject Centre and the Royal Academy of Engineering. http://www. engsc. ac. uk/graduates-for-industry.

业学生项目。(3)毕业生教学助理奖励计划。(4)大讲堂的力学演示。教职人员承认力学是很多工程专业的基础,但认为力学已在很多学校的课程内容中消失了。

"想象"项目实际上是一个激励机制,不仅允许良好教学实践的推广,而且也有助于尝试支持新的教学方式。一个相关的例子是提升"经验领导型"工程专业项目,而这个项目其实是学生多学科教学路径的简易化。在任意一个星期五(称为"灵活星期五"),在"想象"项目的安排下,来自任何学科的最后一年的学生可以参加由每个院系提供的具体的学习单元模块。

在2009/2010学年,仅有70多名学生(大约有10%的四年级学生)参与了外学科的教学。也许更重要的是提供学习单元模块,而不是时间安排的合理化。根据计算机系统计的数据,只有3个非计算机系的学生接受了"计算机灵活星期五单元模块",但是另外的65名学生参与了其他开放的可获得的单元模块。工程院系的专家说:"现在我明白了,实际上我们如何进行专业的整合结盟并不那么重要,重要的是我们可以提供课程。"

3.大组别项目计划

大组别项目是帝国理工学院化学工程系与10个学生组成的团队共同运作的毕业生班项目。该校航空工程学院也在第三学年运作大组别项目,根据组别的大小涉及的学生数为10~15个,而化学工程项目的评估如下。

大组别计划项目(如表4-31所示)用于仿真工作团队,帮助毕业生体验进入工业界的经历。在化学工程系,设计项目的复杂性和团队的规模每年有所增加,在学制的最后一年就可以运作超过10个星期时间的大规模团体项目。这些项目的终极目标是满足学生技术发展的需求。

大组别项目拥有12~14个组,每个组有10个学生,从事6~7个项目。因此,同一个项目有两个完全独立的团队同时在执行,存在一定的竞争因素。在开始操作项目之前,需要花点时间组成结构化团队,以便努力让每个团队能够代表所有的成员群体(就背景、民族多元化、学术能力等方面而言)。另外,学生要完成评估他们团队角色功能的问卷,并由外部咨询机构操作执行贝尔宾(Belbin)类型的反馈评价。学生可以有一次机会提出一名自己不希望共同工作的成员。①

项目实施第一天的工作是构建组织团队。这样设计的目的是提高团队精神并可分析每个团队学生的组成情况,评估是否存在缺少的能力和考虑如何补偿这一不足。

表 4-31　大组别项目内容情况

元素	内容说明
工业界的相关需求	通过从事真实类型的项目工作,为学生提供团队工作的经验
学生参与的数量	所有的处于最后一年的化学工程系学生
参与的时间长度	10 个星期的项目实践
对师生比的影响	60 名生物工程专业的学生,需要 1 名教师、4 名博士生教学助教、1 名技术员、3 名矫形外科医学顾问(毕业生教学助理)
评估的方法	小组工作的正规类型评估
活动的持续性	比较易于持续
活动潜在的迁移性和实施的风险	尽管获得较大教学场所是个问题,但是场地转移的风险度低
交付周期前需要开始实施的活动事项	该活动的实施,也许需要改变专业课程教学模式

资料来源:Dales R,Lamb F,Hurdle E. Engineering Graduates for Industry:Imperial College,London Faculty of Engineering-case Study[R]. The Higher Education Academy Engineering Subject Centre and the Royal Academy of Engineering. http://www. engsc. ac. uk/graduates-for-industry.

每个项目都会有一个学术界成员,作为"服务商"共同参与。从事同一个项目的两个不同的团队拥有同一个学术成员"服务商"。此外,所有的项目都可以利用大量的工作人员。学术和工业界的客座教授也可扮演不同领域方面的咨询专家的角色。例如,客座教授基思·盖伊就曾扮演两个公司的角色,一个是公用事业公司,另一个是化学公司。学生团队必须为买卖公共事业设备、原材料和化学产品等与这两个公司商谈合同。合同的形式也是项目最终报告的一个部分。

---

① Dales R,Lamb F,Hurdle E. Engineering Graduates for Industry:Imperial College,London Faculty of Engineering-case Study[R]. The Higher Education Academy Engineering Subject Centre and the Royal Academy of Engineering. http://www. engsc. ac. uk/graduates-for-industry.

同时,团队也可以利用不同的专家,也可以提出需要任何最先进的计算机软件,包括计算成本和化学性质的数据库和各类模拟程序包,几乎与在现实工业界工作的情况类似。

在运行项目的过程中,团队每个星期都将与"服务商"(促进者)和轮流领导团队的成员召开正式的会议。此环节也是可以评估的。团队为项目的每个成员提供特定的报告。学生被要求附加上他们对每个报告的贡献率,这些报告将由专家代表评估。克劳斯·希尔加尔德博士(Dr. Klaus Hellgardt)负责这些项目,主持所有的评估以努力消除在不同的"服务商"之间的差异和分数区别。

4.学生主导型活动

学生主导型活动(student-led activities)(如表 4-32 所示)是由工程专业的学生自己组织的活动。很多工程学科都有学生协会,很多学生活动都由这些学生协会支持。"我可以获得更多院系学生协会的支持。我们的学生协会组织去工程场所并和大牌工程师交谈。我们每年度有到欧洲游学的机会。不同的学生到不同的城市参观考察工程。"[1]

表 4-32　学生主导型活动内容情况

元素	内容说明
工业界的相关需求	为学生提供高水平的经验导向型学习机会,在相当于真实的项目中组织和实施活动。
学生参与的数量	—
参与的时间长度	由活动本身决定,但是可能与通过学位专业的形式相关
对师生比的影响	—
评估的方法	小组工作的正常类型评估方式
活动的持续性	需要更多的支持以促进其可持续性
活动潜在的迁移性和实施的风险	如果大学提供正确的支持、设施和激励机制,将会有利于学生活动的实现,因此转移风险也相对低。这类活动通常是通过指定教师参与来推进活动的有序开展的

---

[1]　http://www.imperial.ac.uk/engineering/teaching/exploringengineering/civiland environmentalengineering.

续表

元素	内容说明
交付周期前需要开始实施的活动事项	由活动因素决定是否要建立全国性的组织和以什么规划交付

资料来源：Dales R，Lamb F，Hurdle E. Engineering Graduates for Industry：Imperial College，London Faculty of Engineering-case Study[R]. The Higher Education Academy Engineering Subject Centre and the Royal Academy of Engineering. http：//www. engsc. ac. uk/graduates-for-industry.

很多"学生主导型"的活动培养了高水平的"经验导向型"学生及其广泛的组织、管理和交流的能力。例如，"绿色赛车"（Racing Green）是一个涉及设计、制造和比赛的国际性汽车竞赛。它于2006/2007年度由地球科学与工程系的格雷格（Greg）和拉尔夫（Ralph）带头发起，目的是回应汽车公司的预测需求对毕业生进行特定的新技术培训。一个由13个学生组成的小组，拥有来自"想象"（EnVision）的3万英镑种子基金，于2007年暑假制造了由燃料电池驱动的卡丁车。这个项目很受学生们的欢迎（特别是机械工程专业的学生），他们都极想参与这一新技术项目。帝国理工学院也对这个项目进行了正面积极的宣传："在我们的杂志文章上，我看到了大量的宣传。我们获得了机械工程师中心参加他们会议的邀请函。"

学生参加"绿色赛车"项目既可以是自愿的，也可以是其课程的一部分。这个项目现在已是"想象"项目的旗舰活动，也收获了来自帝国理工学院的诸多学术和管理支持。该项目的许多宣传情况由帝国理工学院给出。

在个体层面上，学生可以参加诸如技术经验交换国际协会。技术经验交换国际协会由帝国理工学院于1948年成立，现在由英国文化委员会（British Cultural Council）运行。"想象"项目帮助学生，并支持他们参与英国文化委员会的报告演讲，促进提升学生的经验教学质量。另外的个体层面的计划是本科生研究机会计划（undergraduate research opportunities programme，UROP），其为帝国理工学院研究中心的学生提供从事实习的奖学金。[①]

① Dales R，Lamb F，Hurdle E. Engineering Graduates for Industry：Imperial College，London Faculty of Engineering-case Study[R]. The Higher Education Academy Engineering Subject Centre and the Royal Academy of Engineering. http：//www. engsc. ac. uk/graduates-for-industry.

四、帝国理工学院工程实践项目的质量评价

"建筑场地""试验工场"两个项目是工业界参与保障工程本科教育质量的方式之一，这种类型的实验有助于学生的性格培养（character-building），也能促进学生对工程学科产生极大的兴趣。"试验工场"可以使学生获得一定程度的信心，这有助于他们在类似的工业环境中快速地适应。例如，在夏季到工业界实习时，他们也许不会立即明白挑战他们的工场的方式，但是他们具备了一定程度的知识、理解和信心，这将有利于学生提出正确的问题以快速地适应。

"建筑场地"的原理具有可以迁移到其他工程学科的潜力："我们在帝国理工学院的其他院系看到了一些极好的例子。借鉴土木工程专业的工作和我们所见到的建设工程领域的经验，我想寻找适于电气工程专业的范本。"诸如这些教育经验也影响着就业能力："就像我多数的同学一样，这些项目使我可以直接开始工作。"尽管在时间安排上存在一定的困难，但是其他大学也有使用帝国理工学院实验场地的潜在机会。如美国佐治亚理工学院曾在夏季为4个星期的实践项目使用了"试验工场"。

"想象"项目的综合益处是建立一个专门团队，不仅仅是维持，而是激励和承担教学标准的开发，为持续反思和项目资源的优先领域开发提供支持。教学的发展并不像研究的提升那样拥有同样的路径。因此，从事"想象"的活动和理念，对不同的院系来说有很大的不同。[①]

"想象"乐于使用"顶分层"（top-slicing）的方式来资助项目，并努力利用外部资金补充项目经费。"想象"并没有得到在帝国理工学院以外传播其活动的激励："我们所做的很多事情实际上适合在整个工程界得到更广泛的应用，并不仅是为帝国理工学院，也许可以为其他更多大学。但实际情况是我们没有获得来自外部的资金，这意味着没有必要进行推广传播。当然，如果有人给我们资助，我们还是乐于将其传播到帝国理工学院之外的。"

大组别项目具备强势的同行评议，每个星期学生都被要求以七级点的方

---

① Dales R，Lamb F，Hurdle E. Engineering Graduates for Industry：Imperial College，London Faculty of Engineering-case Study[R]. The Higher Education Academy Engineering Subject Centre and the Royal Academy of Engineering. http://www. engsc. ac. uk/graduates-for-industry.

式评估项目组内的其他学生。个体的得分大约在同行评估结果平均水平的20％左右波动。

帝国理工学院的专家称："学生已经通过同行评估，在前三年的学生表现上绘制了个体评估，其大致上能够描述学生的表现。对于学生来说，同行评估本身实际上是在团队中识别个体在贡献方面表现良好。"在大组别项目中使用的同行评估系统已经获得那些被要求在所有大组别项目工作中发展的学生们的支持。这也应当向其他大学推广。这个方面在"想象"项目的合作中已经强调。

"学生主导型"活动有利于院系在雇主面前展示毕业生关键的素质能力："这就是工业界所需要的，也是工业界真正想要寻找的毕业生。这些毕业生是充满热情和激情的以及拥有其他技能的。"有前瞻性的"学生主导型"活动可以为院系提供直接的利益。例如，材料工程系不再带领学生到工业界访问，而是支持材料工程系的学生协会组织此类访问："在很多新人员、新思想、新项目下，组织客座讲座、工业访问和职业访谈等。"

不同领域的校友协会经常资金支持"学生主导型"活动。学生可以从这些资金中获益，而校友协会也通过招聘毕业生而获益。这有效地提高了工业界的工程师的认同感。在一些"学生主导型"活动中，"想象"项目已经进行了有益的参与。

第六节　本章小结

大学是工程科技人才培养的摇篮，是大学生获得工程专业知识和技能的主要场所，大学内部的工程教育质量是决定工程科技人才培养质量的关键。大学作为高等工程教育质量保障的关键，政府和社会对其寄予了厚望。英国的大学有着充分自由的学术自治传统，内部的质量保障治理过程也相对灵活，因此，对于质量保障的程序、方法与内容等都有自己独特的控制权力。

英国大学工程教育质量保障涉及的领域和范围较广，主要通过控制生源质量、改革课程与教学方式、提高专业教师的质量水平、实施质量评估等来进行。对于生源质量控制而言，近十几年来，由于英国选择攻读工程专业的本科生数量呈下降态势，政府和大学也是极力鼓励广大青年选择工程专业作为未来职业。同时,在招收工程本科专业大学生方面也对 A-level 成绩有具体要求。越是著名的大学,工程专业对 A-level 成绩要求则越高。另外,政府也强调需要重视中小学的科学与数学的教育,为大学提供高质量工程专业生源。

在大学工程专业的课程与教学方面,英国的大学注重工程专业内容的及时更新,尝试运用新的教学方式。如"构思、设计、实现、运作"(CDIO)方法在英国高校被广泛运用,效果明显。另外,为了培养工业界所需的工程专业毕业生,大学努力加强与企业的合作,希望工业界专家能够为工程专业的课程内容和教学方法提供建议和意见,及时将工业界所需要的知识和能力提供给大学,促使大学有针对性地培养工程科技人才,提升教学质量。

工程专业教师是实施教学的主角,可以说,学生理论与实际的知识和技能的培养都需要在专业教师的指导下方能有效完成。教师的质量与高等工程教育质量有着极其重要的联系。英国早已认识到师资质量是保障工程教育质量的主要因素。英国颁布了《英国高等教育教师教学专业标准框架》,为包括工程专业在内的各学科专业教师的教学提供了标准化的指导。特别重要的是,英国大学和社会都非常重视教师的专业发展,要求大学教师拥有终身学习的理念和行动。

质量评估是提升高等工程教育质量的有效手段。评估可以发现问题,并能够及时处理问题,可以做到持续改进以提高质量。英国大学内部的评估以其自身实施的教学评估为主,重点在于评估大学工程专业的课程内容是否已有效推进,效果与成绩如何等。另外就是每年度开展的大学调查,学生和老师等都可以对大学的质量进行评估。工程专业学科也可以在工程院系内部的师生中进行评价反馈。大学调查是一种基本上以学生为主的质量评估方式,站在学生的视角上来审视高等工程教育的质量。

工程专业是实践性的专业,培养学生操作动手的技能非常重要。但是,在工业界反馈大学工程专业毕业生质量问题时,许多企业将"缺乏实践技能"列为当代工程专业毕业生质量的主要问题之一。大学由此也不断重视学生的实践教学。帝国理工学院就以提升本科生的工程实践能力为目标,实施了如"建筑场地"等项目,为工程专业的本科生提供实践的基地与素材,在模拟真实场景的环境下开展实践教学。帝国理工学院此种实践教学的方式获得了英国大学工程院系以及社会的广泛赞誉。

总的来说,英国的大学对工程教育质量是相当重视的,这也符合英国大学历来重视教育质量的传统。英国大学的教学质量评估在世界上享有较高声誉。英国大学聘用外部主考官对工程等专业的考试进行出题并评价，这从客观上保障了大学的教学质量。然而，不得不正视一个问题，就是英国大学的本科学制，大多数学校包括工程专业在内的一些专业实行的是三年制，因为学制短，学生想要在短期内获得更多的知识和掌握更高的技能还是会受到一定的影响。

第五章 市场导向的工程理事会：
英国高等工程教育质量保障的客观评判者

高等工程教育的质量归根结底是工程科技人才培养的质量。大学培养的工程科技人才能否得到社会和工业企业界的肯定，是评判人才培养质量的重要因素之一，也是检验高等工程教育质量的主要标尺。英国高等工程教育充分考虑了来自市场的质量观和工程人才标准，并在高等工程教育质量保障过程中最大限度地吸引了市场的力量对工程教育质量进行督促和指导。英国的工程理事会及其各专业协会以市场的标准和视角助推高等工程教育的改革，在对工程教育评估和专业认证方面，也是基于市场的角度和理念来推进各项工程教育和工程职业发展事务的。

第一节 市场导向的工程理事会的历史与功能

英国工程理事会（Engineering Council，UK）是统筹负责英国工程专业认证和工程师注册的机构组织。其脱离于大学和政府，以市场的标准对工程教育质量进行评估，在英国高等工程教育质量保障方面扮演了第三方市场主体的角色。

一、工程专业协会产生的渊源：行会的发展

英国的相关专业协会最初是由行会发展而来的，而其行会发展的历史可以追溯到中世纪城市的复兴时期，甚至更早的时期。英国最初的行会是由小城镇的商人或手工业者为了保护共同的商业利益聚集而成的。当时行会的基本特征主要有：任何人若想以工匠身份加入行会，最基本的条件是拥有一

定数量的属于他们自己的生产工具,小商人则必须拥有必要的经营设施和场所;行会脱离了自然经济的轨道,步入了商品经济的范畴;单个生产单位内部没有分工;行会基本上是一个享有封建特权的封闭性组织。①

由此可见,古代英国的行会并非一般普通人或贫苦老百姓所能随意加入的,而是由具备一定实力的小商人和手工业者所占据,进行强强联合,以保障自身的利益不受市场波动的影响,从而确保相对稳定的商品价格。也可以看出,英国的行会是在市场变化条件下做出的一种符合经济发展规律的反应,体现了市场的调节作用。然而,教育的作用在最初的行会中并没有真正体现。

随着英国社会的发展,伴随着经济的多样化与人口增长,出现了多种类型的行会,除了最初的商人行会(Merchant Gild)外,还有宗教社会行会(Religious-social Gild)和工艺行会(Craft Gild)。中世纪的工艺行会由居住在同一市镇、从事同一职业的技术工人组成,它们迅速扩大到工业和贸易的各个分支。到15世纪初,随着工艺行会逐渐占据重要的地位,商人行会逐渐削弱,其活动范围日益减少,并开始瓦解。然而,工艺行会的出现也为早期的工程(工艺)教育发展创造了良好的空间和机遇,行会教育的地位也日益凸显。

从性质上说,行会教育就是培养工匠的教育制度。它注重培养工匠的实用性知识和技能,重视职业发展。这种制度打破了英国教会统治教育的传统,同时也为经济社会发展培养了技术人才,促进了地方产业的发展。因此,行会教育在当时受到社会各阶层的热衷追捧。然而,在行会成员日益增多与行会管理能力有限的矛盾之下,行会开始思考所培养的技能人才的质量问题。

正是在这一重视培养质量的背景下,行会采取了学徒制的方式对工匠进行培养,这也是早期学徒制出现的重要原因。工艺行会采取了严格的学徒制度,并提供相应的职业教育。学徒制度实际上是一种师傅和学徒双向责任的契约关系。父母希望他们的孩子学习一项工艺,其选择一位能干、有技术的师傅,让他照管自己的孩子。在契约中约定师徒间的义务和职责,师傅在学艺结束时应付给学徒费用,以及注明签署契约时的见证人。当某行会的一名师傅招收了一名学徒后,学徒必须向该行会交一定的费用。在15、16世纪,行

---

① 丁建宁.英国行会史研究的一项重要成果——评《英国行会史》[J].世界历史,1998(1):101-104.

会出现了提高学徒费的趋势,目的是限制新成员的数量。①

　　在整个学艺过程中,行会通过巡察制度对师徒进行严密的监督。巡察的根本目的是防止糟糕的工艺培训和低下的工资待遇,检查对学徒的道德教育情况。师傅既要负责学徒的职业训练,也要负责道德训练。他必须做到公正,为他的学徒树立榜样,否则将从重处罚,甚至开除出行会。对于学徒而言,无论是职业行为,还是道德行为,一旦违反规定便要受惩罚。显然,行会的学徒制不仅要培养合格的工匠,更要培养合格的市民。

　　1562 年,英国颁布了《工匠、徒弟法》。1731 年,德国也颁布了关于消除行会弊端的法令。但学徒制由行会监督转向由国家监督,并未阻止中世纪学徒制的衰败。由于缺乏具体有力的督导措施,那些法令只是一纸空文,而且在某种意义上适得其反,学徒条例往往成为学徒受剥削的法律依据,师徒关系实际上沦为雇佣关系。结合车间生产的师徒传习并未因此而绝迹,至少到19 世纪初它还是造就工匠、技师的重要途径。只有当机器大工业成为整个国民经济的支柱,科学应用成为普遍的事实时,学徒训练才降低为工程人才培养的一种补充形式,用以提供科学和技术教育的实践基础。②

　　总之,行会直接和间接地削弱了教会对教育的控制。行会这一新的阶层从自己的地位提出了政治、经济和教育要求,从而在一定程度上推动英格兰文艺复兴运动。③ 但是随着工程技术应用的发展,某些行会逐步被专业的协会或理事会代替。

二、工程理事会的改革成效

　　英国科学的发展极大地促进了工程技术的应用。科学在 17 世纪逐渐步入英国大学的舞台,大学不再被神学等与宗教有关的学科所绝对主导。1662 年,伦敦皇家学会获得女王的特许正式成立。它最初是一个由 12 名科学家组成的小团体,当时称作"无形学院"。伴随其影响力的提升,1800 年后该学会

---

① 王承绪.英国教育[M].长春:吉林教育出版社,2000:97.

② 王沛民,顾建民,刘伟民.工程教育基础——工程教育理念和实践的研究[M].北京:高等教育出版社,2015:40.

③ McMahon C P. Education in Fifteenth-century England [M]. New York: Greenwood Press,1968:146-159.

不断获得政府的信赖，也时常作为政府决策咨询的重要智库参与政府的事务。①

18世纪中期，英国爆发了工业革命，产业界的生产率在技术革命的带动下实现了大规模的提高。人们开始重视为社会带来财富的工程技术的应用。在此情况下，1771年世界上第一个工程协会——英国土木工程师协会诞生了。此后，各种专业协会不断涌现，如1847年机械工程师协会和1871年电气工程师协会相继成立，有效地推动了英国工程技术领域及其教育的发展。

自世界第一个工程协会（英国土木工程师协会）诞生的200多年来，英国工程领域的各相关专业协会已经发展成融"学习团体"（传播知识并鼓励从事研究）和"资格团体"（对想进入本专业团体的工程人员设立了入门标准）于一体的专业协会，并各自依据其章程颁发资格证书。② 特别是第二次世界大战结束以来，英国国内面临战争带来的窘迫境况，可又要全面恢复重建。处在这一特殊关键时期的英国政府意识到，必须加强教育的发展。这体现为扩大教育的规模、提高教育的质量以及强化工程技术教育。尤其是，加强工程技术教育，以培养战后各行各业所需的技能人才。

1945年《珀西报告》提到，要区分大学与技术学院之间的功能，产业界需要大学培养所需的建设者和研究者，并主要依靠技术学院培养技术人才③，鼓励高等院校培养的人才要充分与产业界（工业界）广泛开展合作。因此，各产业协会的兴起，不仅要解决其领域自身的工程技术难题，更要加强与高等院校的沟通，为共同培养未来工程技术人才而服务。

第二次世界大战后的英国在高效的政府领导下，采取了有效的社会经济政策，促进了经济的逐步增长。如1960—1969年英国国内生产总值年平均增长率为3%，高于战前水平，工业增长率达到3.5%，高于历史上任何时期。④英国政府也意识到高等技术教育对于推动经济增长的作用，尽管英国政府在

---

①　Hall M B. Public Science in Britain：The Role of the Royal Society[M]. Chicago：University of Chicago Press，1981.

②　蒋石梅，王沛民.英国工程理事会：工程教育改革的发动机[J].高等工程教育研究，2007(1)：16-23.

③　Lowe R. Education in the Post-war Years：A Social History[M]. New York：Routledge，1988：58.

④　孙洁.英国的政党政治与福利制度[M].北京：商务印书馆，2008：75.

20 世纪 50 年代已开始大力发展高等技术教育,然而,其无论是数量还是质量都与社会发展不相适应。据统计,1959 年在工业领域被剑桥大学认可的科学家和工程师的比重美国为 74%、法国为 52%、比利时为 54%、英国则为 42%。[1]

就各产业部门劳动力结构而言,英国未受过高等技术教育的产业工人的比例明显高于其他工业化国家。这揭示了英国高等教育存在明显缺陷,即技术人才驱动工业发展的动力不足。因此,英国政府希望进一步扩大高等教育规模,在高等技术教育领域进行改革,以更好地服务于工业、经济和产业的发展。1963 年的《罗宾斯报告》正是在这一历史背景下应运而生的。该报告指出应"加强大学与产业界的合作,在大学、国家研究机构和产业界之间进行人员交流,加强部分弹性时间制的教学工作"。[2] 这进一步要求大学与产业界进行深度联系与融合,也为各种工程师协会的建立产生了积极的推动作用。

英国当时的三大工程师协会(土木工程师协会、机械工程师协会、电气工程师协会)的工程师数量占据整个工程师总人数的约三分之二。因此,为了促进工程师协会的合理化改革,这三大工程师协会于 1962 年整合而成英国工程协会联合理事会(Engineering Institutions Joint Council,EIJC)。1965 年该协会获得皇家特许,并更名为工程协会理事会(Council of Engineering Institutions,CEI)[3],这标志着英国相关工程专业团体深度合作的开始,也规范了它们各自的活动范围以及专业人才培养的制度权限。

《罗宾斯报告》规划了英国高等教育未来二三十年的改革与发展方向和重点领域,促使英国高等教育从传统的精英教育模式向大众化教育模式转变。在此报告的驱动下,大学的规模迅速扩大,海外留学生人数剧增。然而,原先传统的精英工程学位教育模式渐渐不能满足和适应工程教育大众化发

---

① Floud R,McCloskey D,et al. The Economic History of Britain Since 1700[M]. Cambridge:Cambridge University Press,1994:148.

② Committee on Higher Education Chaired by Lord Robbins. Higher Education: Report of the Committee Appointed by the Prime Minister("the Robbins Report")[R]. Committee on Higher Education ,1963.

③ Jordan A G,Richardson J J. Engineering A Consensus:From the Finniston Report to the Engineering Council[J]. Royal Institute of Public Administration,1984(62): 383-400.

展的要求和工业转型升级的需要。20 世纪 70 年代,英国经济出现了缓慢发展的态势,这与工程行业、技术产业持续下行,以及各相关工程师协会各自为政、工程师地位和待遇水平偏低等不无关系。

正是在这一背景下,1977 年,英国政府任命蒙蒂·费尼斯顿(Monty Finniston)为英国工程专业调查委员会(Committee of Inquiry into the Engineering Profession)主席,责成其对英国工程师和技术人员的地位、需求以及各工程师协会对工程师资格与教育的状况进行全面调查。1980 年该委员会发表了题为《工程——我们的未来》(Engineering—Our Future)的报告。因该报告由委员会主席蒙蒂·费尼斯顿牵头完成,所以俗称《费尼斯顿报告》。该报告普遍受到工程界的广泛关注,主要原因是它提出对工程专业(职业)的组织与管理方式进行重大改革。①

《费尼斯顿报告》指出,工程协会理事会下所属的各工程专业协会在过去的 15 年中未能充分努力促进工程教育和工程师职业的发展,缘由是缺乏真正的激励机制和驱使利益,而且其过分重视学术性强的特许工程师,而忽视拥有实践经验的技术型工程师。②

工程师注册委员会(Engineers Registration Board)努力试图在工程协会理事会中给予技术工程师和工程技术员合适的肯定,并建立了一个工程师注册机构。但是,除了部分工程专业协会外,并不是所有的协会都能给予注册和认证。政府、工业界和雇主并没有在工程师注册和工程师的职业地位认可方面给予足够的支持和重视。因此,《费尼斯顿报告》一个最重要的建议就是要建立"工程团体"(Engineering Authority),以促进工业界雇主对合格的注册工程师的充分利用。③

正是在各界的争辩与讨论过程中,1981 年,具有独立法人地位的英国工程理事会(Engineering Council,EngC)经皇家特许正式成立,并取代原来的工

---

①　Jordan A G, Richardson J J. Engineering A Consensus:From the Finniston Report to the Engineering Council[J]. Royal Institute of Public Administration,1984(62):383-400.

②　Payne H W, Frsa H F. Engineering—Our Future:The Engineering Profession & The Finniston Report[J]. Aircraft Engineering,1980(5):13-16.

③　Payne H W, Frsa H F. Engineering—Our Future:The Engineering Profession & The Finniston Report[J]. Aircraft Engineering,1980(5):13-16.

程协会理事会(CEI)，进一步整合各项职能，加快高等工程教育质量的提升以及工程师职业注册制度的完善。

三、工程理事会的角色与职能

从费尼斯顿提出报告建议成立英国工程理事会到最后经女王特许，其间经历了较为激烈的争论。《费尼斯顿报告》的重要意义主要有两方面：一是涉及国家政策措施领域，即政府的行为对经济和社会发展的影响；二是阐述了普遍存在的事实现象，即国家干预与自我管理的矛盾，同时也界定了英国工程理事会的权力范围。

当时也有人认为英国工程理事会的建立是在利益团体网络日益迅猛发展的背景下，对政策创新系统能力检测的一次大胆尝试。当时的英国首相撒切尔夫人领导的政府改革激进派的教育大臣基恩·约瑟夫爵士(Sir Keith Joseph)回应说，社会舆论日益强调英国工程出现了诸多问题，是影响英国经济下降的原因之一。[①]

工程师的社会地位不高，工程师与临床医生、律师、牙医等之间巨大地位和收入的差距，导致职业选择的分层，进而影响了家长及其子女对大学工程类专业的选择。英国两党从各自的视角和利益出发，对设立工程理事会这个独立的法人机构存在不同意见，但大都围绕着是应该加强政府的干预，还是让市场调节运行而展开激烈的争论。最终政府还是选择了加强干预的方式。这是社会迫切的需要，同时也鼓励工程师们在职业生涯中保持和提高他们的能力和水平，以满足职业发展的要求。[②]

历届英国工程理事会的主席和执行官都来自工业界(产业界)，学术界从来没有人出任此重要职务。由此可以看出，工程理事会还是着重于考虑产业界和经济发展的需求，以市场为导向，促进工程界融入产业界，更加重视以市场驱动高等工程教育及其人才培养的改革。

1995年，英国工程理事会依法选举产生了评议会，以此取代了非选举产

---

① Jordan A G，Richardson J J. Engineering A Consensus：From the Finniston Report to the Engineering Council[J]. Royal Institute of Public Administration，1984(62)：383-400.

② Jenkinson S L，Guy N. The Finniston Report：An Enquiry into a Profession in Transition[J]. Higher Education Review，Summer 1980，(12)：3.

生的理事会，同时设立直接向评议会负责的两个局，即工程专业局和工程师管理局。其中，工程专业局主要负责全英国国内工程专业的全局性事务；工程师管理局接管原来的工程师注册局，主要负责工程教育、培训和继续专业发展。此次改革建立了工程专业和工程师管理的顶层机构。

1996 年，英国工程理事会与英国政府签订了谅解备忘录，政府正式承认工程理事会代表英国工程专业的团体，政府和工程理事会共同支持合格的工程师人力资源的保障事务。政府还希望在所有以工程为核心的领域，如工程教育、培训和工业竞争力等诸多方面，工程理事会能够从国家层面出发，提出可行性的咨询意见。[①]

从此，英国工程理事会对外也代表英国的利益，关注跨国工程领域的活动，如制订工程教育标准并加入《华盛顿协议》等，主持英国工程教育国际文凭互认的评估。英国工程理事会以工程教育的专业认证为重要任务，制订相关的专业认证标准，适时监控英国高等工程教育的质量与发展水平。

英国工程理事会是管理工程相关专业、推动工程教育与实践的独立团体，并与下设的 35 个专业委员会和 19 个专业联盟组织共同保障英国的高等工程教育质量，负责工程师注册事务，持续促进工程师的专业发展。英国工程理事会负责执行以下类别的工程师注册工作：工程技术员（engineering technicians，EngTech）、技术工程师（incorporated engineers，IEng）、特许工程师（chartered engineers，CEng）和信息交流技术员（information and communications technology technicians，ICTTech），并制订"英国工程专业能力标准""信息交流技术员标准""国际互认能力标准与道德标准"[②]，支持和指导相关专业委员会以标准为本推动英国工程专业认证以及工程教育的国际互认工作。

英国工程理事会的内部管理主要由 22 名董事会成员负责领导和监督。他们分别由 35 个工程专业协会和广大的社会团体提名而获任。董事会下设若干个具体的事务部门，以实现协作与分工。在董事会领导下，有 6 个具体事

① 蒋石梅，王沛民.英国工程理事会：工程教育改革的发动机[J].高等工程教育研究，2007(1)：16—23.

② Engineering Council. Strategic Plan and Operating Plan 2015—2017[EB/OL]. http://www. engc. org. ukEngCDocumentsInternetWebsiteEngineering％ 20Council％ 20Strategic％20and％20Operating％20Plan％202015％20-％202017. pdf.

务委员会:注册标准委员会,质量保障委员会,国际事务咨询小组,枢密院管理小组,财务、审计与酬劳小组和集团 B&C 小组。①

英国工程理事会的两大主要职能:一是工程师的注册,二是保障工程师注册前获得的工程教育的质量和水平。前者是英国高等工程教育质量保障的间接手段,是检验大学工程教育质量的重要手段;后者是英国高等工程教育质量保障的直接手段。

英国工程理事会之所以全力推崇工程师注册制度,不仅因为那是国际上的通用做法,而且是以保障工程师质量为先,从而保证工程师所从事工程事务的基本规范与品质。

对工程专业协会而言,工程师注册制度通过授予相关工程师头衔的方式,给予雇主、政府和社会(包括国外)信心,保障了工程师的质量。获得专业注册资格的工程师和技术员,会因拥有和保持相关的知识、技能以及满足当今工程和技术要求的素质而受到社会的认可。

如图 5-1 所示,对社会而言,注册工程师通过提供独立的和可靠的建议、可信赖的产品和服务以及安全稳定的基础设施,确保公共事业的安全与顺利,体现出促进社会可持续发展的工程伦理道德和安全的行为标准。

图 5-1　工程师注册的益处

资料来源:Engineering Council。

对于工业界或者雇主而言,工程师注册制度采用的第三方评估方式,是保障全球性的客户认可工程师能力质量水平的有效途径。与此同时,注册资

---

① Engineering Council. Committees[EB/OL]. http://www.engc.org.uk/about-us/our-purpose-and-organisational-structure/committees/.

格框架鼓励和支持受雇工程技术人员不断追求专业发展，履行终身学习的义务，以适应社会变革与发展对创新型工程师的迫切需要。

对工程技术人员个人而言，他们是受益于国际互认的专业注册制度，享受到在世界互认的国家和地区行使工程师权利的机会，自身从事的工程领域事业和取得的成绩也将获得同行的肯定评价，获得在实践领域增长专业知识与提高专业技能的机会。①

英国工程理事会在直接保障英国高等工程教育质量方面也扮演着特别重要的角色。英国工程理事会主要与高等教育质量保障署（QAA）合作，共同监控各大学在工程教育质量方面的表现，为政策制定和经费拨款提供咨询。工程理事会与高等教育质量保障署不同的是，高等教育质量保障署主要监控大学是否建立了质量保障的机制，而工程理事会则是通过专业认证的方式对工程专业进行质量评估。工程理事会下设有具体的专业委员会，专业认证都交由具体的专业委员会来操作与实施，最终向工程理事会报告。工程理事会每年发布各大学工程专业认证的信息，为家长及其子女选择专业、为社会选择人才提供信息参考。

第二节　市场的质量标尺：英国工程专业认证标准

质量标准是保障工程教育质量持续稳定的标尺，各类教育都有其不同视角下的质量标准。英国高等工程教育质量的标尺主要基于"市场"方式制定。工程专业认证就是充分立足于市场需要的理念，引入更多来自工业界的专家深度参与大学工程专业认证过程。这也意味着毕业于通过专业认证的工程专业的大学毕业生，能够得到来自市场企业界的认可和肯定。

一、英国工程专业认证标准的制订者：工程专业认证委员会

英国主管高等工程教育专业认证的机构是英国工程理事会及其下属的工程专业认证委员会。英国具体实施工程专业认证的机构是工程专业认证委员会下属的各个具体的工程专业协会。

---

① Engineering Council. Strategic Plan and Operating Plan 2015—2017［EB/OL］. http://www.engc.org.uk.

英国工程理事会下属的工程专业认证委员会(The Engineering Accreditation Board，EAB)，由原来的特许工程师学位认证委员会(Degree Accreditation Board for Chartered Engineers，DABCE)和联合认证委员会(Joint Accreditation Board，JAB)于2006年1月合并而成。工程专业认证委员会下设经工程理事会授权的22个工程专业协会。①针对某一具体专业的认证，由所属的专业协会具体实施，报工程专业认证委员会及工程理会事备案批准。②

工程专业认证委员会为工程专业制定总的认证标准框架，工程理事会授权22个工程专业协会在该标准框架下具体开展专业认证工作。同时，工程专业认证委员会履行为专业协会解释认证标准的义务，及时发布通过工程专业认证的机构信息。

英国工程专业认证委员会的目标任务：一是鼓励和支持整体一贯的工程专业认证过程与实践；二是提供合适的点对点的联系与沟通，促进工程教育专业项目开展联合认证；三是激发和提升专业认证实践的最高标准，以满足当前和未来工程发展的需求，以及满足履行国际工程协议的义务。③目前英国工程理事会通过认证的课程已经超过4000门，工程专业认证委员会的目标在于通过传播良好的工程专业实践和提供高效的保障质量的方法，持续提高工程教育质量的标准水平，促进高等工程教育体系和工程职业的发展。

大学的工程专业通过相关工程专业认证委员会实施的认证，标志着该大学此专业的工程教育质量符合专业协会的要求，也达到了英国工程专业的质

---

① Engineering Accreditation Board. About EAB[EB/OL]. http://www.engab.org.uk/about-eab.

② Engineering Council. Accreditation of Higher Education Programmes (AHEP)[EB/OL]. http://www.engc.org.uk/ahep.

③ Engineering Accreditation Board. Terms of Reference and Constitution[R/OL]. http://www.engab.org.uk/media/45527/eab%20terms%20of%20reference%20approved%20by%20eab%20in%20march%202013%20and%20confirmed%20in%20july%202013,%20eab-27-13,%20minute%202013-67.pdf.

量标准。① 通过认证的专业，表明大学所培养的工程技术人才具备了未来注册工程师时所要求达到的深厚的专业基础知识和技能。

二、英国工程专业认证标准的功能

教育质量的高低和优越与否需要合理的工具加以衡量，而质量标准则是教育质量评估的有效工具。英国在各层次的教育质量保障过程中，特别强调质量标准建设，以通过标准的要求促进各类教育发展向质量标杆看齐。高等工程教育的质量直接决定了服务经济社会发展的工程科技人才培养的质量。

在历史上，英国受绅士教育的影响，在近代之前尽管积累了大量的财富，却并未真正意识到工程技术对国家发展的驱动性作用。近代之后，英国逐步发现其世界"经济霸主"地位受到了威胁，从"美梦"中渐渐清醒，终于意识到工程技术是推动国家经济社会发展的强大动力。自现代以来，无论是哪个党派执政，在高等教育政策方面，政府都特别重视高等工程、科学、技术和数学教育的质量保障工作。质量保障机制和质量标准的研制成为重要的制度和环节，普遍受到社会各界的广泛关注。

工程师致力于解决复杂的问题。工程师的工作主要是为了人类的健康、福利、安全以及环境的可持续发展。工程职业精神是指要为公共事业发展服务。然而，学生在选择把工程作为自己的专业时却有着不同的理由和动机。因此，提供统一的专业认证标准对保障高等工程教育质量而言就显得十分必要。

英国本科工程专业认证是一个严格的过程，受到国际上广泛的认可。这有助于在学生选择申请攻读工程相关专业时，为其提供很好的质量选择标准信息。选择通过认证的工程专业，意味着未来毕业后所取得的文凭能获得国内外各界的肯定。对于毕业生而言，不管是在寻找工作就业时，还是在注册成为技术工程师或特许工程师时，毕业于通过认证的工程专业的大学，将具有广泛的市场优势，因为大多数企业雇主在聘用员工时，将毕业生必须来源于通过认证的工程专业设为最低的入职门槛。

---

① Engineering Council. Accreditation of Higher Education Programmes UK Standard for Professional Engineering Competence (Third Edition)[R/OL]. http://www.engc. org. uk/engcdocuments/internet/Website/Accreditation％ 20of％ 20Higher％ 20Education％20Programmes％20third％20edition％20(1). pdf.

从总体上看,英国的高等工程教育学术界和工业界都形成了工程专业认证带来益处的共识,这对于未来申请注册成为技术工程师和特许工程师的申请者来说无疑是至关重要的工程教育基础条件,也是学生选择工程专业和职业的重要参考,更是英国高等工程教育保持世界一流质量水平的有效途径和方式。

此外,随着全球化的深入、经济一体化的加强,各国的经济贸易和人才交流日益增加。世界各国间高等工程教育的文凭互认将渐渐走向统一,专业认证的优势,也就是国际经济一体化深入背景下强调工程人才的互认优势,则会更加明显。

英国工程理事会参与了欧洲以及国际上的诸多工程教育认证协议,实现了在协议成员国之间文凭的等值互认,即英国的高等工程本科教育质量水平与其他成员国家的质量水平具有等值性。这也体现在全球化市场经济条件下,企业雇主在选择工程人才时,通过认证的专业文凭将会向企业证明毕业生具备了一定的工程教育基础和工程实践能力,同时这种工程专业认证是高质量教育的反映,也将更加吸引世界各国的留学生前往英国就学,攻读工程专业相关学位。

三、英国工程专业认证标准的内容分析

英国使用的工程教育学位计划认证手册就是英国工程教育专业认证的标准,目前已经是第三版。第一版标准于 2004 年首次发布,自此便被广大工程教育机构、个人、学术团体以及工程专业协会广泛采用。该标准之所以受到热捧,是因为其内容清晰、简单明了,以及其强调学习结果的理念。而且,该认证标准在企业雇主的投入以及强化大学和企业合作与联系等方面皆有要求,使得认证内容与标准可以得到持续的改进。这种重视市场需求和以市场为导向的做法,有利于保障所培养的工程人才符合市场发展和工业界、产业界持续转型发展的要求。

本科工程专业标准的内容反映的是对相关专业学生具体学习的知识和能力的要求。专业认证的标准是学生学业的产出标准。毕业于通过认证的工程和科技专业的学生,基本上具备了专业标准内容所倡导和要求的知识与技能。英国的大学工程专业毕业生,如果所就读的专业通过认证委员会的认证,就具备了未来申请注册成为技术工程师(incorporated engineer, IEng)和

特许工程师(chartered engineer，CEng)的教育基础。

注册技术工程师者所受的工程教育要求为：具有通过认证的工程或技术专业的本科学位(包括荣誉学位)，或者具有工程或技术专业的基础学位，外加符合要求的已达到本科学位水平的继续教育学习证明，或者具备国家职业资格(national vocational qualification，NVQ)4级或苏格兰职业资格4级(Scottish vocational qualifications，SVQ)，这些资格是需要具备资质的专业工程委员会核准的资格，另外加上符合要求的已达到本科学位水平的继续教育学习证明。①

注册特许工程师者所受的工程教育要求更高：具有通过认证的工程或技术专业本科荣誉学位，外加由具有资质的专业工程委员会认证的硕士学位或者专业博士学位，或者符合硕士水平要求的继续教育，或者通过认证的专业硕士学位。②

不同工程师资格注册的教育基础条件可以是不同的学位类型。工程师资格注册的学位类型主要有四种：一是获得通过专业认证的本科荣誉学位，完全满足技术工程师注册所需的教育或知识与理解标准；二是获得通过专业认证的本科学位，部分满足技术工程师注册所需的教育或知识与理解标准；三是通过专业认证的荣誉硕士学位，完全满足特许工程师注册所需的教育或知识与工程认证标准；四是通过专业认证的其他类型的硕士学位，部分满足特许工程师注册所需的教育或知识与工程认证标准。

由此可见，工程专业认证是注册成为技术工程师和特许工程师的基础和前提条件，并且每一类型的学位对于知识、理解和技能的要求也有所不同。

从英国高等工程专业认证的标准内容分析来看，要求学生掌握的知识和技能可以归纳为"六大学习领域"(见图5-2)：(1)科学与数学；(2)工程分析；(3)设计；(4)经济、法律、社会、伦理和环境等背景知识；(5)工程实践；(6)额

---

① Engineering Council. Accreditation of Higher Education Programmes UK Standard for Professional Engineering Competence (Third Edition)[R/OL]. [2016-08-15]. http://www. engc. org. uk/engcdocuments/internet/Website/Accreditation％ 20of％ 20Higher％20Education％20Programmes％20third％20edition％20(1). pdf.

② Engineering Council. Chartered Engineers (CEng)[EB/OL]. http://www. engc. org. uk/professional-registration/the-professional-titles/chartered-engineer/.

外的一般性技能。①

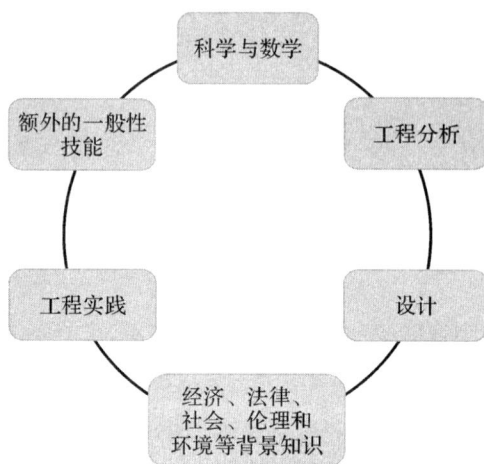

图 5-2 英国高等工程专业认证标准内容的"六大学习领域"

通过专业认证的本科学位和本科荣誉学位是申请注册技术工程师的教育条件,主要强调应用科技解决工程问题的必备实际技能,甚至有时会涉及在跨学科工程环境中应用这些技能。学生在经过认证的本科学位或本科荣誉学位课程的学习过程中,必须掌握基础科学知识、数学知识、创新创造能力和运用技能的能力。获得这些知识和技能将会在未来解决工程问题的实际中发挥实质性的作用。

依据英国工程专业认证标准的内容可以制定相应的学习目标以及符合标准要求的学习内容(如表 5-1 所示)。

---

① Engineering Council. Accreditation of Higher Education Programmes UK Standard for Professional Engineering Competence (Third Edition)[R/OL]. [2016-08-15]. http://www. engc. org. uk/engcdocuments/internet/Website/Accreditation％ 20of％ 20Higher％20Education％20Programmes％20third％20edition％20(1). pdf.

表 5-1　英国工程专业认证标准的"六大学习领域"内容①

序号	学习领域	学习目标	标准要求的学习内容
1	科学与数学	支撑工程学科的知识基础	科技原理、数学原理、统计方法等
2	工程分析	解决工程问题的工具	工程模拟、工程系统与模块、集成技术、数量方法等
3	设计	掌握产品创造过程	客户需求分析、环境局限性分析、工程问题的识别等
4	经济、法律、社会、伦理和环境等背景知识	掌握工程对经济社会的影响因素	工程伦理道德、专业行为准则、工程管理技术、工程相关法律等
5	工程实践	理论付诸实践，以解决实际问题	实际应用的知识、材料、设备性能、实验室操作技能、技术文献、产业标准等
6	额外的一般性技能	拓展可迁移的能力	问题解决能力、交流沟通能力、信息检索能力、自我学习与终身学习能力、团队协作能力等

资料来源：根据 Engineering Council：*Accreditation of Higher Education Programmes UK Standard for Professional Engineering Competence*（*Third Edition*）提炼整理而成。

由表 5-1 可以看出，英国本科工程专业认证的内容标准主要是对"六大学习领域"的知识与技能质量水平的评判。而这六大学习领域的知识与技能很全面地体现了工程专业对毕业生的要求。

科学与数学（science and mathematics）是工程学习的基础。英国十分重视学生对工程专业基础课程和知识的掌握，在设定专业认证标准时，其明确要求本科工程专业毕业生需要掌握运用现代科学原理和数学方法解决工程问题的实际能力。

工程分析（engineering analysis）涉及工程概念和解决工程问题的工具和方法。毕业生需要掌握解释和运用工程分析与模拟的能力；运用数学方法的能力，以解决系统与模型问题；运用工程分析结果，以解决工程问题的能力，

① Engineering Council. Accreditation of Higher Education Programmes UK Standard for Professional Engineering Competence（Third Edition）［R/OL］.［2016-08-15］. http://www.engc.org.uk/engcdocuments/internet/Website/Accreditation％20of％20Higher％20Education％20Programmes％20third％20edition％20(1).pdf.

并找出最优实践方式；应用实际技术的能力，以集成的方式或系统的方式运用实际技术解决工程问题。①

设计（design）是产品、过程与系统的创造与发展，以满足实际的需求。毕业生需要了解商业、客户和用户的需求，包括对广泛的工程环境、公共认识与审美等的关心；然后，定义问题并识别限制，包括环境与可持续的局限，伦理、健康、保险、安全与风险的问题，知识产权，操作与标准的行为准则；善于在不完整或不确定的信息下处理工程作业，并意识到影响设计的因素；改进设计方法，以符合操作流程、维修方式和保持有效信度；管控设计过程，包括成本动因、评价结果。

经济、法律、社会、伦理和环境（economic，legal，social，ethical and environmental context）与工程活动互相影响。因此，毕业生需要学会管理他们的工程活动，具备法律、伦理等知识，以安排好工程活动。他们需要拥有具有专业水平的应用能力。如掌握工程伦理道德、专业行为准则的知识；在工程实践过程中应用商业、经济和社会环境知识的能力；运用实现工程目标的管理技术；运用工程活动，以促进可持续发展的实际能力；掌握管理工程活动所需的相关法律知识，包括人力资本、健康与安全、合同、知识产权、产品安全与责任议题；具有风险意识，包括健康与安全、环境与商业的风险等。②

工程实践（engineering practice）是工程能力的实际应用，是指工程师结合理论与经验以及利用其他相关知识与技能从事工程活动。工程专业本科毕业生需要具备在工程活动背景下运用工程知识的能力（如经营与管理、科技的应用与发展）；运用相关的材料、设备、工具、过程加工或商品的能力；在工作坊与实验室工作的知识与能力；从技术文献获得信息并加以应用的能力；合理运用业务规章和产业标准的能力；具备质量意识和持续提升质量的

① Engineering Council. Accreditation of Higher Education Programmes UK Standard for Professional Engineering Competence (Third Edition)[R/OL].[2016-08-15]. http://www. engc. org. uk/engcdocuments/internet/Website/Accreditation%20of%20Higher%20Education%20Programmes%20third%20edition%20(1). pdf.

② Engineering Council. Accreditation of Higher Education Programmes UK Standard for Professional Engineering Competence (Third Edition)[R/OL].[2016-08-15]. http://www. engc. org. uk/engcdocuments/internet/Website/Accreditation%20of%20Higher%20Education%20Programmes%20third%20edition%20(1). pdf.

能力；具备团队角色意识以及在工程团队中开展集体工作的能力。

额外的一般性技能（additional general skills）是毕业生必须掌握的具有可迁移性的技能，包括应用这些技能来处理工程活动中的问题，涵盖问题解决、交流沟通、信息检索、协作分工、高效运用信息技术设施的能力；具有自我学习和自我提高和进步的能力，即终身学习的能力；执行个人工作项目计划的能力；在团队中履行个人责任的能力。①

工程本科荣誉学位的质量标准内容相对于普通本科学位而言，要求要相对高一些，毕竟获得荣誉学位的学生比例不高，付出的努力也会相应增加。这也意味着获得荣誉学位的本科生在这"六大学习领域"方面需要掌握更深入、更宽广的知识和技能。

通过认证的本科荣誉学位只是部分满足特许工程师注册的工程教育要求，进一步的硕士水平学习是需要的。本科荣誉学位的认证是以特许工程师注册为目的的，其对于运用相关的科学、数学理论知识分析和设计技术方法的能力的要求也更高。通过认证的本科荣誉学位的毕业生，将系统地获得连贯详细的知识、特定工程学科最前沿的知识和技术。关键是能够拥有整合数学、科学、基于计算机的方法、设计、经济、法律、社会、伦理和环境的实际能力、意识和解决复杂问题的工程实践能力。②

普通本科学位与本科荣誉学位在标准要求上有差异。普通本科学位与本科荣誉学位在工程认识、专业知识和实践技能等方面有较大的差异。③（见表5-2）。

---

① Engineering Council. Accreditation of Higher Education Programmes UK Standard for Professional Engineering Competence (Third Edition)[R/OL]. [2016-08-15]. http://www. engc. org. uk/engcdocuments/internet/Website/Accreditation％20of％20Higher％20Education％ 20Programmes％20third％20edition％20(1). pdf.

② Engineering Council. Accreditation of Higher Education Programmes UK Standard for Professional Engineering Competence (Third Edition)[R/OL]. [2016-08-15]. http://www. engc. org. uk/engcdocuments/internet/Website/Accreditation％20of％20Higher％20Education％ 20Programmes％20third％20edition％20(1). pdf.

③ Engineering Council. Accreditation of Higher Education Programmes UK Standard for Professional Engineering Competence (Third Edition)[R/OL]. [2016-08-15]. http://www. engc. org. uk/engcdocuments/internet/Website/Accreditation％20of％20Higher％20Education％ 20Programmes％20third％20edition％20(1). pdf.

表 5-2　工程本科学位级别的毕业生掌握"六大学习领域"差异

六大学习领域	普通本科学位	本科荣誉学位
科学与数学	现代科技原理;数学运用能力;工程原理的统计方法	科学原理与方法;工程与科学融合;技术创新;数学与统计方法;分析与解决问题;运用和整合其他学科工程知识
工程分析	监控、解释和运用工程分析与模拟技术;运用数量方法;描述系统与模块表现;运用工程分析结果解决工程问题;找出最优化实践方式;运用相关科技,解决工程问题	运用原理分析工程问题;运用分析方法和模拟技术;分类表述系统与组件功能;运用定量和计算方法;制定合理化解决工程方案;运用整合或系统化方法解决工程问题
设计	掌握了解商业、客户和用户需求;识别工程局限性;环境与可持续发展;伦理、健康、安全等的风险;知识产权;职业操守准则;在信息局限条件下处理工程作业,意识到影响的因素;运用技术和知识创造或改进设计方法;管控设计过程;向公众交流和解释工程业务	掌握了解并评估商业、客户和用户的需求;调查与界定工程问题;识别工程局限性;环境与可持续发展的局限;伦理、健康、安全等的风险;知识产权;职业操守准则;善于在信息局限条件下处理工程作业,并量化影响设计的条件;运用先进的问题解决技术和知识以建立严格与创新的方法;计划与管控设计过程;向公众交流和解释工程业务
经济、法律、社会、伦理和环境	高质量专业水平的应用能力;工程伦理道德、专业行为准则;在工程实践中处理好商业、经济和社会环境等因素;运用可持续发展理念的能力;对工程活动中的法律条文的掌握;具备工程风险问题意识	高质量专业水平的应用能力;工程伦理道德、专业行为准则;在工程实践中处理好商业、经济和社会环境等因素;具备高效管理工程项目的知识与技术;促进可持续发展的理念与能力及合理利用定量方法;对工程活动中的法律条文的掌握;具备工程风险问题意识;掌握风险评估与风险管理技巧
工程实践	经营与管理知识、科技的应用能力在工程活动中的运用;运用材料、设备、工具、商品等的能力;在工作坊与实验室的知识与能力;合理运用业务规章和产业标准的能力;具备质量理念和可持续提升理念;具备团队角色意识	经营与管理知识、科技的应用能力在工程活动中的运用;掌握特定材料、设备、生产过程和产品的特性及知识;运用其他相关实际和实验技能;具备分析技术文献和其他信息的能力;掌握法律条文和契约合同的知识;掌握工程发展的行为准则和工业标准;具备质量理念以及应用质量保障方法促进可持续发展;具备在技术不确定性条件下工作的能力;在团队中处理不同角色的能力

续表

六大学习领域	普通本科学位	本科荣誉学位
额外的一般性技能	问题解决、交流沟通、信息检索、协作分工、高效运用信息技术设施的能力；自我学习与提高的能力及终身学习能力；执行个人工作项目计划；在团队中履行责任	问题解决、交流沟通、信息检索、协作分工、高效运用信息技术设施的能力；自我学习与提高的能力及终身学习能力；执行个人工作项目计划，并根据变化予以调整；在团队中履行个人或领导者责任，富有创新精神

资料来源：根据 Engineering Council：*Accreditation of Higher Education Programmes UK Standard for Professional Engineering Competence*（*Third Edition*）提炼整理而成。

四、英国工程专业认证标准的特点

1. 毕业生作为"市场产品"的产出质量

英国工程本科教育专业认证标准是对于毕业生学习成果的认证，即学生的"产出"绩效标准，是从专业本身的认证向以毕业生为"市场产品"的标准质量转变。这一标准质量理念和要求在最初的《华盛顿协议》六个成员国之间都有类似的体现，这种趋势也逐步在国际上蔓延和得到认可。专业认证标准的制定是将学生的发展与社会工程领域发展相适应，毕业生的质量、课程内容、教学设施、校企合作等都充分考虑了来自市场的需求与意见。[1] 英国本科工程专业认证标准的"市场产品"特性主要体现在以下几点。

一是在制订标准的咨询过程中，特别重视来自工业界专家和企业雇主的意见和建议。从工程理事会及其各专业委员会的组成人员有相当一部分是来自工业界的专家这一点也可以看出对工程领域市场的关注。

二是将毕业生作为市场化的产品来考量也是基于对工业界市场的供给与需求的考虑。

三是在基于各具体专业认证标准而实施的评估过程中，特意访谈与该专业有联系合作的企业雇主，并将企业雇主的满意度作为评估的重要指标内容。

四是学生参与工业界的见习以提升工程实践经验，毕业后服务好工程实践及为有效地获得就业岗位做准备。

---

① 徐小洲，辛越优.加拿大工程教育质量评估分析［J］.高等工程教育研究，2016（1）：126－131.

五是强调毕业生的团队合作、领导力和创新创业能力,倡导毕业生加强对工程科技成果的转化以推动工业市场的创新创业。基于市场产品导向的标准,不是孤立地仅存在大学内部对学生质量的要求,而是将工程教育的学生置于整个工业市场大环境中,更加能够体现大学所培养的毕业生在质量上具有更高的市场价值和社会价值。

2. 市场能力导向的培养

英国高等工程本科教育是英国工程师注册的教育文凭资格的前提条件,也是《英国工程专业能力标准》所要求的主要内容,即英国的高等工程教育发展及工程师培养都是以工程能力为导向的。

然而,这种工程能力导向却是基于以市场导向为主的"需求式"的培养过程的。在标准的内容里,多方面都体现着对市场能力要求的特性。标准中针对"六大学习领域"更是强调学生对于能力导向的学习。

如在"工程分析"领域,强调毕业生应掌握相关的科技应用技术,并能以集成或系统的方式解决工程实际问题;在"设计"领域,强调毕业生应了解商业、客户和用户的需求,包括对广泛的工程环境、公共认识等的关注,在设计过程中,要考虑成本因素,具备向懂技术和不懂技术的客户解释和交流工程业务的能力;在"经济、社会、法律、伦理和环境"领域,强调毕业生应具有在工程实践过程中面对经济、社会、法律、伦理和环境所需的知识和能力,在管理工程活动时,要充分考虑相关的法律,包括人力资本、健康与安全、合同、知识产权、产品安全和效益等;在"工程实践"领域,重视毕业生在市场背景下参与经营及管理、科技开发与应用的实践。

从标准中体现出来的市场导向技能是与市场所需要的工程人才的要求相匹配的,即能力发展与就业市场需要相吻合,这使得工程教育价值更能在市场中得到提升。

3. 学习领域的全面综合化

英国工程本科专业认证标准针对学生学习领域的要求主要分工程专业领域和一般性技能领域两部分。其核心还是基于科学、设计(技术)、工程、数学,即以传统的 STEM 学科为主。在这两大部分的六大领域中,工程专业知识和技术是重中之重,分为工程分析和工程实践,即强调工程理论与实际的结合。在工程专业领域内,并非仅仅重视工程本身,而是充分考虑在大工程背景下以及社会、经济发展需求下来进行有针对性的学习。

在学习中特别加强对工程伦理和职业准则的学习和掌握,也加深对工程商业、法律条文和经济管理等人文社会科学领域的理解和认识。除此之外,还需要学习额外的一般性技术,不能只是培养懂技术、有理论的未来工程师,更是要培养工程领域的谈判专家、项目管理者和未来工程领域的领导者。

关键是各领域学习之间也强调融合与创新,强化对知识和技术的整合与运用,加快科技成果的转化和商业利用。从英国工程本科专业认证标准的学习领域转变,可以看出在全球经济一体化不断深入的时代,对于工程科技人才的培养已从传统的"技术工匠型"向"综合领导型"转变,对于知识和技能及实践的要求,也从工程"本身的知识与技能"向"基于工程知识与技术+人文社会科学素质"综合型转变,从工程技术学科领域的"独占鳌头"向学科交叉融合的"遍地开花"转变。工程教育人才培养内容的转变,不仅是工程技术自身逐步发展提升的需要,更是英国对工程科技人才未来领导者的迫切需求。

第三节　市场质量标尺的应用:
英国高等工程教育专业认证的过程

专业认证是高等工程教育质量保障的主要方式,也是对工程专业培养的毕业生质量的全面评估。英国对大学工程专业的认证是由各相关工程专业团体具体实施的,所保证的工程教育质量在互认协议下得到世界的认可。

一、英国工程专业认证评估的程序

英国工程专业认证委员会负责对注册成为技术工程师和特许工程师所需的工程教育专业项目课程进行评估。在评估之前,先由各大学(或高等教育机构)向工程专业认证委员会秘书处提交认证申请,在所申报材料通过审核后,秘书处将安排相关专家对所申请的专业项目进行实地考察和评估,并将以报告的形式给予反馈。大学针对一个或多个工程专业课程的申请涉及多个专业工程协会的联合认证评估时,则需要通过英国工程专业认证委员会的同意并组织开展。

在评估之前,大学需要按要求做好相关安排(见表 5-3),应当填写有关评估申请表格,并准备好相关信息提交给相关的工程专业协会评审;如果获得工程专业协会的认可,工程专业认证委员会秘书处将会通知申请访问评估的大学做好准备,安排评估活动的时间。正式的访问评估通常至少在一年之前就事先计划和准备了,大学所需要提交的全部申请材料需要至少在认证评估小组正式访问评估之前的9个星期向工程专业认证委员会秘书处提交,在这期间秘书处及评估小组将对预评估报告进行讨论并给予反馈。

表5-3　英国工程专业认证委会员访问评估活动安排表

活动内容	时间安排
工程专业认证委员会秘书处准备访问评估报告和行动计划,并发送给评估小组组长和成员以征求意见	2个星期
访问评估小组组长和成员反馈评估报告和行动计划的意见	2个星期
工程专业认证委员会秘书处修改评估报告和行动计划,并转发给申请评估的大学,让其根据事实意见情况修改报告和行动计划	1个星期
申请评估的大学反馈评估报告和行动计划	3~4个星期
工程专业认证委员会秘书处将最终的报告/完善的行动计划转交给协会成员以征求认证小组委员会的最终意见	1个星期
总时间安排	9~10个星期

资料来源:http://www.engab.org.uk/media/45592/eab%20visit%20concordat.pdf。

二、英国工程专业认证评估的方法

英国工程专业认证委员会的访问评估通常选择在春季或秋季学期的某个星期的中间两天进行。在评估之前,秘书处将给评估小组草拟日程安排。评估小组将主要针对学生的"学习产出"进行评估,例如检查学生的考试和课程作业,考察工程实验室或设备设施,组织召开座谈会,听取教职员工和学生针对涉及认证的专业项目的教学和内容的发展情况的意见等。[①]

工程专业认证是一个同行评估(peer review)的过程,并应用于工程学位的专业项目。通过专业认证的大学工程学位的专业项目将具有市场优势,有助于工程专业毕业生的就业和注册成为技术工程师和特许工程师。通过认

[①]　Engineering Accreditation Board. Process for an EAB Visit[EB/OL]. http://www.engab.org.uk/eab-visits.

证评估的专业学位在英国范围内被企业雇主看作获得高质量工程教育的标志，其在国际上也得到等价的互认，有助于工程专业毕业生满足国际市场的需求。

工程专业认证的过程是专业工程协会与高等教育机构之间的合作。英国工程专业认证委员会十分支持在每5年一次的专业认证评估过程中与高等教育机构建立持续的对话关系。专业认证整体上应当看作一个以评估促进改革与发展的过程，有利于持续提升专业的工程教育质量以满足当前工程实际的要求。通过认证的专业，满足英国工程理事会要求的"产出标准"，并在知识、理解、技术和实际价值等方面，共同助推毕业生的工程师专业能力的发展。①

特别重要的是，英国工程理事会的标准已经被英国高等教育质量保障署（UK's Quality Assurance Agency）的工程学科基准声明所接受和采纳。在英国可以申请认证的学位项目包括本科学位、本科荣誉学位、工程博士、集成型硕士、其他硕士学位、基础学位等，认证的保持期一般为5年。②

英国工程理事会明确规定了什么类型层次的学位项目是部分满足还是全部满足对技术工程师和特许工程师的注册需求。通过认证的学位项目将在"学术课程认证数据库"（Academic Course Accreditation Database，ACAD）中查询到。

所有的工程专业项目的认证都是以"高等教育专业项目认证"（Accreditation of Higher Education Programmes，AHEP）中所要求的标准来对照进行的。该标准主要是以"学习结果"为评价标准，给予高等教育机构更多的灵活性和自由创新度。所有通过认证的本科荣誉学位自1999年后仅是部分满足注册特许工程师的学术条件，但是全部满足注册技术工程师的学术条件。

评估所采取的方式有审阅材料、实地察看和召开座谈会等。专业认证评估小组成员将审查作为评估学习结果的证据，包括考试试卷、专题作业、评分

① SHogan. EAB Accreditation Briefing Manual for Educational Institutions[R/OL]. [2016-09-13]. http://www. engab. org. uk/media/189219/eab％20accreditation％20briefing％20manual％20for％20educational％20institutions(1). pdf.

② SHogan. EAB Accreditation Briefing Manual for Educational Institutions[R/OL]. [2016-09-13]. http://www. engab. org. uk/media/189219/eab％20accreditation％20briefing％20manual％20for％20educational％20institutions(1). pdf.

方案、外部主考官(external examiners)报告以及持续评估工作的样本案例等。① 大学不断使用电子系统,包括项目计划的提交与打分以及其他作业的电子系统等。学生座谈会是评估小组最为重视的会议之一,评估小组应当与不同年级、不同专业的学生开展交流座谈。

对于学位项目形式多样的情况,如其中一年在企业实践或一年在国外访学,评估小组应采访那些参与完整见习的学生,这对于评审而言是相当有用的。不邀请教职工参加此类座谈会是为了确保评估小组成员与学生之间座谈内容的保密性、客观性和真实性。评估小组与学生座谈的主题和问题主要包括以下几个方面:对学生的支持情况;教职工和学生联络委员会的情况;学生的工程实地考察情况;工业界的访问和开展讲座的情况;信息技术设施设备的获得和利用情况;社会实践情况;未来展望;专业协会会员制情况;导师和教学老师的指导情况。②

如果评估小组对于初始访问检查的或少于5年授予认证的工程专业的学习结果不满意的话,可以要求监督视察评估。典型的监督视察评估将在本次检查结束后的一年或两年后进行少于本次评估人员的简化检查评估。

三、国际性合作项目的专业认证评估

英国工程理事会与英国以外的工程组织机构签订了法定的国际互认协议(如《华盛顿协议》(*Washington Accord*,1989)、《悉尼协议》(*Sydney Accord*,2001)、《都柏林协议》(*Dublin Accord*,2002))③,英国将在这些协议框架下与签署国家间互相承认通过专业认证的工程专业项目的质量。

工程教育专业计划认证的标准与过程是国际性的评估。英国工程理事会是《悉尼协议》和《华盛顿协议》的成员,同时其认证的过程与国际工程联盟(International Engineering Alliance,IEA)的标准相一致,而且各项标准都满

---

① SHogan. EAB Accreditation Briefing Manual for Educational Institutions[R/OL]. [2016-09-13]. http://www.engab.org.uk/media/189219/eab%20accreditation%20briefing%20manual%20for%20educational%20institutions(1).pdf.

② SHogan. EAB Accreditation Briefing Manual for Educational Institutions[R/OL]. [2016-09-13]. http://www.engab.org.uk/media/189219/eab%20accreditation%20briefing%20manual%20for%20educational%20institutions(1).pdf.

③ Engineering Council. International Recognition outside Europe[EB/OL]. http://www.engc.org.uk/international-activity/international-recognition-outside-europe/.

足甚至超过国际工程联盟所要求的工程教育专业毕业生所应具备的素质与能力的要求。国际工程联盟指出,英国工程教育认证标准与欧洲工程教育认证框架也相兼容,在此框架下有权对特许工程师注册的申请人的工程教育计划进行认证。①

对于与英国合作的其他国家或地区的国际工程专业项目以及通过授权的专业项目,专业工程协会将正常地对这些国际项目的合作方进行访问评估。如果工程专业项目是在多个地方(包括国外)开设的话,高等教育机构应当请求对每个合作办学点进行认证和访问评估,或者能够确保此认证评估的要求在其他地方也达到。如果工程专业项目的认证在国外进行,大学将被要求提交初始数据信息表(initial data form)以申请国际访问评估,需要在正式评估之前提供更多的信息材料,甚至需要支付整个评估的所有经费。

针对合作办学的认证评估,大学需要保证其所提供信息的准确性,如果有些合作办学点存在未能满足工程专业认证标准要求的地方,则需要作详细说明和标注。如果存在所申请认证的专业项目的误导信息与实际或与所提交的信息严重不符的情况,将会影响整个工程专业认证的结果。EUR-ACE®是欧洲工程学位项目的质量标签。自 2006 年起,英国工程理事会被授权授予第一层次(本科)和第二层次(硕士)工程学位的质量认证,这也表明获得其质量认证的工程专业项目得到欧盟和国际的认可。②

四、工程专业认证评估的结论与反馈

评估小组并不会立即针对专业认证做出结果决定,而是各自向相关认证常设委员会(accreditation committees)就本次认证评估的情况提交自己的建议和意见,由认证常设委员会根据各方意见做出最终的认证评估结论。反馈对于工程专业认证委员会和专业工程协会来说都是重要的部分。工程专业认证委员会反馈表将提供给高等教育机构。工程专业认证委员会鼓励各专业协会完成这些反馈表并就此次评估的过程及需要改进提升方面提出建议

---

① SHogan. EAB Accreditation Briefing Manual for Educational Institutions[R/OL]. [2016-09-13]. http://www.engab.org.uk/media/189219/eab%20accreditation%20briefing%20manual%20for%20educational%20institutions(1).pdf.

② Engineering Council. European Accreditation (EUR-ACE®)[EB/OL]. http://www.engc.org.uk/EURACE.

和意见。

"改进行动计划"(action plan)将由高等教育机构来完成,并附上草拟的检查报告。该行动计划将包括所有要求和建议,并得到评估检查小组的同意,同时也需要连同草拟的检查报告一起报送给英国工程专业认证委员会秘书处,确保与工程专业认证委员会的协议相一致。改进行动计划被专业工程协会认证常设委员会(PEI accreditation committees)认为是同等重要的检查报告。专业工程协会认证常设委员会也许会接受该检查报告,但是如果被要求修改并重新提交检查报告的话,将会推迟授予认证资格。

为了确保改进行动计划被一次性通过,高等教育机构(大学)应该做到以下几个方面:(1)对改进行动计划中的每一项要求和建议都要做出回应;(2)提供每项行动的日期和名称,包括提出的和实现的日期;(3)承诺采取行动。如果有必要的话,改进行动计划应与中心教育机构的功能匹配,包括合理的证据,如修订的宗旨与目标等。改进行动计划将有可能会成为与专业工程协会持续对话的部分主题,也将在下一次的认证检查评估中进一步核实。①

英国工程专业认证委员会没有针对工程专业认证检查评估的通用申诉程序(appeals procedure)。每个工程专业协会将独立负责决定专业项目是否通过认证,因此任何形式的申诉将通过相关协会的申诉程序开展。申诉的情况非常少见。大学也许会以书面形式将申诉提交给相关协会,针对以下情况要求对认证结果进行再评估:在实施认证评估过程中存在管理上的、程序上的或其他不规范行为。②

---

① SHogan. EAB Accreditation Briefing Manual for Educational Institutions[R/OL].[2016-09-13]. http://www. engab. org. uk/media/189219/eab%20accreditation%20briefing%20manual%20for%20educational%20institutions(1). pdf.

② SHogan. EAB Accreditation Briefing Manual for Educational Institutions[R/OL].[2016-09-13]. http://www. engab. org. uk/media/189219/eab%20accreditation%20briefing%20manual%20for%20educational%20institutions(1). pdf.

第四节　英国高等工程教育质量保障的延伸：
英国工程师注册制度

工程师的形成是一个专业化的过程，工程教育是工程师形成过程中重要的前提条件。然而，工程师注册所要求的一系列条件及质量标准，也反映了对工程教育质量的更高要求及对高等工程教育质量的迫切重视。可以说，工程师的质量直接反映英国高等工程教育的质量，因为高质量的工程师将推动高质量的社会与经济的发展。

《英国工程专业能力标准》前言指出："工程环绕我们周围，并满足我们从最基础的需求到更复杂的梦想与志向。使这一切成为可能的工程师和技术员们，乐于为团队付出，并通过技术努力以持续提高我们的生活水平。他们拥有超群的创造天赋，那是其思维的基础和智力与判断力的平衡。社会对工程协会报以信任，相信工程师和技术员能够代表工程师的利益而管理好自己。这种信任仅是通过极大的个人承诺而肯定的，而这种承诺则体现在获得标准中描述的专业能力和工程行为上。"①

想要注册成为专业工程师和技术员的人们，需要通过专业能力和职业操守的独立评估，而英国工程专业能力标准（UK-SPEC）是由来自工业界、学术界以及不同的学科和专业的代表共同制订的，提供了获得应达到的能力与职业操守的途径。

一、工程师注册制度与工程教育质量目标

英国工程理事会领衔的工程师注册是基于专业能力与职业操守的。英国工程专业能力标准（UK-SPEC）描述了满足工程技术员、技术工程师和特许工程师注册的具体要求。其包括能力达到要求的实践活动案例，从中能够体现工程师个体的现实价值以及与雇主设置的职业岗位的有效对应。各类专

---

① Engineering Council. UK-SPEC UK Standard for Professional Engineering Competence Engineering Technician，Incorporated Engineer and Chartered Engineer Standard［R/OL］. ［2016-09-10］. http://www. engc. org. uk/engcdocuments/internet/ Website/UK-SPEC％20third％20edition％20(1). pdf.

业资格注册是对个体的工程专业能力和职业操守的价值的肯定和认可。① 然而,从工程技术员到技术工程师,再由技术工程师到特许工程师,经验上的或其他方式的学习以及专业发展能够促进个体的进步,也是其职业发展的要求。专业能力和职业操守的证明,是注册的关键要求和前提条件。在个体获得各类注册的专业头衔之前仍需要额外的继续教育和培训。

工程专业能力是指具备有效执行具体工程任务的技能。获得这种专业能力需要一定水平的知识、理解能力和技能,以及职业态度。专业能力的发展取决于正规与非正规的学习、培训和实践经验,一般作为职前专业发展。然而,对专业能力的要求并非是脱离实际的,也并非是完全通过正规方式获得的,更不是一次性能够完全实现的。这里有一个不断发展和提高的过程。对于工程师资格注册申请者,专业能力和职业态度主要有"知识与能力""过程、系统、服务与产品的设计与开发""责任管理或领导""沟通与人际交流能力""职业操守"等5个一般领域的要求。②

对于每种类型的职业注册,正规教育资格,即高等工程教育所获得的知识和理解是能力的核心基础。申请者如果没有得到教育资格的承认,则无法满足对知识和理解的要求,也可以通过其他方式获得相应的知识与工程理解。越来越多的申请者通过在工作中学习的方式来实现这一点。

获得注册工程师和工程技术员的资质,是一个人对社会、环境、个人与职业的态度和职业道德的水平和能力的体现。因此,职业操守和态度对于工程师注册而言更是基于道德价值领域的要求,也是成为合格工程师的重要标准。职业操守和态度具体包括:遵守行为准则、管理和运用工程的安全系统、执行持续专业发展以保持和提高专业能力水平、积极参与协会相关活动等。在新修订的英国工程专业能力标准(UK-SPEC)中还包括在伦理态度方面需要履行的责任。

---

① Engineering Council. Why Become Professionally Registered? [EB/OL]. [2016-10-30]. http://www. engc. org. uk/professional-registration/why-become-professionally-registered/.

② Engineering Council. UK-SPEC UK Standard For Professional Engineering Competence Engineering Technician, Incorporated Engineer and Chartered Engineer Standard[R/OL]. [2016-09-10]. http://www. engc. org. uk/engcdocuments/internet/Website/UK-SPEC%20third%20edition%20(1). pdf.

英国工程理事会和皇家工程院发布的《工程伦理原则细则》^①规定了工程协会的会员应当努力达到良好的工作习惯和人际关系的高标准。工程师和工程技术员在任何情况下执行工程判断时，都需要基于这些伦理价值。除英国工程理事会规定的总体的职业操守和职业道德标准外，每个专业协会机构也将有其自己额外的行为准则，并与一般性的职业框架相符合。

工程师注册制度的目标源于保障当前和未来社会的安全性和系统性。在英国内外，职业注册都可以为雇主、政府和社会带来对工程师职业的充分的信任感，可以肯定获得职业注册资格的工程师和技术员拥有和保持知识、专业技能以及满足当今工程和技术的需求，同时也能够满足社会的发展及下一代对物质资源和科学技术的需要。通过工程师注册表明该工程师个体更能体现专业人员的特质，证明了其满足职业标准的承诺与职业道德以及促进专业发展的能力。^②

对于企业雇主而言，招聘已获得注册资格的专业工程人才，则肯定他们已经通过了专业能力的独立评估、文凭的认可以及建立了可持续专业发展的承诺。他们也将获得同行的肯定和认可，作为满足英国工程专业能力标准对专业知识和经验的要求，也同时能得到国际上的认可。^③ 满足注册要求是相关工程协会会员在其工程协会内不断获得新的发展，以及促进协会发展的机会。同时，这也意味着注册工程师们受到职业行为准则的约束和在这一行为准则下所履行义务的承诺。很多情况下，在英国或国际上，通过注册的专业工程人才拥有签署合同的权力。

很多国家的工程协会注册者仅是在其国内有效履行注册工程师的义务，脱离该国的领域，该职业资格将会失去诸如签署法定工程文件的权力。然而，满足英国工程专业能力标准而注册的工程师则在世界范围内都具备从事

①　Engineering Council. Statement of Ethical Principles [EB/OL]. http://www. engc. org. uk/professional-ethics.

②　Engineering Council. How to Register [EB/OL]. [2016-11-01]. http://www. engc. org. uk/professional-registration/how-to-register/.

③　Engineering Council. UK-SPEC UK Standard for Professional Engineering Competence Engineering Technician, Incorporated Engineer and Chartered Engineer Standard [R/OL]. [2016-09-10]. http://www. engc. org. uk/engcdocuments/internet/ Website/UK-SPEC％20third％20edition％20(1). pdf.

工程师职业的法定职权。在某些情况下，只有通过职业注册才可以在特殊领域工作，因此对于申请工作以及在国外工作的工程师而言，职业注册是相当有好处和必要的。

英国工程专业能力标准在全球范围内受到广泛认可。英国工程理事会与其他国家工程团体签订互认协议，特别是建立于1989年的《华盛顿协议》，目前成员国已经超出了创始当时的6个，中国于2016年6月正式加入该协议。同时，英国工程理事会还与《悉尼协议》《都柏林协议》等签订了《技术员互认协议》《国际职业工程师协议》《联合亚太工程师协议》。英国工程理事会是欧洲国家工程理事会联盟、欧盟国家工程协会等的成员。英国工程理事会持续帮助工程师和技术员在国内的注册工作以及在国外的互认工作，也在协议框架下承认其他国家的注册人员满足英国工程专业能力标准。

英国工程师注册将对申请者的专业能力进行考察评估，且对于工程技术员、技术工程师和特许工程师的要求也不一样，但都包括达到注册的专业能力标准、文凭资格和专业发展要求的三个方面。针对各级别的工程师注册则要求申请者具备达到相应标准的能力，而且需要申请者提供案例（提交材料）以描述和证明申请者具备这些能力和运用这些专业能力处理工程实践问题。

二、工程技术员注册的专业能力标准、文凭资格及专业发展要求

1. 工程技术员注册的专业能力标准

在英国注册为工程技术员的申请者需要满足"工程技术员标准"（the engineering technician standard），即能够运用成熟的技术和程序解决实际工程问题。该标准要求工程技术员能够安全应用工作系统，并具备：（1）在设计、开发、制造、调试、操作或产品维修、装备、过程或服务方面有过贡献的证据；（2）能够承担监督或技术责任；（3）在交流技术事务时具备有效的人际交往能力；（4）对于专业工程价值的承诺。①

工程技术员专业能力标准（the competence and commitment standard for engineering technicians）是工程技术员注册的质量保证。因此，工程技术

---

① Engineering Council. UK-SPEC UK Standard for Professional Engineering Competence Engineering Technician，Incorporated Engineer and Chartered Engineer Standard［R/OL］．［2016-09-10］．http://www.engc.org.uk/engcdocuments/internet/Website/UK-SPEC％20third％20edition％20(1).pdf.

员必须凭借他们的工作经验,通过教育、培训和经验获得达到注册标准要求的专业能力。专业能力标准具体规定了申请者所要求拥有的能力范围,并且需要申请者列举或描述工程实践过程的实例和解决工程问题的过程。

因此,申请工程技术员资格的申请者,必须满足达到工程技术员专业能力标准的要求,且提供资料和证据。首先,需要根据工程知识和理解能力正确运用技术及实际技能。需要申请者描述一个曾经完成得较好的工作案例,并阐述选择某项技术的理由以及最后的结果。其次,能合理运用特定的技术或工程原理。这就有赖于申请者的直接经验。申请者需要进一步解释单一设备、系统或机制的运行机理与程序。

在设计与开发制造产品方面,首先,申请者应当掌握识别工程问题和运用合适的方法解决工程问题的能力。申请者要举例说明他是怎样运用测量、监控和评估方法的。其次,申请者应能运用资源有效地完成工程任务,并考虑费用成本、质量、保险、安全和环境影响。申请者要举例说明他是如何做决定的,即如何选用信息、材料、组件、人员或计划的,或如何引进新的工作方法的,或采取了何种防范措施。

在承担和履行个人责任方面,申请者需要描述一个他曾基于既定目标的实现而承担个人责任的实践经验或例子。使用积极交流和人际沟通能力方面的专业能力需要体现在申请者专业讨论、会议陈述、阅读和综合归纳信息或撰写不同类型的文本报告等方面的贡献中。[①]

申请者应对合适的职业道德标准、社会义务以及专业和环境做出个人承诺。申请者的承诺将成为职业人员和所有会员遵守的标准的重要部分。申请者需要证明已经掌握和理解所在协会的行为准则,并承诺遵守这些行为准则。

申请者应执行和记录可持续的专业发展以保持和提升在本专业实践领域的专业能力,包括:对自我发展所需能力的评估;实现个人和组织目标的计划;保持专业能力发展的证据;评价针对任何计划促进的可持续专业发展结

---

① Engineering Council. Engineering Technician eBook[M/OL]. http://www.engc.org.uk/engcdocuments/internet/Website/EngTech%20eBook.pdf.

果；帮助其他同事的可持续专业发展。①

2. 工程技术员注册的文凭资格

工程师注册需要专业能力和专业知识的综合考量，除此之外，一定的工程教育文凭资格也是证明申请者具备能够成为注册工程师所体现出的知识与技术基础。工程技术员注册对文凭资格的要求主要有以下几种。

(1)被相关具备资质的专业工程协会认可的高级(advanced)文凭、现代学徒制(modern apprenticeship)或者其他基于工作的学习项目课程。(2)被相关具备资质的专业工程协会认可的文凭资格，在工程或建设方面相当于在资格证书与学分框架(qualifications and credit framework)或英格兰、北爱尔兰的国家资格框架(national qualifications framework for England and Northern Ireland)下的水平 3(三级水平)及以上，或处于苏格兰学分与资格框架(Scottish credit and qualifications framework)下的水平 6(六级水平)及以上，或处于威尔士学分与资格框架(credit and qualifications framework for Wales)下的水平 3(三级水平)及以上。②(3)等价于被相关具备资质的专业工程协会认可的其他资格。

在英国，还有许多文凭资格或许将部分或全部被认可，工程理事会数据库中也列出了。③ 同时，存在许多具有潜质成为注册工程技术员的人，他们也许没有获得正规教育或培训的优势，但是其可以通过大量的工作经验加以证明。因此，个人申请者如果没有以上所提及的文凭资格类型，则可以申请"单独路线"(individual route)评估。这个过程将由申请者所在的协会(机构)来具体执行，包括对原先学习和当前表现的评估。他们工作的企业雇主对其专

---

① Engineering Council. UK-SPEC UK Standard for Professional Engineering Competence Engineering Technician，Incorporated Engineer and Chartered Engineer Standard［R/OL］. ［2016-09-10］. http://www. engc. org. uk/engcdocuments/internet/Website/UK-SPEC％20third％20edition％20(1). pdf.

② Engineering Council. UK-SPEC UK Standard for Professional Engineering Competence Engineering Technician，Incorporated Engineer and Chartered Engineer Standard［R/OL］. ［2016-10-10］. http://www. engc. org. uk/engcdocuments/internet/Website/UK-SPEC％20third％20edition％20(1). pdf.

③ Engineering Council. Database of Technician Qualifications［EB/OL］. http://www. engc. org. uk/techdb。

业能力和相关技能的认可证明也许更加有说服力，是作为替换其文凭资格的有效证据。申请者应当咨询所属的协会或机构以获得最佳选择的建议。

3. 工程技术员注册的专业发展要求

专业发展（professional development）是提升专业能力的另一个关键部分，也是潜在成为注册工程技术员者学会运用知识和能力及开始应用专业判断的实践过程。同时，对于通过学徒制而获得的知识与技能则会与相关的正规教育或培训相一致。许多组织或机构实施的学徒制或企业公司雇主为提升员工能力而开展的培训项目计划等，都是符合企业雇主或公司发展的特定需求的，目的也在于促进工程技术员个人的注册，相关的系列专业发展过程和成效也许会被一个或多个专业工程协会所认可。在组织机构中潜在成为注册工程师的申请者，如果没有这些相关类型的项目计划，将会需要准备关于专业能力和专业活动的档案以帮助其成功注册。①

三、技术工程师注册的专业能力标准、文凭资格及专业发展要求

1. 技术工程师注册的专业能力标准

技术工程师不管是在教育还是在专业能力方面都比工程技术员要求高。相应地，关于技术工程师注册的"技术工程师标准"（the incorporated engineer standard）也在工程技术员标准之上，更加严格。与从事一般性的工程事务的工程技术员相比，技术工程师则是维持和操控当前及未来的技术的应用，承担工程设计、发展、制造、建设和实施。

技术工程师要求具备：（1）深厚的技术理论知识和能解决问题的分析技术；（2）传递工程项目或服务的知识和应用能力；（3）项目和财务计划的责任及发展其他专业成员的共同管理能力；（4）在交流技术事务时的有效人际交往能力；（5）对于职业工程价值的承诺。②

技术工程师专业能力标准（the competence and commitment standard

①　Engineering Council. Professional Development［EB/OL］. http://www. engc. org. uk/professional-development/.

②　Engineering Council. UK-SPEC UK Standard for Professional Engineering Competence Engineering Technician，Incorporated Engineer and Chartered Engineer Standard［R/OL］.［2016-10-10］. http://www. engc. org. uk/engcdocuments/internet/Website/UK-SPEC%20third%20edition%20(1). pdf.

for incorporated engineers)是对想要注册成为技术工程师的申请者在专业能力和职业操守方面的要求。技术工程师申请者必须通过工作实践,凭借其教育、培训和专业能力,在每一项专业能力标准要求下,申请者都需要证明其具备该能力,并用实践案例或材料加以印证。

技术工程师需要掌握综合使用一般性和特殊性工程知识与理解技能,并付诸科技实践中。一方面,在工程实践的技术应用中,保持和拓展全面的理论方法;另一方面,使用合理的基于证据的问题解决方法,有助于持续改进。运用合理的理论与实际的方法,付诸设计、开发、制造、建设、调试、操作和再循环工程的程序、系统、服务和产品。

首先,要求能够识别、评估和选择技术、程序和方法,以执行工程任务。同时,促进市场对新工程产品、程序和系统的招投标,有助于对新工程产品、程序和系统的规划与采购。设定工程目标,草拟项目方案和行动计划,统筹安排工程活动。其次,有助于工程解决办法的设计与开发。再次,执行设计解决办法和有助于价值体现。

技术工程师不仅需要具备专业知识与技术,也需要在工程技术与管理方面有所长。第一,要求申请者能够有效地执行项目计划;第二,能够管理计划和工作任务的预算、人员和资源;第三,能够管理团队和促进团队成员的发展,以适应技术变化和管理需求;第四,能够通过管控持续提升质量。[1]

在沟通交流方面,特别强调技术工程师应具备良好的人际交往能力。首先,可以用英语与其他不同程度水平的人交流;其次,撰写和讨论建议书;再次,证明个人的社交能力。

在职业道德与专业行为方面,注意与社会和环境的和谐。第一,遵守相关的行为准则;第二,管理与运用工作安全系统;第三,从事有助于可持续发展的工程活动;第四,执行和记录可持续的专业发展,务必保持和提升自己在实践领域的专业能力;第五,履行伦理事务的责任。[2]

---

① Engineering Council. The Incorporated Engineer Ebook[M/OL]. http://www. engc. org. uk/engcdocuments/internet/Website/IEng%20eBook. pdf.

② Engineering Council. UK-SPEC UK Standard for Professional Engineering Competence Engineering Technician, Incorporated Engineer and Chartered Engineer Standard[R/OL]. [2016-10-10]. http://www. engc. org. uk/engcdocuments/internet/Website/UK-SPEC%20third%20edition%20(1). pdf.

2.技术工程师注册的文凭资格

文凭资格是获得教育资质的证明，也是技术工程师注册的前提条件。技术工程师必须具备正规的高等工程教育文凭。相比于工程技术员对教育文凭的要求而言，技术工程师要求更高。技术工程师注册所需要的文凭包括以下几种，也阐明了技术工程师对知识和理解的具体要求：(1)通过认证的工程或技术的本科学位或本科荣誉学位；(2)国家高级文凭(Higher National Diploma)或工程或技术的基础学位(Foundation Degree)，外加上合适的学位程度的继续学习；(3)或者国家职业资格(National Vocational Qualification，NVQ)4级，或者是被相关具备资质的专业工程协会许可的苏格兰职业资格(SVQ)4级，外加上合适的学位程度的继续教育培训。

申请者如果没有达到规定的文凭资格要求，同样也可以通过其他方式证明其满足知识和理解的要求，但是必须证明已经取得与所要求文凭资格水平相当的知识和能力。证明的方式包括：(1)整体或部分地取得进一步的文凭资格，且是被要申请的工程协会认可指定的；(2)完成合适的基于工作或经验的学习；(3)根据实际经验，撰写技术报告和展示工程原理的知识和理解能力；(4)2011年以前，必须参与工程理事会组织的考试。申请者应当咨询所属的工程协会以寻求合适的选择和建议。

3.技术工程师注册的专业发展要求

技术工程师的专业发展(professional development)是开发专业能力的另一个关键部分，也是潜在成为注册技术工程师者学会运用知识和理解及开始应用专业判断的实践过程。同时，通过学徒制学习的知识和技能与相关的正规教育或培训相符。

许多大企业雇主会开展学徒制或毕业生培训与发展项目课程计划。然而，这些项目课程计划适合于该企业的特定需求，他们目的在于帮助学徒和毕业生注册。也许这些项目课程已经被一个或多个专业工程协会所认可或通过认证。

在组织机构中有潜质成为注册技术工程师的人，如果没有这些相关类型的项目计划，将需要准备关于专业能力和专业活动的档案以帮助他们成功注册。在某些情况下，雇主将会使用职业标准或专业能力框架来决定其职工的工作表现和员工的专业发展，这些也将是构建专业能力档案的重要内容。除此之外，有抱负的申请者应当使用相关协会的专业能力和承诺说明和指导原则，这也许能够将他们与指导者联系起来，以帮助他们处理在专业发展中的差距。①

四、特许工程师注册的专业能力标准、文凭资格及专业发展要求

1.特许工程师注册的专业能力标准

特许工程师是英国工程师系列的高级阶段，要求其能够运用新的或已成熟的科技办法解决工程问题，并能进行创新、创造和改变，拥有对显著风险水平的复杂系统的技术责任。特许工程师的标准（the chartered engineer standard）能够证明其具备：（1）在新科技和开发新分析技术方法时具有运用理论知识解决工程问题的能力；（2）成功将知识运用到创新产品和服务上，能承担复杂工程系统的技术职责；（3）承担项目、经费、人事管理、管控技术与社会经济因素之间的平衡的责任；（4）能够开发其他技术人员的能力；（5）在技术事务中具备有效的人际交往沟通能力。②

特许工程师专业能力标准（the competence and commitment standard for chartered engineers）要求，务必通过申请者的工作经验体现其教育、培训和专业能力，并举例说明特许工程师申请者的专业能力和职业操守的活动情况。具体可以涉及以下几个方面。

综合使用一般的和专业的工程知识与能力，优化和应用于现存的和将出现的科技。第一，维持和延伸可靠的技术方法，以促进先进和更新的技术的引进和开发；第二，参与工程技术和持续提升系统的创新、创造开发；第三，领导或管理市场研究、产品与过程的研究与开发；第四，执行可靠的统计数据评价，使用最佳实践证据促进提高效率。

运用合适的理论与实际方法分析和解决工程问题。第一，识别潜力项目

---

① Engineering Council. Continuing Professional Development (CPD) [EB/OL]. [2016-11-12]. http://www. engc. org. uk/professional-development/continuing-professional-development-cpd/.

② Engineering Council. UK-SPEC UK Standard for Professional Engineering Competence Engineering Technician, Incorporated Engineer and Chartered Engineer Standard [R/OL]. [2016-10-10]. http://www. engc. org. uk/engcdocuments/internet/ Website/UK-SPEC%20third%20edition%20(1). pdf.

和机遇;第二,实施恰当的研究和负责工程解决办法的设计及开发;第三,管理设计解决办法的执行和评估其效率;第四,通过深入产品制造和服务以及评价,关注设计过程;第五,准备和提出效率评价报告,包括考虑风险、安全和项目生命周期,解释和分析性能表现。

提供技术和商业的领导力。第一,有效地执行项目计划;第二,计划、预算、组织、管理和控制任务、人员和资源;第三,领导团队和促进员工成长以应对技术变化与管理需要;第四,通过质量管理带动持续改进。在证明有效的人际交往能力方面,也比之前的工程技术员和技术工程师要求高。首先,能用英语与其他不同程度水平的人交流;其次,能提出和讨论建议书;再次,能证明个人和社会的能力。这方面加强了对创造、维持和提高富有成效的工作关系和化解矛盾的要求。

证明对专业标准、社会承认的义务以及协会和环境的个人承诺。第一,同样也需要遵守相关的行为准则;第二,管理与运用工作安全体系;第三,从事有助于可持续发展方式的工程活动,采取可持续的实践,实现社会、经济和环境的多赢效果;第四,执行和记录可持续的专业发展,务必保持和提升自己在实践领域的专业能力,保持追踪国内与国际的工程问题;第五,履行伦理事务的责任。①

2. 特许工程师注册的文凭资格

特许工程师注册对于教育文凭的要求,在技术工程师的要求上更加严格。以下文凭资格阐明了特许工程师对知识和理解的具体要求:(1)通过认证的工程或技术的本科学位或本科荣誉学位,外加合适的通过相关工程协会认证的硕士学位和工程博士,或其他合适的相当于硕士水平的继续教育;(2)通过认证的集成型工程硕士学位。②

申请者如果没有达到规定的文凭资格要求,可以通过其他方式证明其满

---

① Engineering Council. UK-SPEC UK Standard for Professional Engineering Competence Engineering Technician, Incorporated Engineer and Chartered Engineer Standard[R/OL]. [2016-10-10]. http://www. engc. org. uk/engcdocuments/internet/ Website/UK-SPEC%20third%20edition%20(1). pdf.

② Engineering Council. Chartered Engineer eBook[M/OL]. http://www. engc. org. uk/engcdocuments/internet/Website/CEng%20eBook. pdf.

足知识和理解的要求,但是必须证明已经取得与所要求文凭资格相当水平的知识和理解。证明的方式包括:(1)整体或部分地取得进一步的文凭资格,且是被所要申请的工程协会所认可指定的;(2)完成合适的基于工作或经验的学习;(3)根据实际经验,撰写技术报告和展示工程原理的知识和理解;(4)2011年以前,参与工程理事会的考试。申请者应当咨询所属的工程协会以寻求合适的选择和建议。

3. 特许工程师注册的专业发展要求

专业发展是开发专业能力的另一个关键部分。潜在成为注册特许工程师者应学会运用知识和理解并开始应用专业判断能力。同时,要与上面所提及的通过学徒制获得的相关的正规教育或培训相符。

工程协会行为准则的指导方针(guidelines for institution codes of conduct)强调,每个有资质的专业工程协会的行为准则应当将个人的义务置于其成员行动规范中,并以公共利益诚实地开展行动。其也可以表达为鼓励会员的工程实践,以及行动与行为准则声明相一致。

行为准则明确地要求英国工程协会会员履行以下职责:(1)基于已有的技能行事,谨慎和完全地尊重专业标准;(2)预防对健康和安全造成的可避免的危险;(3)在可持续发展原则下行事,预防对环境和社会产生可避免的负面影响;(4)维持和提升会员的专业能力,仅承担能力所及的专业工作任务,接受相关专业能力的局限性;(5)在执行监督工作时,应承担相应的职责;(6)公平地尊重所有的人;(7)鼓励其他会员提高他们的学习和专业能力;(8)避免实际的或可察觉到的利益冲突,当冲突出现时要给予当事人合理的建议;(9)遵守适当的保密义务;(10)拒绝贿赂和所有腐败的行为,并为确保其他会员也如此而做出积极努力;(11)对于危险、风险、玩忽职守或影响他人(揭发)的不道德行为要更加关注,支持同事或其他会员,并有责任真诚地照顾和给予关心;(12)评估和管理相关风险并开展适当的交流;(13)如果适当地控制专业损害赔偿保险,要评估相关可靠性;(14)如果被判定有刑事犯罪或濒临破产或被取消作为公司董事的资格,要告知协会;(15)其他会员违反任何重大的协会行为准则的，要告知协会。①

《风险指导方针》（*Guidance on Risk*）由英国工程理事会发布，列出了六条原则指导和激励职业工程师和工程技术员应对风险的评估、管理和交流。具体为：（1）运用专业的和可靠的判断以承担领导角色；（2）采取系统的和整体的方法促进风险识别、评估和管理；（3）遵守法律和规范；（4）确保与其他相关人员的良好交流沟通；（5）确保监督和审查形成长效机制；（6）有助于形成公共风险意识。②

《可持续性指导方针》（*Guidance on Sustainability*）列出了六条原则，以指导和激励职业工程师和工程技术员为影响可持续性的客户、雇主和社会做出决定。具体为：（1）有助于构建可持续的社会，现在和未来；（2）应用专业的和可靠的判断，并承担领导角色；（3）不仅仅只遵守法律和行为准则；（4）有效和高效地利用资源；（5）寻找解决可持续挑战的多视角；（6）管控风险以减少对人与环境的负面影响。③

《持续专业发展政策声明》（*Continuing Professional Development*，CPD）④被理解为跨众多专业领域而系统地获得的知识和技能、个人素质的发展，并维持和提升专业能力。所有工程协会的会员都有义务承担 CPD 和支持其他人的学习。对于工程理事会的注册者而言，这将是支撑工程技术员、技术工程师和特许工程师及信息交流技术工程师职业头衔价值的基础，同时也是服务社会和对工程专业充满信心的表现。

CPD 有几个主要目标，随着注册者环境、需要和职业发展情况而变化。通常，注册者将会参与 CPD 以确保他们对当前工作的持续专业能力的需要。其他时候，CPD 则在他们的组织内外扮演不同的角色（也许会有更多管理内

---

① Engineering Council. UK-SPEC UK Standard for Professional Engineering Competence Engineering Technician，Incorporated Engineer and Chartered Engineer Standard［R/OL］. ［2016-10-10］. http://www. engc. org. uk/engcdocuments/internet/Website/UK-SPEC％20third％20edition％20(1). pdf.

② Engineering Council. Guidance on Risk［EB/OL］. http://www. engc. org. uk/standards-guidance/guidance/guidance-on-risk/.

③ Engineering Council. Guidance on Sustainability［EB/OL］. http://www. engc. org. uk/standards-guidance/guidance/guidance-on-sustainability/.

④ Engineering Council. Continuing Professional Development（CPD）［EB/OL］. http://www. engc. org. uk/cpd.

容,也许不是纯工程)。同样地,CPD将会帮助注册者关注长期的职业发展计划,或在比当前具体工作角色更宽的环境下提高他们的专业化水平。因此,注册者应学习聚焦于不同领域的专业能力以及不受时间限制。

CPD也具有各式各样不同的形式。其核心是通过工作和生活中的挑战与机遇非正式地学习和与他人交流沟通(如同事、客户、供应商),也包括其他学科领域的专业人员。然而,也可以通过诸如课程、远程学习项目、自学、论文和演示文稿的准备、督导、参与专业团体的活动或其他相关的志愿者服务活动等构造性活动加以充实。个人注册者最能决定他们的需求及如何去实现需求。时常,雇主或有经验的同事将在承担CPD的过程中起着重要的作用,但是个人应当在专业发展机会过程中负主要责任并具备前瞻性。

专业团体的一个主要功能是促进和支持会员的专业发展。被工程理事会授权的专业工程协会建议和支持其会员以多种形式随时参与CPD,例如提供指导意见、学习资源和监督项目。需要建立一定的CPD计划和登记机制,并及时评估其会员承担CPD的情况。协会应当在未来加强每年对积极的专业注册者承担CPD的情况的随机样本的评估,并提供合理的反馈。①

五、工程师注册的程序与方法

职业注册对所有满足工程专业能力标准中所要求的能力和承诺的工程师和技术员开放。任何想要注册的工程师或技术员必须向在工程理事会授权的具备资质的工程协会申请,协会将会提供关于注册评估的过程和时间的建议和意见。②

注册评审的程序被认为是一个专业性的评估,将按申请时所选定的工程协会的具体要求执行。但是,针对文凭资格、经验证明、培训情况等的要求,则需要正式的纸质证明材料。在提供具体细节材料时,申请者需要证明所提供的材料将满足工程专业能力标准对专业能力和承诺的要求。对于潜在的

---

① Engineering Council. UK-SPEC UK Standard for Professional Engineering Competence Engineering Technician,Incorporated Engineer and Chartered Engineer Standard[R/OL].[2016-10-10]. http://www. engc. org. uk/engcdocuments/internet/Website/UK-SPEC%20third%20edition%20(1). pdf.

② Engineering Council. Professional Engineering Institutions[EB/OL]. http://www.engc. org. uk/about-us/our-partners/professional-engineering-institutions/.

注册申请者而言，他们的咨询顾问和专业评估专家将决定其最合适的注册类别。专业隶属机构的会员将与有资质的工程协会合作，通过该工程协会申请注册。①

要成为注册工程师或技术员，申请者必须接受专业能力评估（assessment of competence and commitment）过程以确定其已拥有达到申请所具备的专业能力和承诺。该评估采取同行评估的方式，具备专业能力和培训的申请者将参与这类的评估。申请者将以工程专业能力标准为指标对照评估，或者与相应的工程协会对指定专业项目的标准保持一致。

专业能力和承诺的发展没有具体的法定时间规定，而是由诸如先前资格文凭或经验、工作角色和个人情况等多因素决定的。基于证明文件，机构将决定申请者是否已具备条件。想要成为技术工程师和特许工程师的申请者将接受评估专家的正式面谈（面试），但是对于想成为注册工程技术员的申请者而言，则不需要面试，仅以证明材料为依据。对这三类工程专业头衔，对应的机构将给出建议，如何更好地呈现培训和经验的证明材料。当出现或存在证明材料不足的情况时，机构通常会建议其他可以证明的方式，这也许会涉及继续培训或者额外经验。②

在专业评估完成之后，相关机构委员会将会给出决定。一旦通过评审，申请者将会作为注册工程技术员、技术工程师、特许工程师的候选人。为保留这一头衔，申请者需要成为具备资质的工程协会或机构或与具备资质的机构签订合作协议的隶属机构的持续会员，并按期交纳会费。申请成为职业注册的候选人必须致力于保持和提高他们的专业能力。这将需要提供采取措施和打算在持续专业发展目标下继续努力的证明。这将是认可作为注册工程师或技术员的重要部分。对于任何想要注册的人而言，认可其承担义务和持续承诺相当重要。

工程技术员、技术工程师和特许工程师应当为持续专业发展采取必要的

---

① Engineering Council. Professional Affiliates［EB/OL］. http://www. engc. org. uk/about-us/our-partners/professional-affiliates/.

② Engineering Council. UK-SPEC UK Standard for Professional Engineering Competence Engineering Technician, Incorporated Engineer and Chartered Engineer Standard［R］. ［2016-10-10］. http://www. engc. org. uk/engcdocuments/internet/Website/UK-SPEC%20third%20edition%20(1). pdf.

措施以保持和提高专业能力，特别应当全身心地投入学习和技能发展，制订计划以满足这些条件的要求，并在合适的时机与雇主讨论；要承担各种研发活动，与制订的计划和其他出现的机会保持一致；要反思通过持续专业发展活动学习和得到的收获，并记录这些反思情况；要评价他们持续专业发展活动与设定目标之间的差距，并记录评价信息；要根据未来需求做出反应与评估，定期地评论他们学习与发展计划；要通过诸如指导、分享专门知识以支持其他人员的学习与专业发展。①

第五节　本章小结

市场及市场导向的工程理事会是英国高等工程教育质量保障的一个关键角色。在英国的高等工程教育质量领域，高等教育质量保障署负责评估大学是否建立了质量保障机制，而英国工程理事会则以市场的标准来衡量高等工程教育质量水平的高低。英国工程理事会是介于政府和大学之间的第三方机构组织，也是工程专业团体，其代表英国政府对外履行工程教育质量认证和工程师注册的互认。

英国高等工程教育的特色也正是在于以市场为导向的工程理事会推动的工程专业认证方式，保障工程专业毕业生的质量。可以说，市场的导向可以驱动政府和大学向着市场的标准方向努力，因为政府和大学都想培养工业界认可和匹配的工程专业毕业生。

因此，工程理事会的专业认证标准代表了市场对工程科技人才的需求，且获得通过专业认证的工程相关专业的学位可以广泛地被工业企业界认可，也证明毕业生质量达到了一定的水平。英国大学工程专业毕业生，如果所就读的专业通过了认证委员会的认证，就具备了未来申请注册成为技术工程师和特许工程师的教育基础。从英国工程专业认证标准来看，工程专业标准的内容反映了对具体相关专业学生学习的知识和能力的要求。

英国工程专业认证的标准是基于学生学业的"产出"标准，即从注重学生

① Engineering Council. CPD Code for Registrants[EB/OL]. http://www.engc. org.uk/professional-development/continuing-professional-development-cpd/.

的教育转变到注重学生的收获,将学生作为市场化的"产品"来进行质量评估。其标准要求主要有"六大学习领域",即科学与数学,工程分析,设计,经济、法律、社会、伦理和环境,工程实践,额外的一般性技能。

可以看出,专业认证的标准涉及高等工程教育的各个方面。一是注重工程专业的基础性学科,将科学和数学的重要性摆在首位;二是特别重视工程专业学生分析的思维与能力;三是强化工程专业的设计本领;四是拓展工程科技人才的知识领域,并不只是要求工程专业毕业生具备工程相关的技术性知识与能力,同时也拓展到重视经济、伦理、法律等知识,可以说将工程与科学、艺术、审美、道德等相融合;五是强化工程专业毕业生的实践能力;六是需要加强交流沟通、外语能力等。

总体可以看出,英国高等工程教育质量保障的特色正是其基于市场导向的质量标准,是以市场为落脚点,用市场化的"产品"与"产出"要求来衡量高等工程教育的质量水平。市场导向的工程教育质量保障,可以避免大学培养出落后于时代的工程师,能够保证大学生走出封闭的象牙塔,与市场和社会相交融。获得市场的认可或许是评判高等工程教育质量较为客观的标准,也正是依靠市场推动,英国大学的工程教育质量迈上了新的台阶。

第六章 结 论

　　通过对政府、大学和市场(市场导向的工程理事会)在推动英国高等工程教育质量保障过程中所扮演的"角色"分析,并将此"三角协调"模型与最初伯顿·克拉克提出的模型相比较,发现在英国经过几十年的高等工程教育改革与发展过程中,模型发生了变化。政府、大学和市场三个维度在推进高等工程教育质量保障方面都相应地改变了原来的模式,也创新了方法。同时,设想提出了高等工程教育质量保障的"理想模型",并对照发现英国在当前实施高等工程教育质量保障过程中,政府、大学、市场三者也都存在着各自的问题与挑战。

第一节　英国高等工程教育质量保障主体在"三角协调"模型的变化

　　综合比较伯顿·克拉克的高等教育系统"三角协调"模型和加雷斯·威廉姆斯的高等教育系统协调模式,我们可以发现,20 世纪 80 年代以来,英国的高等教育系统发生了巨大的改变。具体变化是政府采用了大量市场化的手段,越来越作为高等教育消费者的角色而出现。随之而来的是,政府开始干预大学的自主权,学术权威的力量在逐步减弱,作为消费者的市场力量在增强。因此,政府、大学和市场三个维度的主体角色在英国高等工程教育质量保障过程中的作用也发生了变化(如图 6-1 所示)。

一、市场维度:质量保障从浅依附向深融合转变

　　市场对于英国高等工程教育质量保障的影响呈现出越来越深入的趋势。

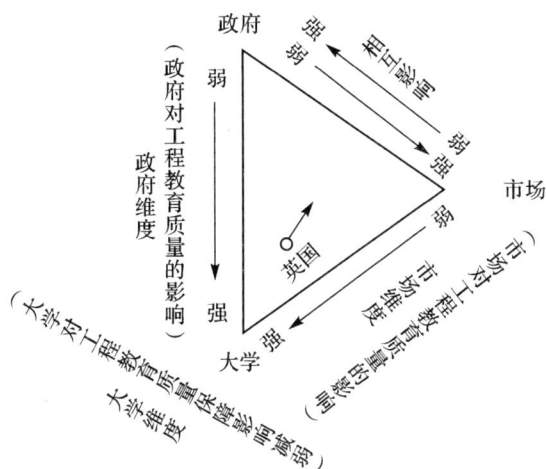

图 6-1 英国高等工程教育质量保障"三角协调"模型变化

资料来源:作者根据伯顿·克拉克理论,经研究绘制而成。

在 20 世纪 80 年代之前,质量保障大多还主要是在大学内部实施,外部的市场对于大学工程教育质量的影响没那么大。自 20 世纪 80 年代英国实施新经济政策以来,国家的重点便更多地转向了发展经济和提升人民生活水平。为了经济的增长与人民生活水平的提升,国家便开始关注高等工程教育质量,其原因在于,英国的整个社会和经济发展需要提高生产率,需要依靠全要素驱动经济转型增长,而提高生产率的关键在于提升技术水平,增加产品的科技含量,这就需要高素质的工程科技人才。

到 20 世纪末,英国愈加体会到高等工程教育质量保障的重要性。其原因在于不仅越来越多的青年不愿意选择攻读工程专业,英国社会上也流传着工程师是"蓝领",工程领域的职业是"粗糙的职业"等负面观念。然而,企业界的快速发展急需高质量的工程科技人才以带动企业的技术升级。此外,英国的经济受世界经济的影响逐步深入,在知识经济的时代洪流中,国家间的经济竞争、市场贸易战争不断升级,英国需要有高质量的产品和高新技术的贸易输出。因此,在知识经济时代,工业企业对高质量的工程科技人才更加渴望,对高等工程教育质量保障给予更多关注。

进入 21 世纪以来,随着英国社会进入以创新驱动经济增长的发展模式,工业界对工程科技人才的需求也从传统的单一专长的人才向具有广博知识和技能的专才转变。同时，工业界对工程专业学生的工程实践的关注度不断提高。特别是在 2008 年全球金融危机爆发后，各国对经济转型升级的期待更加迫切，即对于工程科技人才的需求更加紧迫。

在爆发金融危机的前一年，英国皇家工程院发布的报告《培养 21 世纪工程师》就已经揭示了工程师及高等工程教育的质量保障对经济与产业升级的重要性。特别是高等院校实施的"经验导向型"（experience-led）本科工程学位课程，吸引工业界广泛参与院系的课程与教学过程，推动课程与教学模式改革，同时，强调学生参与工业界的工程问题实践，注意理论与实际的有效统一。

通过研究梳理可以发现，英国高等工程教育质量保障对于市场的依赖程度正在不断升级，可以说市场的方向决定着高等工程教育质量保障的方向。大学的人才培养、国家的宏观控制，其实也越来越围绕着市场的变化而变化。英国高等工程教育质量保障从传统的对市场依赖性较低转变为不断依托市场进行结构调整，从而深入融合于市场之中。如市场不断介入高等工程教育质量评估的过程，大学不断引进企业专家参与工程课程与教学，大学工程专业毕业生越来越重视工业界的实践经历等，都清晰地证明了其高等工程教育质量深度信赖于市场。

二、政府维度：质量保障从弱约束向强渗入转变

按理说政府在高等工程教育质量保障中应当担负起主要的责任，但从英国高等工程教育发展过程来看，这并不是历来就有的传统。从伯顿·克拉克最初的"三角协调"模型来看，当时的政府对于高等教育的约束力并不太大，高等教育的质量由大学自主控制，即大学自治的权限较大，很少依靠政府权力。再从英国早期的高等教育发展历史来看，当时大学被教会控制，培养的人主要是为宗教服务的。对于英国早期的高等工程教育，政府给予的经费支持相对较少，大学的办学主要靠自给自足的方式和接受捐赠来维持。政府也相对较少插手高等工程教育质量保障过程，因此政府对大学工程人才培养的目标与内容也没有太多的约束力。

随着时间的推移，特别是 20 世纪八九十年代以来，英国政府不断加大对高等工程教育质量的控制力度，同时，对科学、技术、数学、工程等学科的发展也日益重视。英国的《1988 年教育改革法》就明确地加强了政府对国家课程

的控制,强化了科学、数学等课程的重要性。英国的《1992年教育改革法》再一次明确了高等教育经费的权责,要求加强各级政府对教育的控制与支持,同时成立了高等教育质量保障署,加强对高等工程教育质量保障的力度。英国政府成立了高等教育拨款委员会,对大学实施拨款,同时也利用科研评估、院校评估等手段监控高等工程教育质量。

此后,英国政府将高等工程教育看作高等教育的重要组成部分,认为它承担着工程科技人才的培养和科学技术的创新。高等工程教育的质量联系着经济与社会的转型与发展,受到英国政府领导人的高度重视。英国首相卡梅伦曾在发表演说时强调,"如果英国想要保持经济的增长,就必须培养更多的科学家和工程师"。[①] 英国政府将高等工程教育质量纳入了政府的议事日程。政府也不断成立相关咨询委员会,实施对高等工程教育质量的调查与研究,为政府决策做咨询服务。同时,英国政府还搭建了连接工业企业界和大学的桥梁和纽带,努力推动高等工程教育与工业界的融合,以提升质量。

英国政府加强推动大学与工业界的联系。《利奇技能评估报告(2006)》明确地提出了英国高等工程教育需要以工业界的需求为导向,有针对性地培养和培训工程科技人才。随后,英国政府白皮书《为了增长的技能》也强调了工业界技术人员需要不断提高工程教育水平和资质。英国商务大臣文斯·凯布尔在《工程能力:珀金斯评估进展报告》中强调,英国政府必须加强与相关工程专业团体协会的深度合作,助推高等工程教育质量保障的有效实施。

全球竞争力是反映一个国家综合实力的主要指标,这其中科技创新能力与实力是重要的因素之一。全球竞争力排名指标主要有三个,即基础设施、效率增强、创新与成熟度。这三个指标主要反映了工程科技的实力。2015年,英国全球竞争力综合排名世界第10位(见表6-1)。英国在竞争力方面的效率、创新与成熟度的排名较好。从全球竞争力排名及其指标可以看出,英国较强的全球竞争力表现的背后有其高质量的高等工程教育为支撑,这体现了英国政府依靠高等工程教育质量的提高来提高其全球竞争力的政策。

---

① Royal Academy of Engineering. Rhys Morgan and Chris Kirby. The UK STEM Education Landscape 2016〔R/OL〕.〔2016-12-11〕. http://www. raeng. org. uk/ publications/reports/uk-stem-education-landscape.

表 6-1　2015 年英国的全球竞争力指数排名表

国家	总指数		分类指数					
			基础设施		效率增强		创新与成熟度	
	排名	数值	排名	数值	排名	数值	排名	数值
英国	10	5.43	25	5.52	5	5.49	9	5.28

资料来源:World Economic Forum. The Global Competitiveness Report 2015—2016。

因此,英国政府近十多年来都在不断加强对高等工程教育的改革,以促进质量的提升。英国政府相信,高等工程教育的持续改革,是其质量稳定提升、培养出符合时代背景和经济发展所需的工程科技人才的重要举措。然而,在推进高等工程教育质量的整个系统工程过程中,政府的角色把握需要有度。英国政府对高等工程教育质量保障由弱约束向强渗入转变,并不是无限制地插手大学内部的工程教育质量保障的具体实施过程,而是从外部加强统筹与管理,从宏观上加强控制,给予了大学在高等工程教育质量控制方面的自主权。如政府在经费保障和政策制定以及平台搭建等方面不断渗透参与,以履行更多的政府责任,保障高等工程教育质量的不断提升,以稳定经济市场的增长和国民生活水平的提高。

三、大学维度:质量保障从高自治向低控制转变

大学自主、学术自由,这在英国高等教育体系中表现得较为充分。英国高等工程教育质量保障在大学内部主要表现为实施工程专业人才培养。从伯顿·克拉克最初的"三角协调"模型来看,英国是比较崇尚"学术权威"的,即英国的大学是充分拥有自主自治权的,对于高等工程教育质量的保障也有较大的控制权。大学对于课程开设、教学方法的使用、内部教学质量的评估等都有自己的办法,在生源控制方面各个学校录取的要求以及倾向也不同。个性化的培养方式在英国高等工程教育质量提升的过程中也较为灵活多样。

随着时代的变革,市场经济在知识与创新的时代表现得更有活力,整个国家的视线也更加聚焦于经济与社会的协调发展。英国政府在其《增长计划》中明确地表示要依靠工程科技带动经济转型,而市场也急需高质量的工程教育培养出企业所需的人才。特别是近 20 年来,在英国出现了大学工程专业毕业生找不到合适的工作,企业界却招不到适用的员工的情况。大学所培

养的工程技术专业的毕业生与企业岗位的匹配度的差异有扩大的趋势。为此,不仅是政府和企业担忧,大学对于自己的高等工程教育质量也感到怀疑,急迫地需要变革,以提升大学工程科技人才培养的质量。

因此,原来的高等工程教育质量保障从高度依托大学自己的封闭方式,逐步走向开放,即大学的高等工程教育质量保障更多地考虑来自市场的需求,大学内部的自身控制有逐步减弱的趋势,受外界的影响则有增长的势头。最为明显的是,大学工程教育专业的认证是基于市场导向的质量标准,即大学工程专业认证的标准是得到市场和工业产业界认可的。大学的高等工程教育不管是在人才培养还是在质量控制上,都越来越根据市场和产业的改革而随之改革,这也体现着高等工程教育质量保障的目标是为经济发展和产业转型升级服务。

大学的工程人才培养需要与工业界加强合作与联系,同时要深化学生的工程实践,以培养实用、可用之才。工程是实践性很强的专业领域,从事工程技术的人员必须具备超强的实践能力。英国的大学在"回归工程"的背景下,不断重视加强对高等工程教育专业学生的工程实践能力的培养。英国工业联合会经调研发现,在工业界对大学毕业的工程师质量的反馈中,大多数企业提出的共性问题就是毕业生的工程实践能力不足。鉴于工程专业学生存在着不知如何将工程理论有效地在工程实践中发挥作用的不足,英国的相关大学大力推动高等工程教育与工业界的合作。

研究还发现,英国的大学非常重视工程专业学生及时将所学工程专业知识和技能运用到解决实际问题的过程中,或者重视通过不同的场合和机会,加强对工程专业学生实践能力的培养,同时也为大学工程专业学生对于自己所学的工程领域及未来想要从事的工程职业创造更多了解和熟悉的机会。英国大学在强化工程专业学生"理论运用实际"的能力获得方面,提供了诸如学生实习、工业界客座教授、访问教授、实施工程实践项目、校企融合共同培养工程毕业生等方式。

总之,英国高等工程教育质量保障的政府、大学、市场"三维主体"的角色在不断变化,原因是多方面的,如政府想通过控制高等工程教育质量而增强国家的综合竞争力,而市场想依托工程科技人才的创新实现经济的创新与增长。因而,政府与市场的维度在增强。表面上看,大学对于高等工程教育质量保障的维度在减弱,其实这是大学更好地为政府和市场服务的体现,而且,大学也并没有完全失去自主的权力，只是在人才培养、质量保障的方向和内容上有所调整罢了。

第二节　英国的政府、大学、市场协同推进高等工程教育质量保障的经验

政府、大学与市场协同的高等工程教育质量保障模式，比以往仅考虑内部和外部质量保障的模式多了一维，更加明确了各个主体在质量保障实施过程中的角色与作用，完善和丰富了质量保障的措施与功能。英国高等工程教育质量保障从政府、大学、市场"三维主体"角色分析各自的功能与作用，更加有利于发挥各自的优势，互相补充不足，使契合度更高。"三维主体"角色之间也两两互相影响或三者都互相影响和共同作用，形成了"三角轮转"的稳定结构，为研究高等工程教育质量保障提供了新的方法与观念，也能够更好地实现各主体在质量保障实施过程中权责分明。

一、大学与政府：大学充分拥有保障办学质量的自主权

尽管在上面论述中提及英国高等工程质量保障体系中政府这个主体角色不断"强渗透"，而大学控制质量的维度在减弱，但是，这并没有减弱或者降低英国大学原有的自主办学权力。即在办学方面，英国的大学仍然享有较大的办学自主权，其之所以改革，只是为了更好地适应社会和经济的发展。英国政府并没有直接插手大学内部的具体事务，而是保障高等工程教育所需要的经费、推动工业界加强与大学的联系、搭建诸多工程教育发展的平台等，让大学充分享受对高等工程教育质量控制的自主权。

拥有办学自主权的英国大学在设置课程、改革教学、校企融合等方面都有自己的方式。在控制质量的措施方面，大学也可以根据各自的特点与实际情况来有针对性地实施。而国家层面或市场方面仅提供标准，或监督大学建立有效的质量保障机制。因此，大学在质量标准框架下可以自由发挥，实施教学内容与设置课程，只要质量能够经得起评估和企业的认可就表明其质量具有较高水平。

在大学的高等工程教育质量保障方面，内部的质量评估是推进质量提升

和不断改革的有效方面。英国较有特色的大学教育质量评估是"校外主考官（external examiner）制度"，也是其高等工程教育评估和控制质量的一个特色优势。这个制度主要是聘请相关学科专业的专家作为学校或院系某些工程专业的主考官。校外主考官负责对工程专业的考试和评价提供测评内容和标准，并对整个工程教育质量做出评判。在英国的相关高等工程教育质量评估过程中，评估专家往往会将校外主考官的意见作为判断其工程教育质量水平的因素之一。

从英国大学的高等工程教育评估的整体上看，大学内部工程教育评估的目的不是为了评估而评估，而是通过评估反馈自身工程教育发展过程中出现的问题，找到与现实标准的差距，及时调整方向。然而，有学者提出："质量控制是学术界非正式机制的一部分，它是自我管理，与外部评估没有关系，也不是大学特殊的责任。"[1]更为确切地说，评估是为了大学的工程教育质量能够有一个持续改进的过程。在英国的大学内部，高等工程质量保障将持续改进理念贯穿于高等工程教育质量评估的全过程。

此外，大学自主的另一方面质量保障的优势在于，高等工程教育质量可以随着时代发展而及时做出调整。在大规模工程模式的视角下，人才培养注重工程实践、较宽视野的知识背景、参与社会服务的能力等。因此，对应地要求大学工程教育加快改革，重视工程教育的课程设置，提高实践教学，加强非智力因素的教育，增强学生的科技创新能力以及工程实践能力等。[2] 在推动大学工程人才培养模式上，英国的部分学校实施了以大类招生培养，后分专业的模式，以期通过此模式给予工程专业学生厚实的基础和更宽广的视野，为其后续发展增强潜能。

高质量的工程教育不仅要在学科交叉的基础上实现创新，更要在学科、产业等融合的基础上实现质的飞跃，这对于拥有办学自主权的英国高校来说，更容易实现。英国的创业型大学，如南安普顿大学等特别强调引入企业界参与人才培养，同时，鼓励工程专业学生创业。英国的大学提倡培养学生

---

[1] Krasilnikova H. System of Monitoring the Quality of Higher Education in UK Universities：Experience for Ukraine［J］. Comparative Professional Pedagogy，2014，4（3）.

[2] Lijuan Z. Talents Training of Higher Engineering Education in the View of Large-Scale Engineering［J］. Higher Education of Social Science，2014(3)：83-88.

的创新创业精神,普遍开设创新创业课程,通过多学科交叉融合的方式,提高工程专业学生创新能力,同时也推动大学研究成果的转化,在促进高等工程人才培养质量的提升和推动大学迈向创业型大学方面积累了许多可贵的经验。

二、市场与大学:以市场标准调控工程人才培养质量

高等工程教育质量水平的高低应当有一个客观的评判者和评价标准。传统的高等工程教育质量保障水平的高低,有大学内部的评价标准,即大学培养的学生质量的高低可以由大学设定的内部学业标准来衡量,这就不可避免地存在一个公正与客观的问题。英国高等工程教育质量的评判越来越注重引入市场(第三方机构)及其标准来衡量,即市场认可度就是质量控制的目标,市场的标准就是工程教育质量的标准。

市场导向的质量标准是高等工程教育质量保持稳定水平的基础,也是工程专业学生知识与专业能力达到目标要求的质量体现。英国高等工程教育的目的是培养工程人才,并为其提供可注册成为具备相关资质的职业工程师的教育基础。因此,各类工程师资格注册的申请者需要相应地满足高等工程教育的层次与质量要求,这也是工程专业标准制订和实施的根据。市场可以调控和驱动高等工程教育质量保障的内容与方向。

英国高等工程教育专业标准的内容反映了对相关专业学生培养的知识和能力的要求,即专业认证的标准是学生学业的产出标准。毕业生获得通过专业认证的工程技术专业的相关本科学位,表明该毕业生具备了符合在未来申请成为该领域专业工程师的潜能。所以,在大学工程教育专业人才培养过程中,各类工程专业的教育目标和毕业要求都应当与英国提出的工程教育专业标准相契合。如果英国大学本科工程专业毕业生所就读的专业通过了专业认证,则毕业生就具备了未来申请注册成为技术工程师和特许工程师的工程教育基础。

英国高等工程教育专业认证的标准,在内容方面对毕业生的知识与技能的要求主要有六大领域内容:(1)科学与数学;(2)工程分析;(3)设计;(4)经济、法律、社会、伦理和环境背景知识;(5)工程实践;(6)额外的一般性技能。从每个学习领域的要求分析来看,该标准不仅包括了专业知识和技能的掌握,而且对涉及工程领域的相关知识与能力、职业伦理道德、沟通与交流能力等方面都有要求,并重视工程师的终身教育。

英国的高等工程教育评估是由英国高等教育质量保障署的外部评估、工程理事会的专业认证、院校内部的教学质量评估等多方面进行的,各方面共同监控高等工程教育的质量。然而,英国高等教育质量保障署的性质并非属于政府或大学的任何一方,而是作为中立角色的第三方,这也是英国高等工程教育质量评估的特色之一。脱离于政府和大学的第三方评估,能够保证评估的客观性和公正性,其主要任务是监控大学是否建立了工程教育质量保障的体系和机制。

英国基于市场标准的质量评估是高等工程教育质量监控的主要方式和手段。其以评估促进改革从而提升高等工程教育质量的理念已被世界所认同。对高等工程教育质量的评估,各国的方式与内容略有差别,但目标几乎是一致的。英国对高等工程教育的评估都有相关的标准,以标准来衡量质量的高低。近些年来,英国逐步将评估的重点转向了学生,更加注重以学生为"出口"的"产品"质量,围绕学生能力、学生家庭满意度、学生学业成绩等开展适时的质量监测,并定期发布评估报告。英国工程专业认证就是最典型的以专业为基础的重点在于考查学生质量的评估。《华盛顿协议》成员国之间也是通过以标准的方式加以评估,从而肯定和认可其高等工程教育质量符合成员国之间的标准,并可在成员国之间互认质量。

英国工程理事会实施的工程专业认证是对相关学科专业教育计划的认证和认可,从其本质来看,是基于市场(第三方)的角度来审视高等工程教育质量。评估的标准依托的是相关专业协会制订的专业标准,评估专家大多是来自工业界的专家,更多的是以市场需求为导向评估工程专业是否满足标准和需求,且认证的过程与结果都可以在协议的成员国之间互相承认。

三、政府与市场:激发市场参与工程教育质量保障的积极性

英国在高等工程教育质量保障过程中特别注重让市场(工业界、企业界)参与到其中。英国皇家工程院的报告《培养 21 世纪工程师》《工程,我们的未来:鼓励和吸引明天的工程师》等都表明英国大学与工业界需要加强沟通联系,共同培养高质量的工程科技人才。工业界在高等工程教育质量评价方面作为客观评判者对大学和政府实施工程教育质量保障有较大影响。市场参与到大学的工程课程与教学中是英国高等工程教育质量保障的特色,也是英

国极力主张的质量保障方式之一。

英国重视大学与工业界的联系其实是早已形成的传统。从英国高等工程教育发展的历史长河来看，英国原有的工程科技优势最早出现在工业革命的发源地。然而，随着时代的发展，由于英国深受传统教育思想的影响，其对工程科技教育的重视程度与欧洲的一些强国逐步拉开差距。诸如美国、德国的工业发展优势日益显现，此时英国也意识到其世界科技强国的地位受到了威胁。于是，加强推进工业界渗透到大学工程技术专业课程与教学中以提高工程教育质量成为政府和大学努力的方向。

工业界参与大学工程教育质量保障的主要方式有：参与课程设计、工业界专家被聘用为大学工程专业的客座教授、为大学生提供实习岗位、推动产学研及成果转化等。如此，工业界可以更好地向大学提出自己对于工程专业毕业生质量的要求，大学可以更好地为工业界的需求培养适应于未来工程职业发展的高素质毕业生。而政府主要还是制定激励政策，提供专项经费，搭建平台等，鼓励大学与企业合作，共同推进高等工程教育质量的提升。对于大学而言，利用工业界的专家和工程实践岗位以及实验设备设施等，一方面可以培养高质量的工程技术人才，另一方面可以将大学研究的科技成果快速转化，并与企业合作实现创新与创业。

因此，市场的作用在高等工程教育质量保障方面的影响涉及面越来越广，也越来越深入。离开市场来谈质量，可以说是不科学的，因为没有客观的标准。市场主体在英国高等工程教育质量保障过程中具有"标尺"和"风向标"的功能，将掌握质量发展的方向与内容。但是，市场的参与往往更多的是考虑市场自身的利益，而在对大学的利益补给方面却未能完全跟上，这就需要政府承担一定的补偿责任，以充分激励市场主体渗透到高等工程教育质量保障的全过程。

四、"政府—大学—市场"的质量保障理想模型与现实挑战

英国的政府、大学和市场"三维主体"在实施高等工程教育质量保障过程中扮演了重要的角色。特别是其深度引入市场（第三方机构），使其渗透到高等工程教育质量提升的过程中，可谓一大特色，有利于保证大学培养的工程专业毕业生符合市场的需求。同时，第三方机构的质量评估又可以脱离于政府和大学，做到更加公正与客观。然而，政府、大学和市场三者的利益与付出

不一定会形成良性合作机制,价值收益不均衡可能导致诸多影响高等工程教育质量保障的问题。因此,英国高等工程教育质量保障的"三维主体"理想模型应当是一个互相促进、共同保障、利益共享、三边多赢的质量保障体系(如图 6-2 所示)。

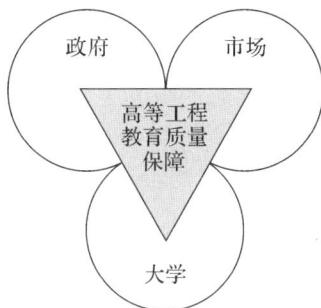

图 6-2　英国高等工程教育质量保障的"三维主体"理想模型

然而,事实上英国的高等工程教育质量保障体系还存在诸多问题,与"理想模型"相比较,现实中的质量保障面临诸多挑战。

首先,政府主体想通过控制高等工程教育的质量来实现国家经济增长和综合竞争力的提升,但是英国政府给予的经费等支持条件却有不足的倾向。近十多年来,特别是 2008 年经济危机之后,英国由于经济不景气,政府收入下降,所以,政府给予高等工程教育质量保障的经费也相应缩水。从近年来英国大学不断提高学费可以看出,大学获得来自政府和市场的办学经费未能充分满足质量提高的需要。

其次,英国的大学也面临办学经费短缺、师资质量水平有待提高、与工业界的合作需要深化等阻碍提升高等工程教育质量的因素。大学办学经费短缺,从而不得不提高学费,高额的学费对于吸引更多更优秀的人才攻读工程学位有负面影响;同时,办学设施和设备的更新由于办学经费不足而受到影响。另外,大学与工业界合作,双方都会站在各自的利益角度上来思考问题。大学如果与高质量的企业合作,或者企业可以提供契合工程专业学生的实践岗位,就有利于促进大学人才培养的质量提升;大学如果与实力相对较弱的企业合作,在保障学生工业实践方面就会存在付出并不等于或大于回报的问题。

英国大学与工业界之间保持联系并非易事,存在诸多困难。这一点或许每个国家都是如此。但是,大学与市场的联系又是培养高端工程技术人才不可或缺的重要途径和内容。英国政府努力培育大学与工业界之间的深度合作的机制,同时在经费保障、项目支撑、中小企业税收减免等方面给予专项支持,但仍然面临力度不够、数量偏少等情况。

英国大学工程教育质量不仅涉及政府的政策和经费,与大学和工业界的关系也十分紧密。大学是培养工程技术人才的摇篮,工业界是工程技术人才实践和将理论运用于解决实际问题的成功之地。然而,往往因大学与工业界的契合度不高导致培养出来的工程技术专业毕业生找不到合适的工作,而工业界的企业却招聘不到想要的员工。这种供给与需求之间的矛盾,似乎不完全是由工程教育质量引起的,也与经济发展自身的规律有关。但是,作为高等工程人才培养的主要基地,大学的主要任务在于为经济建设和社会发展培养高素质的人才。

英国的大学办学自主权充分掌握在自己手中,可以自主调动经费和人力物力等资源。但是,大学不能因为充分自主与自由就放松对自身教育质量的管控,而应在自主和自由的学术环境下,自觉地处理好高等工程教育质量保障的问题,并接受外部的评估与督导。但是,这或许是以市场为导向调节高等工程教育质量保障的内容与方向,也或许会打乱大学原来的人才培养计划和人才培养文化,缺乏特色。

大学面对着提升高等工程教育质量的诸多压力。大学需要在经费和资源不足的情况下培养出市场满意的毕业生。工程专业毕业生的就业率和学生工资收入不高的情况,反过来会影响工程专业的社会影响力。同时,受英国社会传统绅士教育文化的影响,很多家长不愿意让子女接受工程专业作为未来职业,这会影响工程专业的生源数量与质量。英国高等工程教育质量要在大学内部得以持续保障并维持世界领先水平仍然任重道远,需要坚持不懈。

市场充分参与到高等工程教育质量保障体系中,有效地促进了英国高等工程教育质量的提升。代表市场的第三方机构对高等工程教育质量的评估和专业认证更是将市场的理念充分融入高等工程教育改革与发展的潮流中。英国在处理大学与市场的互动关系时的诸多经验,是其多年来推动高等工程教育改革,适应国家经济转型升级发展的教育财富。但是,市场在参与高等工程教育质量保障的过程中,也存在诸多问题。一方面,工业界专家参与到大学课程与教学等过程中的确是有益处的,但是由于工业界专家不是正规的教师,在向学生传授知识和技能时存在不足;另一方面,工业界专家的时间安排不像大学教师这么灵活,参与到大学质量保障的机会也略有不足。

此外,工业企业界的主要目标是发展生产,提升产品质量,最大化地实现经济价值。尽管与大学合作有可能会带来技术方面的收益,但也存在着需要时间长、付出多的问题,一般的中小企业会觉得为此"牺牲"太大而不愿意深度合作。大学在与工业界沟通、交流、对接时,由于双方管理方式不同和工程教育的教学模式与方法不同,也容易带来分歧。

然而,高等工程教育质量保障的特殊性表现在其培养国家经济战略的实施与推进所需要的工程科技人才,特别是在基础设施建设和高科技产业领域,工程科技人才将扮演推动各项工作的主要角色。近十多年来,金砖四国的工程专业毕业生数量迅速增长,潜在地威胁到英国等发达国家生产高附加值产品和服务的竞争力,同时也为全球基础与应用创新带来新的活力。[①] 面对全球压力的英国,也不得不再次考虑将大学与市场相融合以促进高等工程教育质量的提升,将其看作经济增长与转型升级以及战略发展的主要驱动因素。

随着全球一体化进程的深化,在多元文化背景下开展工程实践和提升高等工程教育质量已经成为基本的要求。与此同时,工程师的跨国流动也将成为越来越普遍的现象,雇主对工程师或者工程专业毕业生在国际环境背景下的交流沟通软能力日益重视。[②] 所以,英国的市场也面临着处于全球市场和全球工程师大量流动的竞争局面,其质量保障也需要根据全球发展趋势来进行,无形中也增加了难度。

英国高等工程教育质量得到了国际的认可,其质量标准要求和理念都处于世界领先水平。英国高等工程教育质量的提升,并非仅仅是在国内给

---

① Loyalka P, Carnoy M, Froumin I, et al. Factors affecting the quality of engineering education in the four largest emerging economies[J]. Higher Education, 2014, 68(6): 977-1004.

② Catelly Y M. Engineering Education in Scientific and Technical Communication——Checking Course Impact [J]. Balkan Region Conference on Engineering and Business Education, 2014, 1(1).

予各方面物力、财力的保障，而更多的是将本国的工程教育置身于世界工程教育发展的大背景下，通过借鉴与比较，寻找到自身的差距与优势，更好地调整高等工程教育改革的方向与路线，实现质量的提升和可持续的发展。

参考文献

一、英文文献

1. 政策报告类

Abbas A，Abbas J，Brayman K，et al. Teaching Excellence in The Disciplines[R]. Higher Education Academy：Transforming Teaching Inspiring Learning.

BIS. The Demand for Science，Technology，Engineering and Mathematics (STEM) Skills [R]. Department for Business，Innovation & Skills，2009.

British Future and Universities UK. International Students and the UK Immigration Debate [R/OL]. http://www. britishfuture. org/wp-content/uploads/2014/08/BRFJ2238-International-Students. WEB-FINAL. Embargo-25. 8. 14. pdf.

Broadbent O. Effective Industrial Engagement in Engineering Education—A Good Practice Guide[R]. Royal Academy of Engineering，2016.

Bulman S. Teaching and Learning in the Disciplines an HEA-funded Project：Summary Report[R]. The Higher Education Academy，2015.

CBI. Building for Growth：Business Priorities for Education and Skills[R]. Education and Skills Survey，2011.

CBI. Set for Growth：Business Priorities for Science Engineering and Technology[R]. Confederation of British Industry，2010.

CIHE STEM Policy Group. The Demand for STEM Graduates and Postgraduates[R/OL]. http://aces. shu. ac. uk/employability/resources/CIHE% 20-% 200901Demandfor STEMGraduates. pdf.

Committee on Higher Education Chaired by Lord Robbins. Higher Education：Report of the Committee Appointed by the Prime Minister (the Robbins Report) [R]. London：Her Majesty's Stationery Office，1963.

Dales R，Lamb F，Hurdle E. Engineering Graduates for Industry：Imperial College，

London Faculty of Engineering-case Study[R/OL]. The Higher Education Academy Engineering Subject Centre and The Royal Academy of Engineering. http://www. engsc. ac. uk/graduates-for-industry.

Department for Business, Innovation & Skills and The Rt Hon David Willetts. Our Hi-Tech Future [R/OL]. https://www. gov. uk/government/speeches/our-hi-tech-future-2.

Department for Business, Innovation & Skills. Engineering Skills: Perkins Review Progress Report [R/OL]. https://www. gov. uk/government/publications/engineering-skills-perkins-review-progress-report.

Department for Business, Innovation & Skills. Following up the Wilson Review of Business-University Collaboration: Next Steps for Universities, Business and Government [R/OL]. https://www. gov. uk/government/uploads/system/uploads/attachment _ data/file/32399/12-903-following-up-wilson-business-university-collaboration-next-steps. pdf.

Department for Business, Innovation & Skills. Government Response to Consultations on: Students at the Heart of the System; A New Fit for Purpose Regulatory Framework for Higher Education [R/OL]. https://www. gov. uk/government/uploads/system/uploads/attachment _ data/file/197258/12-890-government-response-students-and-regulatory-framework-higher-education. pdf.

Department for Education and Skills. 2020 Vision Report of the Teaching and Learning in 2020 Review Group[R/OL]. http://www. teachernet. gov. uk/publications.

Duke University. Framing the Engineering Outsourcing Debate: Placing the United States on a Level Playing Field with India and China[R]. Duke University Master of Engineering Program Paper, 2005.

Engineering Accreditation Board. EAB Annual Report 2014[R/OL]. http://www. engab. org. uk/media/182651/EAB%202014%20Annual%20Report. pdf.

Engineering Accreditation Board. Terms of Reference and Constitution[R]. Engineering Council, 2016.

Engineering Council. Accreditation of Higher Education Programmes UK Standard for Professional Engineering Competence(Third edition)[R/OL]. [2016-08-15]. http://www. engc. org. uk/engcdocuments/internet/Website/Accreditation%20of%20Higher%20Education%20Programmes%20third%20edition%20(1). pdf.

Engineering Council. UK-SPEC UK Standard for Professional Engineering Competence

Engineering Technician，Incorporated Engineer and Chartered Engineer Standard［R/OL］.［2016-09-10］. http：//www. engc. org. uk/engcdocuments/internet/Website/UK-SPEC％20third％20edition％20(1). pdf.

Engineering UK. Engineering UK 2016：The State of Engineering［R/OL］. http：//www. engineeringuk. com _ resourcesdocumentsEngineeringUK-Report-2016-Full-Report _ live. pdf.

Engineering UK. ETB Research Report 2005［R/OL］. https：//www. ets. org/research/policy_research_reports/ets.

Fairweather J. Linking Evidence and Promising Practices in Science，Technology，Engineering，and Mathematics (STEM) Undergraduate Education：A Status Report for the National Academies National Research Council Board of Science Education［R］. Center for Higher and Adult Education of Michigan State University，2008.

Graham Gibbs. Dimensions of Quality［R］. HEA，2010.

HEFCE. Staff Employed at HEFCE-funded HEIs：Trends and Profiles［R/OL］. http://www. hefce. ac. uk/analysis/staff/job/.

HEFCE. UK Review of the Provision of Information about Higher Education：National Student Survey Results and Trends Analysis 2005—2013［R/OL］. http://www. hefce. ac. uk/media/hefce/content/pubs/2014/201413/HEFCE2014 _ 13％ 20-％20corrected％2012％20December％202014. pdf.

Higher Education Academy. The UK Professional Standards Framework for Teaching and Supporting Learning in Higher Education［R/OL］.［2016-10-12］. https://www. heacademy. ac. uk/system/files/downloads/uk_professional_standards_framework. pdf.

Higher Education Academy. UKPSF Terms of Use Policy［R］. The Higher Education Academy，Guild HE，Universities UK，2011.

Higher Education Commission. Too Good to Fail—The Financial Sustainability of Higher Education in England［R/OL］. http://www. policyconnect. org. uk/hec/sites/site_hec/files/report/391/fieldreportdownload/hecommissionreport-toogoodtofail. pdf.

Higher Education Funding Council for England. HEFCE Annual Report and Acount (2014—2015)［R/OL］. https://www. gov. uk/government/publications.

Higher Education Funding Council for England. HEFCE Annual Report and Acount (2013—2014)［R/OL］. https://www. gov. uk/government/publications.

Higher Education Funding Council for England. HEFCE Annual Report and Acount (2012—2013)［R/OL］. https：//www. gov. uk/government/publications.

Higher Education Funding Council for England. HEFCE Annual Report and Acount (2011—2012)［R/OL］. https://www. gov. uk/government/publications.

Higher Education Funding Council for England. HEFCE Annual Report and Acount (2015—2016)［R/OL］. https://www. gov. uk/government/publications global-race-and-encourage-more-women-to-study-these-subjects.

Higher Education Funding Council for England. Strategically Important and Vulnerable Subjects (SIVS)［R/OL］. http://www. hefce. ac. uk/kess/sivs/.

HMSO. Every Child Matters［R/OL］. https://www. gov. uk/government/uploads/system/uploads/attachment_data/file/272064/5860. pdf.

HM Treasury & BIS. The Plan for Growth 2011［R/OL］. https://www. gov. uk/government/uploads/system/uploads/attachment _ data/file/221514/2011budget _ growth. pdf.

House of Commons Innovation, Universities, Science and Skills Committee. Students and Universities: Eleventh Report of Session 2008—2009［R/OL］. https://www. publications. parliament. uk/pa/cm200809/cmselect/cmdius/170/170i. pdf.

House of Lords Select Committee on Science and Technology. Higher Education in Science, Technology, Engineering and Mathematics (STEM) Subjects Report［R/OL］. http://www. publications. parliament. ukpald201213ldselectldsctech3737. pdf.

Imperial College London. Imperial College Statistics Guide 2015—2016［R/OL］. http://www. imperial. ac. uk/about/introducing-imperial/facts-and-figures/college-data-and-statistics-catalogue/college-overview/.

Imperial College London. Statistics Pocket Guide 2015—2016［R/OL］. http://www. imperial. ac. uk/about/introducing-imperial/facts-and-figures/college-data-and-statistics-catalogue/college-overview/.

Institute for Fiscal Studies. Estimating the Public Cost of Student Loans［R/OL］. https://www. ifs. org. uk/comms/r94. pdf.

King M, Creaser C, Matthews J. A National Survey of UK HE STEM Practitioners 2013［R］. Higher Education Academy, UK.

Kiwana L, Kumar A, Randerson N. An Investigation into Why the UK Has the Lowest Proportion of Female Engineers in the EU［R］. London, Engineering UK, 2011.

Kumar A, Teague C, Randerson N, et al. STEM Teacher Careers Information Survey (Delivering Effective Careers Advice about Science, Technology, Engineering and Mathematics: A Teacher's Survey)［R］. London, Engineering UK, 2011.

Lamb F, Arlett C, et al. Engineering Graduates for Industry 2010 [R]. The Royal Academy of Engineering, 2010.

Leitch. Leitch Review of Skills: Prosperity for All in the Global Economy—World Class Skills[R]. Her Majesty's Stationery Office, 2006.

National Grid. Engineering Our Future: Inspiring and Attracting Tomorrow's Engineers [R/OL]. http://www. nationalgrid. com/NR/rdonlyres/63EF4A6E-C6DB-4D0C-A749-D1500C465B3B/36759/7315_engineeringthefuture_brochure_32_p11. pdf.

National STEM Centre. STEM Cohesion Programme Final Report[R/OL]. https://www. gov. uk/government/publications/the-stem-cohesion-programme-final-report.

National STEM Centre. STEM Programme Report 2004 [R/OL]. https://www. nationalstemcentre. org. uk/res/documents/page/stem_programme_report_2006. pdf.

Neves J, Hillman N. The 2016 Student Academic Experience Survey [R]. Higher Education Policy Institute & Higher Education Academy, 2016, UK.

Office for National Statistics. UK Government Expenditure on Science, Engineering and Technology: 2014 [R/OL]. https://www. ons. gov. uk/economy/government-publicsectorandtaxes/researchanddevelopmentexpenditure/datasets/scienceengineeringandtechnologystatisticsreferencetables.

OFSTED. Girls' Career Aspirations[R/OL]. http://www. ofsted. gov. uk/resources/girls-career-aspirations.

QAA. The Framework for Higher Education Qualifications in England, Wales and Northern Ireland [R/OL]. http://www. qaa. ac. uk/en/Publications/Documents/Framework-Higher-Education-Qualifications-08. pdf.

Quality Assurance Agency for Higher Education. Quality Assurance in UK Higher Education: A Guide for International Readers[R/OL]. http://www. qu. edu. qa/static_file/qu/About/documents/accreditation-cas-rss-uk-qa-higher-education-en. pdf.

Royal Academy of Engineering. Achieving Excellence in Engineering Education: the Ingredients of Successful Change [R/OL]. http://www. raeng. org. ukpublicationsreportsachieving-excellence-in-engineering-education.

Royal Academy of Engineering. Educating Engineers for the 21st Century 2007[R/OL]. http://www. raeng. org. uk/publications/reports/educating-engineers-21st-century.

Royal Academy of Engineering. Morgan R, Kirby C. The UK STEM Education Landscape 2016[R/OL]. [2016-12-11]. http://www. raeng. org. uk/publications/reports/uk-stem-education-landscape.

Royal Academy of Engineering. Rhys Morgan and Chris Kirby. The UK STEM Education Landscape 2016〔R/OL〕.〔2016-12-11〕. http://www. raeng. org. uk/publications/reports/uk-stem-education-landscape.

Sachs G. Global Economics Paper No 99 Dreaming with the BRICS：The Path to 2050〔R/OL〕. http://www. goldmansachs. com/our-thinking/archive/archive-pdfs/brics-dream. pdf.

SHogan. EAB Accreditation Briefing Manual for Educational Institutions〔R/OL〕.〔2016-09-13〕. http://www. engab. org. uk/media/189219/eab％20accreditation％20briefing％20manual％20for％20educational％20institutions(1). pdf.

Sir Gareth Roberts' Review. SET for Success：The Supply of People with Science, Technology, Engineering and Mathematics Skills ("the Roberts Review)〔R/OL〕.〔2002-04-01〕. http://webarchive. nationalarchives. gov. uk/＋/http:/www. hm-treasury. gov. uk/d/robertsreview_introch1. pdf.

Sir Ron Dearing. The National Committee of Inquiry into Higher Education(The Dearing Report 1997)〔R〕. London：Her Majesty's Stationery Office, 1997.

TBR Economic Reseach & Business Intelligence. The Current and Future UK Science Workforce for the Science Council〔R/OL〕. http://sciencecouncil. org/web/wp-content/uploads/2016/01/UK_Science_Workforce_FinalReport_TBR_2011. pdf.

The Royal Academy of Engineering. Educating Engineers for the 21st Century〔R/OL〕. http://www. raeng. org. ukpublicationsreportseducating-engineers-21st-century.

The Royal Academy of Engineering. Engineering Graduates for Industry〔R/OL〕. http://www. raeng. org. ukpublicationsreportsengineering-graduates-for-industry-report.

The Science and Learning Expert Group. Science and Mathematics Secondary Education for the 21st Century〔R〕. February, 2010.

UNESCO Report. Engineering：Issues,Challenges and Opportunities for Development〔R〕. UNESCO Publishing,2010.

Universities UK. Higher Education in Facts and Figures 2016〔R/OL〕. http://www. universitiesuk. ac. uk/facts-and-stats/data-and-analysis/Documents/facts-and-figures-2016. pdf.

Universities UK. Patterns and Trends in UK Higher Education 2016〔R/OL〕. http://www. universitiesuk. ac. uk/facts-and-stats/data-and-analysis/Pages/patterns-and-trends-uk-higher-education-2016. aspx.

University Alliance& CBI. Mapping the Route to Growth：Rebalancing Employment

［R］. 2007.

World Economic Forum. The Global Competitiveness Report 2016—2017［R/OL］. https://www. weforum. org/reports/the-global-competitiveness-report-2016-2017-1.

World Economic Forum. The Human Capital Report 2016［R/OL］. https://www. weforum. org/reports/the-human-capital-report-2016.

Yorke M. Employability in Higher Education: What It Is—What It Is Not［R/OL］. ［2016-11-01］. https://www. heacademy. ac. uk/system/files/id116_employability_in_higher _education_336. pdf.

2. 著作类

Abigail Powell B B A, Dainty A. The Good, the Bad and the Ugly: Women Engineering Students' Experiences of UK Higher Education［M］. Cheltenham, UK: Edward Elgar Publishing Ltd. , 2007.

Aldrich R. An Introduction to the History of Education［M］. London: Hodder and Stoughton, 1982.

Arlett R D. The Implications df the UK Government's Agenda for Workforce Development on Engineering Education［M］. London: Engineering Council Publishing, 2008.

British Computer Society. The Future Impact of Information Technology［R］. British Informatics Society Limited, United Kingdom, 1990.

Carswell J. Government and the University in Britain: Programme and Performance 1960—1980［M］. Cambridge: Cambridge University Press, 1985.

Clark R J A. Tackling Transition! Peer Mentoring in Engineering Education—A UK Perspective［C］. SEFI Annual Conference 2014, 2014.

Cobban A B. English University Life in the Middle Ages［M］. London: UCL Press, 1999.

Curtis S J, Boutwood W E A. A Short History of Educational Ideas［M］. London: University Tutorial Press LTD, 1965.

Engineering Council. Chartered Engineer eBook［M/OL］. http://www. engc. org. uk/ engcdocuments/internet/Website/CEng％20eBook. pdf.

Engineering Council. Engineering Technician eBook［M/OL］. http://www. engc. org. uk/ engcdocuments/internet/Website/EngTech％20eBook. pdf.

Engineering Council. The Incorporated Engineer eBook［M/OL］. http://www. engc. org. uk/engcdocuments/internet/Website/IEng％20eBook. pdf.

Floud R, McCloskey D, et al. The Economic History of Britain Since 1700［M］. Cambridge: Cambridge University Press, 1994.

Gosden P. The Education System since 1944[M]. Oxford：Martin Robertson&·Company Ltd，1983.

Hall M B. Public Science in Britain：The Role of the Royal Society[M]. Chicago：University of Chicago Press，1981.

Johnson J. Success as a Knowledge Economy：Teaching Excellence，Social Mobility and Student Choice[M]. London：Department for Business，Innovation and Skills，2016.

Kezar A. Synthesis of Scholarship on Change in Higher Education[A]. Paper Presented at the Conference Entitled Mobilizing STEM Education for a Sustainable Future，Atlanta，GA，2009.

Le Davis Eley R M L F. Engineering Education Issues in the UK[C]. Iee Symposium on Engineering Education，2002.

Lever M J. Biomedical Engineering Education—UK and Imperial College Perspective[C]. Houston，TX，USA：Proceedings of the Second Joint EMBS/BMES Conference，October 23-26，2002.

Levy J. Engineering Education in the United Kingdom：Standards，Quality Assurance and Accreditation[M]. Great Britain：TEMPUS Publications，2000.

Lorace L，Massay S J U B. Industry-University Partnerships：A Model for Engineering Education in the 21st Century[M]. 1995.

Lowe R. Education in the Post-war Years：a Social History [M]. New York：Routledge，1988.

Maclure J S. Educational Documents England and Wales 1816 to the Present Day[M]. 4th Ed. London：Methuen，1979.

Malmqvist E F C J，Brodeur S Ö D R，Edström K. Rethinking Engineering Education [M]. Heidelberg：Springer，2014.

McMahon C P. Education in Fifteenth-century England[M]. New York：Greenwood Press，1968.

Mourshed M，Chijioke C，Barber M. How the World's Most Improved School Systems Keep Getting Better[M]. New York：McKinsey Company，2010.

Mullinger J B. A History of the University of Cambridge[M]. Hanson and Co. Edinburgh and London：Ballantyne Press.

Penlington R，Clark R，Tudor J，et al. Engineering Education Research—the UK Perspective at a Time of Change[C]. WEE 2011，September 27-30，2011，Lisbon，Portugal.

Scott P. The Meaning of Mass Higher Education[M]. Buckingham: SRHE and Open University Press,,1995.

Spencer H. Education, Intellectual, Moral and Physical[M]. London: William and Norgate, 1911.

Stewart W A C. Higher Education in Postwar Britain[M]. London: The Macmillan Press Ltd, 1989.

van Barneveld A, Strobel J. Problem-based Learning: Effectiveness, Drivers, and Implementation Challenges[M]// Du X, de Graaff E, Kolmos A(Eds.). Research on PBL Practice in Engineering Education. Rotterdam, NL: Sense Publishers, 2009: 35-45.

Williams G L. The "Marketization"of Higher Education: Reforms and Potential Reforms in Higher Education Finance[C]. // Dill D D, Sporn B. Emerging Patterns of Social Demand and University Reform: Through a Glass Darkly. Oxford: Pergarmon Press, 1995,172-176.

Williams R. The Long Revolution[M]. London: Chatto and Windus, 1961.

3. 期刊论文类

Alias M, Sulaiman Y. Problem based learning model: A collection from the literature[J]. Asian Social Science, 2010(8).

Allenby B, Murphy C F, Allen D, et al. Sustainable engineering education in the United States[J]. Sustainability Science, 2009, 4(1): 7-15.

Allen D T, Murphy C F, Allenby B, et al. Sustainable engineering: a model for engineering education in the twenty-first century? [J]. Clean Technologies and Environmental Policy, 2006, 8(2): 70-71.

Andrews R C J. Researching primary engineering education: UK perspectives, an exploratory study[J]. European Journal of Engineering Education, 2010(5): 585-595.

Andy Hunt D M H R. Interactive multimedia systems for engineering education in acoustics, synthesis and signal processing[J]. European Journal of Engineering Education, 2001(2): 91-106.

Augusti G. Subject-specific quality assurance and accreditation of engineering education in Europe[J]. Balkan Region Conference on Engineering and Business Education, 2014, 1(1).

Barr B. UK civil engineering education in the twenty-first century[J]. Proceedings of the ICE-Management, Procurement and Law, 2008, 161(1): 17-23.

Basit T N, Eardley A, Borup R, et al. Higher education institutions and work-based learning in the UK: Employer engagement within a tripartite relationship[J]. Higher Education, 2015, 70(6): 1003-1015.

Battersby G A. Some thoughts on the resource restraints in engineering education in the UK[J]. European Journal of Engineering Education, 1982, 7(1): 105-108.

Black J. The military influence on engineering education in Britain and India, 1848—1906 [J]. Indian Economic & Social History Review, 2009, 46(2): 211-239.

Bolton B. The place of innovative and commercial skills in engineering education in the UK [J]. IEE Proceedings, 1984,131, Pt. A, No 3, May.

Bordia S. Problems of accreditation and quality assurance of engineering education in developing countries[J]. European Journal of Engineering Education, 2001, 26(2): 187-193.

Borrego M, Froyd J E, Hall T S. Diffusion of Engineering Education Innovations: A survey of awareness and adoption rates in US Engineering Departments[J]. Journal of Engineering Education, 2010,99(3): 185-207.

Bourn N B D. Global perspectives for global professionals in the UK: engaging students within engineering and health [J]. Compare: A Journal of Comparative and International Education, 2013(1).

Brophy S, Klein S, Portsmore M, et al. Advancing engineering education in P-12 classrooms[J]. Journal of Engineering Education, 2008, 97(3): 369-387.

Carter G. The fall and rise of university engineering education in England in the 1980s[J]. International Journal of Technology and Design Education, 1992, 2(3): 2-21.

Catelly Y M. Engineering education in scientific and technical communication - checking course impact[J]. Balkan Region Conference on Engineering and Business Education, 2014, 1(1).

Chisholm A W J. Some problems of Government financing of university engineering education in Britain[J]. European Journal of Engineering Education, 1982.

Crossland B. Industrial collaboration in engineering education in the United Kingdom[J]. European Journal of Engineering Education, 2007.

De Brito A H. Basic problems of continuing engineering education in developing countries: transfer of technology from developed to developing countries by CEE[J]. European Journal of Engineering Education, 1985(3).

Editor K F G. Engineering education in a period of economic constraints[J]. European

Journal of Engineering Education，1982.

Edwards H M. Software Engineering Education from a UK Academic's Perspective [J].
IEEE，1999：243-244.

Elizondo-Montemayor L，Hernández-Escobar C，Ayala-Aguirre F，et al. Building a sense
of ownership to facilitate change：the new curriculum[J]. International Journal of
Leadership in Education，2008，11(1)：83-102.

Evetts J，Jefferies D. The engineering and science institutions in the UK：changes，
ambiguities and current challenges[J]. European Journal of Engineering Education，
2005，30(30)：299-308.

Felder R M，Woods D R，Stice J E. The Future of Engineering Education II Teaching
Methods That Work[J]. Chem Engr Education，2000.

Foster P J. Teaching Engineering at First Degree Level in the UK[J]. Teaching in Higher
Education，1999.

Garcia C L P. Using TSPi and PBL to Support software engineering education in an upper-
level undergraduate course [J]. TSPi and Pbl in Software Engineering
Education，2012.

Gibbs G，Cffey M. The impact of training of university teachers on their teaching skills，
their approach to teaching and the approach to learning of their students[J]. Active
Learning in Higher Education，2004，5(1).

Gibbs G，Coffey M. Training to teach in higher education：A research agenda[J].
Teaching in Higher Education，2000，4(1)：31-44.

Grady R，Pratt J. The UK technology transfer system：calls for stronger links between
higher education and industry[J]，2000，25(2)：205-211.

Haksever A M，Manisali E. Assessing supervision requirements of PhD students [J].
European Journal of Engineering Education，2000，25(1)：19-32.

Heitmann G，Augusti G. Recognition and accreditation of higher engineering education in
Europe：a position paper[J]，2001，26(3)：209-217.

Henderson C. Promoting instructional change in new faculty：An evaluation of the physics
and astronomy new faculty workshop[J]. American Journal of Physics，2008，76(2)：
179-187.

Jenkinson S L，Guy N. The Finniston report：an enquiry into a profession in transition[J].
Higher Education Review，Summer 1980，12，3，periodicals archive online p. 42.

Jia G，Xiao C. Research on five stakeholders ℰ five relationships of higher engineering education in China[J]. IJ Modern Education and Computer Science, 2009, 1(1): 60-68.

Jordan A G, Richardson J J. Engineering a Consensus: From the Finniston Report to the Engineering Council[J]. Royal Institute of Public Administration, 1984(62): 383-400.

King M, Willmot P. Supporting and developing engineering education in the UK and beyond[J]. International Conference on Interactive Collabo, 2013.

King P W. A blueprint for success: a model for developing engineering education in the UK[J]. International Journal of Engineering Pedagogy, 2014(4): 18-22.

Krasilnikova H. System of monitoring the quality of higher education in UK universities: experience for Ukraine[J]. Comparative Professional Pedagogy, 2014, 4(3).

Ku Siu Lung Harry W P X W. Engineering education in China and Australia: addressing the demand-supply gap[J]. The Hong Kong Institution of Engineers Transactions, 2009(2): 20-26.

Lijuan Z. Talents training of higher engineering education in the view of large-scale engineering[J]. Higher Education of Social Science, 2014(3): 83-88.

Loyalka P, Carnoy M, Froumin I, et al. Factors affecting the quality of engineering education in the four largest emerging economies[J]. Higher Education, 2014, 68 (6): 977-1004.

Lundgreen P. Engineering education in Europe and the USA 1750—1930: The rise to dominance of school culture and the engineering professions[J]. Annals of Science, 1990(47): 33-75.

Mather K, Worrall L, Mather G. Engineering compliance and worker resistance in UK further education[J]. Employee Relations, 2012, 34(5): 534-554.

McCormick K. Engineering education in britain and Japan: Some reflections on the use of "the best practice"models in international comparison[J]. 1988, 22(4): 583-605.

Payne H W, Frsa H F. Engineering—Our Future: The Engineering Profession & The Finniston Report[J]. Aircraft Engineering, 1980(5): 13-16.

Porter A L, Roessner J D, Oliver S, et al. A systems model of innovation processes in university STEM education[J]. Journal of Engineering Education, 2006, 95(1): 13-24.

Powell A, Bagilhole B, Dainty A, et al. Does the engineering culture in UK higher education advance women's careers[J]. Equal Opportunities International, 2004, 23 (7).

Powell A, Dainty A, Bagilhole B. Gender stereotypes among women engineering and technology students in the UK：lessons from career choice narratives[J]. European Journal of Engineering Education，2012，37(6)：541-556.

Puigpelat J. Engineering education in ERASMUS：an overview[J]. European Journal of Engineering Education，1989(3)：225-230.

Ramsden K W. Continuing engineering education：the UK scene and the contribution of Cranneld Institute of Technology[J]. European Journal of Engineering Education，1985，10(3-4)：229-234.

Rogers D. Achieving quality in the short cycle sector of higher engineering education in Europe：The UK scenario[J]. European Journal of Engineering Education，1998，23(4)：417-421.

Seddon R S D. Challenges for academic accreditation：the UK experience[J]. European Journal of Engineering Education，2010(4)：469-477.

Seymour E. Tracking the processes of change in US undergraduate education in science, mathematics，engineering，and technology[J]. Science Education，2001，86(1)：79-105.

Sparkes J. Achieving quality in engineering degrees in the UK[J]. European Journal of Engineering Education，1994，19(3)：291-301.

Sunal D W，Wright E，Hodges J，et al. Barriers to changing teaching in higher education science courses[A]. Paper presented at the National Association for Research in Science Teaching Annual Meeting，New Orleans，LA，2000.

Thompson E W. The role of CNAA in UK engineering higher education[J]. European Journal of Engineering Education，1980，5(1)：81-88.

Thompson M K，Clemmensen L K H，Ahn B U. The effect of rubric rating scale on the evaluation of engineering design projects[J]. International Journal of Engineering Education，2013，29(6).

Uhomoibhi P A O A. Trends in the development of technology and engineering education in emerging economies[J]. Multicultural Education & Technology Journal，2008(3)：132-139.

Utsumi T. Global university system for engineering education in the age of globalization [J]. European Journal of Engineering Education，2006，31(3)：339-348.

Wuori P A. Engineering education in Europe：towards co-operation and interdisciplinarity [J]. European Journal of Engineering Education，1987.

4. 网络文章类

ASQ. Quality glossary—Quality assurance/quality control（QA/QC）[EB/OL]. https://

asq. org/quality-resources/quality-glossary/q.

BBC News. Engineering graduates "taking unskilled jobs" [EB/OL]. http://www. bbc. com/news/education-14823042.

Department for Business, Innovation & Skills. £400 million will help science and engineering students get ahead in the global race and encourage more women to study these subjects [EB/OL].

Engineering Accreditation Board. About EAB [EB/OL]. http://www. engab. org. uk/about-eab.

Engineering Accreditation Board. Process for an EAB visit [EB/OL]. http://www. engab. org. uk/eab-visits.

Engineering Council. Accreditation of higher education programmes (AHEP) [EB/OL]. http://www. engc. org. uk/ahep.

Engineering Council. Chartered Engineers (CEng) [EB/OL]. http://www. engc. org. uk/professional-registration/the-professional-titles/chartered-engineer/.

Engineering Council. Committees [EB/OL]. http://www. engc. org. uk/about-us/our-purpose-and-organisational-structure/committees/.

Engineering Council. CPD code for registrants [EB/OL]. http://www. engc. org. uk/professional-development/continuing-professional-development-cpd/.

Engineering Council. Database of technician qualifications [EB/OL]. http://www. engc. org. uk/techdb.

Engineering Council. European accreditation (EUR-ACE®) [EB/OL]. http://www. engc. org. uk/EURACE.

Engineering Council. Guidance on risk [EB/OL]. http://www. engc. org. uk/standards-guidance/guidance/guidance-on-risk/.

Engineering Council. Guidance on sustainability [EB/OL]. http://www. engc. org. uk/standards-guidance/guidance/guidance-on-sustainability/.

Engineering Council. How to register [EB/OL]. [2016-11-01]. http://www. engc. org. uk/professional-registration/how-to-register/.

Engineering Council. Initial professional development (IPD) [EB/OL]. http://www. engc. org. uk/professional-development/initial-professional-development-ipd/.

Engineering Council. International recognition outside Europe [EB/OL]. http://www. engc. org. uk/international-activity/international-recognition-outside-europe/.

Engineering Council. Professional affiliates [EB/OL]. http://www. engc. org. uk/about-us/our-partners/professional-affiliates/.

Engineering Council. Professional development [EB/OL]. http://www. engc. org. uk/professional-development/.

Engineering Council. Professional Engineering Institutions[EB/OL]. http://www. engc. org. uk/about-us/our-partners/professional-engineering-institutions/.

Engineering Council. Statement of Ethical Principles [EB/OL]. www. engc. org. uk/professional-ethics.

Engineering Council. Strategic plan and operating plan 2015—2017 [EB/OL]. http://www. engab. org. uk/media/45527/eab％20terms％20of％20reference％20approved％20by％20eab％20in％20march％202013％20and％20confirmed％20in％20july％202013，％20eab-27-13，％20minute％202013-67. pdf.

Engineering Council. Strategic plan and operating plan 2015—2017 [EB/OL]. http://www. engc. org. ukEngCDocumentsInternetWebsiteEngineering％20Council％20Strategic％20and％20Operating％20Plan％202015％20-％202017. pdf.

Engineering Council. Why become professionally registered? [EB/OL]. [2016-10-30]. http://www. engc. org. uk/professional-registration/why-become-professionally-registered/.

Further Education Workforce Strategy [EB/OL]. http://www. gov. uk/government/publications/further-education-workforce-strategy.

Gillard D. Education in England：a brief history[EB/OL]. http://www. educationengland. org. uk/history.

Hefce. Who either "mostly agree" or "definitely agree" (bar chart) [EB/OL]. http://www. hefce. ac. uk/analysis/nsstrend/barchartcore/.

Higher Education Funding Council for England. HEFCE invests £200 million to support an increase in high-quality science，technology，engineering and mathematics students [EB/OL]. http://www. hefce. ac. uk/news/newsarchive/2014/Name，100781，en. html.

Higher Education Funding Council for England. STEM teaching capital funding 2015—2016[EB/OL]. http://www. hefce. ac. uk/pubs/year/2014/201414/.

Imperial College London. A timeline of college developments[EB/OL]. http://www. imperial. ac. uk/about/history/college-developments/.

Imperial College London. Department of Chemical Engineering[EB/OL]. http://www. imperial. ac. uk/chemicalengineering/courses/undergraduate/studentsview/yearabroad/.

Imperial College London. Faculty of Engineering[EB/OL]. http://www. imperial. ac. uk/engineering/teaching/exploringengineering/civilandenvironmentalengineering.

Imperial College London. Imperial's civil engineering students reach new heights at Constructionarium [EB/OL]. http://www. imperial. ac. uk/newsandeventspggrp/imperialcollege/newssummary/news_26-6-2013-15-14-56.

Imperial College London. Rankings[EB/OL]. http://www. imperial. ac. uk/engineering/about-us/rankings/.

Independent. Go higher: The funds that finance UCAS[EB/OL]. (1998-10-17)[2017-01-25]. http://www. independent. co. uk/life-style/go-higher-the-funds-that-finance-ucas-1178919. html.

The Guardian. It is nonsense to claim Britain produces too many science graduates[EB/OL]. https://www. theguardian. com/commentisfree/2011/sep/14/not-too-many-science-graduates.

The Guardian. Job figures cast doubt on Whitehall's push for science degrees[EB/OL]. https://www. theguardian. com/education/2011/sep/08/job-figures-doubt-science-degrees.

The Huffington Post UK. Theresa may will ban foreign students from working while studying, and force them to leave after graduation [EB/OL]. http://www. huffingtonpost. co. uk/2015/07/13/theresa-may-ban-students-working-while-studying-forced-leave_n_7783050. html.

Topuniversities. QS world university rankings ® 2015/16 [EB/OL]. http://www. topuniversities. com/university-rankings/world-university-rankings/2015.

UCAS. 2016 applications by subject group (summary level)[EB/OL]. [2016-08-27]. https://www. ucas. com/file/83806/download? token＝5RU8kn9i.

University of Cambridge. Undergraduate Prospectus[EB/OL]. http://www. admissions. eng. cam. ac. uk/course/firstyear.

University of Cambridge. Undergraduate Prospectus. Second year coursework [EB/OL]. http://www. admissions. eng. cam. ac. uk/course/2ndyearcw.

University of Cambridge. Undergraduate prospectus: Third year[EB/OL]. http://www. admissions. eng. cam. ac. uk/course/thirdyear.

World Bank. Gross enrolment ratio, tertiary, both sexes (%) [EB/OL]. [2016-09-02]. http://data. worldbank. org/indicator/SE. TER. ENRR? end ＝ 2014&locations ＝ CN&name_desc＝false&start＝2000&view＝chart.

未来十年中国创新型工程科技人才需求的态势[EB/OL]. http://gpjy. ggedu. gov. cn/
web/2010－06/1676. htm

国务院关于印发《中国制造 2025》的通知[EB/OL]. http://www. gov. cn/gongbao/
content/2015/content. 2873744. htm.

二、中文文献

1. 著作类

埃德蒙·金. 别国的学校和我们的学校——今日比较教育[M]. 王承绪,邵珊,等,译. 北
京:人民教育出版社,2001.

安迪·格林. 教育、全球化与民族国家[M]. 朱旭东,徐卫红,译. 北京:教育科学出版
社,2004.

陈志田. 质量管理基础[M]. 北京:中国计量出版社,2007.

国家发展改革委,外交部,商务部. 推动共建丝绸之路经济带和 21 世纪海上丝绸之路的愿
景与行动[M]. 北京:外文出版社,2015.

海斯汀·拉斯达尔. 中世纪的欧洲大学——博雅教育的兴起[M]. 重庆:重庆大学出版
社,2011.

瞿葆奎. 英国教育改革[M]. 金含芬,选编. 北京:人民教育出版社,1993.

刘广第. 质量管理学[M]. 北京:清华大学出版社,2003.

罗伯特·艾伦. 近代英国工业革命揭秘[M]. 毛立坤,译. 杭州:浙江大学出版社,2012.

日本世界教育史研究会. 六国技术教育史[M]. 李永连,赵秀琴,等,译. 北京:教育科学出
版社,1984.

宋文红. 欧洲中世纪大学的演进[M]. 北京:商务印书馆,2010.

孙洁. 英国的政党政治与福利制度[M]. 北京:商务印书馆,2008.

王承绪. 英国教育[M]. 长春:吉林教育出版社,2000.

王沛民,顾建民,刘伟民. 工程教育基础——工程教育理念和实践的研究[M]. 北京:高等
教育出版社,2015.

徐辉. 高等教育发展的新阶段——论大学与工业的关系[M]. 杭州:杭州大学出版社,1990.

易红群. 战后英国高等教育政策研究[M]. 长沙:湖南师范大学出版社,2012.

殷企平. 英国高等科技教育[M]. 杭州:杭州大学出版社,1995.

张光斗,王冀生. 中国高等工程教育[M]. 北京:清华大学出版社,1995.

张维,王孙禺,汉丕权. 工程教育与工业竞争力[M]. 北京:清华大学出版社,2003.

邹晓东,等. 科学与工程教育创新——战略、模式与对策[M]. 北京:科学教育出版社,2010.

2. 学位论文类

董时雨. 12－13 世纪英国大学研究[D]. 哈尔滨:哈尔滨师范大学,2015.

高树昱. 工程科技人才的创业能力培养机制研究[D]. 杭州：浙江大学，2013.

胡琪. 大工程人才应然素质构建——美国工程教育认证标准的大工程教育思想解读[D]. 长沙：中南大学，2012.

孔寒冰. 基于本体的工程学科框架研究[D]. 杭州：浙江大学，2009.

李纯. 基于CDIO工程人才本科阶段创业意识和能力培养模式的研究[D]. 杭州：浙江大学，2015.

刘宪娟. 中外合作工程人才培养案例研究[D]. 上海：华东理工大学，2013.

王昕红. 专业主义视野下的美国工程教育认证研究[D]. 武汉：华中科技大学，2008.

杨亮. 第三部门视域下美国工程教育专业认证研究[D]. 长沙：中南大学，2013.

郑娜敏. 英美两国高等教育质量保证体系的探析及启示[D]. 大连：大连理工大学，2011.

郑薇薇. 基于CDIO的创新型工程科技人才培养模式研究与实践[D]. 大连：大连理工大学，2010.

周淦峰. 博耶学术思想视域下的"卓越工程师教育培养计划"研究[D]. 长春：吉林大学，2013.

3. 期刊论文类

Okamura S. 日本的工程教育[J]. 王宇，译. 清华大学教育研究，1993(2).

毕家驹. 英国ECUK的工程专业鉴定[J]. 高教发展与评估，2006，22(1)：51—54，74.

毕家驹. 英国ECUK的工程专业认证[J]. 高教发展与评估，2006，22(1)：51—54.

毕家驹. 英国工程专业能力标准——高等教育专业认证[J]. 高教发展与评估，2007(1)：110—116.

毕家驹. 中国工程教育应加速与国际接轨[J]. 复旦教育论坛，2003(2)：33—36.

查建中. 论"做中学"战略下的CDIO模式[J]. 高等工程教育研究，2008(3)：1—6.

陈益林，何小其，马修水. 应用型大学特色工程教育专业认证体系的探索与实践[J]. 现代教育科学，2011(3)：105—107.

丁建宁. 英国行会史研究的一项重要成果——评《英国行会史》[J]. 世界历史，1998(1)：101—104.

樊泽恒. 美国工程教育危机种种[J]. 有色金属高教研究，1992(2)：120—122.

樊泽恒，张辉，孔垂谦. 中外高等工程教育工程训练模式的比较及启示[J]. 南京航空航天大学学报（社会科学版），2006，8(1)：76—80.

樊增广，史万兵. 英国高等教育质量保障体系的历史演进及其经验借鉴[J]. 东北大学学报（社会科学版），2014，16(6)：64—69.

顾建民，王沛民. 美国工程教育改革新动向[J]. 比较教育研究，1996(6)：36—40.

顾佩华，包能胜，康全礼，等. CDIO在中国（上）[J]. 高等工程教育研究，2012(3)：24—40.

顾佩华,包能胜,康全礼,等. CDIO 在中国(下)[J]. 高等工程教育研究,2012(5):34—45.

顾学雍. 联结理论与实践的 CDIO——清华大学创新性工程教育的探索[J]. 高等工程教育研究,2009(1):11—23.

胡顺仁,赵红. 电子信息工程专业的工程教育专业认证实践探索[J]. 武汉大学学报(理学版),2012(S2):130—132.

华中科技大学高等工程教育研究中心课题组,白逸仙,陈敏等. 创业型工程人才培养目标刍议[J]. 高等工程教育研究,2010(5):113—121.

黄晓洁,胥传孝. 日本高等工程教育改革研究[J]. 同济大学学报(社会科学版),2008(1):119—124.

姜朝晖. 以供给侧改革引领高等教育发展[J]. 重庆高教研究,2016(1):123—127.

姜嘉乐,张海英. 中国工程教育问题探源——朱高峰院士访谈录[J]. 高等工程教育研究,2005(6):1—8.

蒋石梅,王沛民. 英国工程理事会:工程教育改革的发动机[J]. 高等工程教育研究,2007(1):16—23.

康妮,沈岩,刘惠琴. 美英德日四国工程教育认证的实践及对我们的启示[J]. 学位与研究生教育,2008:139—142.

劳伦斯·格雷森,陈慧芳. 美国工程教育简史[J]. 教育研究通讯,1981(2):53—61.

雷环,王孙禺,钟周. 创新型高水平工程人才的培养——英国工程博士培养的创新与矛盾[J]. 学位与研究生教育,2007(12):61—67.

李德焕,林奕鸿,黄一夫. 日本高等工程教育改革的新进展[J]. 高等教育研究,1995(6):68—75.

李曼丽. 用历史解读 CDIO 及其应用前景[J]. 清华大学教育研究,2008,29(5):78—87.

李培芳. 英国的工程研究生教育[J]. 学位与研究生教育,1989(1):68—71.

林健. 高校工程人才培养的定位研究[J]. 高等工程教育研究,2009(5):11—17.

刘晓保. 本科技术教育课程设计思路——基于美国工程教育和技术教育课程设置的比较[J]. 职业技术教育,2009(31):78—81.

鲁光. 日本的工程教育受到抨击[J]. 世界科技研究与发展,1998(4):141—142.

路甬祥. 中国工程教育面临的挑战与对策[J]. 科技导报,1995(1):3—6.

潘伟. 日本材料科学与工程教育和研究现状考察[J]. 材料导报,1999(4):9—12.

潘云鹤. 全球短缺工程师,中国工程教育更急迫[N].北京日报,2010—02—24.

桥本胜信,张学龙. 日本临床工程人才培养教育现状及其发展[J]. 中国医疗设备,2008(3):1—5.

时铭显. 美国工程教育改革与发展趋势[J]. 高等工程教育研究,2002(5):9—13.

孙旭东,李成刚. 美国工程教育联合体计划述评[J]. 高等工程教育研究,2006(6):1—5.

汪辉. 日本高等工程教育的质量评估机制[J]. 高等工程教育研究,2005(3):71—74.

王端庆,李家新,于永华. 全程关注工程师的养成,构建工程人才培养新模式[J]. 高等工程教育研究,2007(4):28—32.

王辉,刘冬. 本硕层次学徒制:英国高层次应用型人才培养的另辟蹊径[J]. 高等教育研究,2014(1):91—98.

王沛民. 美国工程教育改革的新进展[J]. 高等教育研究,1995(4):94—98.

王沛民. 日本工程教育的研究:结构特色[J]. 比较教育研究,1994(3):43—47.

王素文,顾建民. 面向工业需要的英国工程博士及其培养特色[J]. 高等工程教育研究,2005(2):76—79.

王昕红. 美国工程教育认证改革中的教师培训[J]. 高等工程教育研究,2010(4):64—67.

吴启迪,章仁彪. "全球化"与中国工程教育发展战略[J]. 高等工程教育研究,2000(4):27—31.

吴启迪,章仁彪,谭震威. 专业评估与资质认证:中国工程教育的"国际接轨"[J]. 复旦教育论坛,2003(2):29—32.

熊华军,李倩. 英国工程博士培养的实践方案解读[J]. 研究生教育研究,2016(1):91—95.

熊华军,刘兴华. 美国大学工程顶点课程的设计及启示——基于美国工程教育协会2005年调查的分析[J]. 清华大学教育研究,2012(4):89—96.

熊玲,李忠. 新世纪我国高等工程人才需求调查报告[J]. 现代教育管理,2010(7):3—6.

熊志坚. 关于日本美国继续工程教育的比较研究[J]. 继续工程教育,1995(5):27—29.

徐小洲,辛越优. 加拿大工程教育质量评估分析[J]. 高等工程教育研究,2016(1):126—131.

徐小洲,臧玲玲. 创业教育与工程教育的融合——美国欧林工学院教育模式探析[J]. 高等工程教育研究,2014(1):103—107.

严玲,张亚娟,邓娇娇. 应用型本科专业认证的能力响应度模型构建及其启示——基于英国工料测量高等教育的多案例研究[J]. 高等工程教育研究,2015(5).

姚威,邹晓东. 欧洲工程教育一体化进程分析及其启示[J]. 高等工程教育研究,2012(3).

叶飞帆. 中英高等工程教育的对比与思考[J]. 高等工程教育研究,2003(6):41—46.

叶磊. 战后日本的高等工程教育与工程型人才培养[J]. 国家教育行政学院学报,2014(12):91—94.

袁本涛,王孙禹. 日本高等工程教育认证概况及其对我国的启示[J]. 高等工程教育研究,2006(3):58—65.

约翰·普拉多斯.美国工程教育质量认证[J].章仰勋,译.科技导报,1986(1):61—64.

翟晶,朱晨.论教育国际化背景下的工程人才学习质量观——英国高校课程考核模式的启示[J].工程研究——跨学科视野中的工程,2008,4(1):135—141.

张恩祥,方新.适应经济发展需要 提高我国工程师培养水平——中外工程教育的比较研究[J].中国高教研究,2008(5):53—55.

张海英.适应时代发展需求 改革中国工程教育——柯俊院士访谈录[J].高等工程教育研究,2005(4):5—8.

张维,王孙禺.美国工程教育改革走向及几点想法[J].高等工程教育研究,1998(4):9—13.

张文雪,王孙禺,李蔚.高等工程教育专业认证标准的研究与建议[J].高等工程教育研究,2006(5):22—26.

张晓琴.美、英、德工程教育认证的比较与借鉴[J].高教发展与评估,2007,23(1):84—90.

张彦通,李茂国,张志英.工程教育专业认证机构:撬动中国高等工程教育的支点[J].高等工程教育研究,2006(1):7—11.

张宇,肖凤翔,唐锡海.英国工程博士教育质量保障经验分析[J].高等工程教育研究,2016(1):138—142.

张云辉,沈滢.谈工程教育的应用型人才培养——以日本丰桥技术科学大学为例[J].沈阳建筑大学学报(社会科学版),2008(2):235—238.

赵国刚."三大"教育理念与工程人才培养体系[J].高等工程教育研究,2009(4):48—51.

郑娟,王孙禺.英国硕士层次工程教育专业认证制度探讨[J].高等工程教育研究,2015(1):83—90.

郑秀英,王海滨,姜广峰.以专业认证标准为指导,深化高等工程教育改革[J].高等工程教育研究,2011(5):51—53.

钟尚科,杜朝辉,邵松林,等.英国工程博士专业学位研究生教育的研究[J].学位与研究生教育,2006(7):69—73.

朱高峰.关于中国工程教育的改革与发展问题[J].高等工程教育研究,2005(2):1—9.

朱高峰.新世纪中国工程教育的改革与发展[J].高等工程教育研究,2003(1):1—7.

朱高峰.中国工程教育的现状和展望[J].高等工程教育研究,2011(6):1—4.

朱永东,叶玉嘉.美国工程教育专业认证标准研究[J].现代大学教育,2009(3):46—50.

邹晓东,吴伟,柳宏志.NAE:美国工程教育的参谋团和推动者[J].高等工程教育研究,2012(4):53—58.